52강 전체 해설 강의 수록!!

입에서 톡 Talk 시즌 3

독학 러시아어 첫걸음

어학 전문 출판사 문예림에서 만든 입에서 톡 터지는 러시아어!

이은경 지음

EBS 한국교육방송공사

외국어도서전문
1945
문예림

입에서 톡(talk) 독학 러시아어 첫걸음

초판 인쇄	: 2012년 11월 5일
초판 발행	: 2012년 11월 10일

저 자	: 이 은 경
기획 · 방송	: EBS 한국교육방송공사
발 행 인	: 서 덕 일
발 행 처	: 도서출판 문예림
등 록	: 1962. 7. 12 제2-110호
주 소	: 서울시 광진구 군자동 1-13 문예하우스 101호
전 화	: (02)499-1281~2
팩 스	: (02)499-1283

http://www.bookmoon.co.kr, www.ebs.co.kr
E-mail : book1281@hanmail.net

ISBN 978-89-7482-692-5(13790)

* 잘못된 책이나 파본은 교환해 드립니다.
* 이 교재에 대한 저작권은 EBS 교육방송에 있습니다.
  서면에 의한 저작권자의 허락없이 교재 내용을
  부분을 이용하거나 복제하는 것을 금합니다.

머 리 말

본 교재는 러시아어를 처음 배우는 학습자와 이미 초급 과정을 거친 학습자를 대상으로 집필됐다. 사실, 라디오 전파를 통해 광범한 청취자들을 대상으로 하는 만큼, 교재의 범위와 난이도를 정하는 것이 쉽지는 않았다. 방송 강좌의 일차적 목표가 '생생한 러시아어'를 쉽고 재미있게 배우는 것이므로, 일상에서 자주 사용되며 쉽게 접할 수 있는 말들을 중심으로 교재를 구성해 보았다. 또한 딱딱하고 어색한 문장을 반복하는 기존의 기계적인 문법위주 학습을 지양하고, 러시아어의 체계를 세우는 데에 꼭 필요한 의사 소통 위주의 표현에 역점을 두었다.

본 교재의 앞부분에는 러시아어 발음과 억양의 이해에 필요한 내용이 정리되어 있다. 아울러, 다양한 상황을 테마 별로 분류해, 학습자가 개별 상황에서 필요한 부분만을 참고할 수 있게 하였다. 또 대화구문을 통해 필수적 표현을 숙지한 후, 이와 관련된 낱말과 문법사항을 점검하고 연습문제를 통해 학습 진척도를 스스로 점검할 수 있게 하였다. 나아가, 본문에서 다루지 못한 사항에 대해 궁금해 하는 학습자를 위해 별도의 코너를 마련하여, 학습자 스스로 학습 계획과 수용 능력에 맞춰 학습량과 범위를 자유로이 늘리거나 줄일 수 있게 했다. 각 과의 끝에는 반드시 암기해야 할 표현을 수록하였다.

외국어 학습은 단지 다른 나라의 말을 앵무새처럼 흉내 내는 것으로 그치지 않는다. 언어라는 창구를 통해 다른 나라의 문화와 전통을 깊이 이해하고 다가가는 것이 보다 중요한 목적이다. 이에 필자는 각 과의 마지막 부분에서 러시아문화를 소개하는 간략한 글과 사진을 수록하여 러시아를 입체적, 심층적으로 이해하도록 했다. 각 테마가 시작하는 면에는 러시아의 도시와 유명한 관광지를 사진과 함께 소개하여 시각적인 효과를 얻을 수 있게 했고, 또 다양한 러시아 노래를 부록으로 곁들여 러시아인의 정서를 이해하는데 도움이 되도록 했다.

이 교재는 처음 러시아를 방문한 관광객이 러시아 땅을 밟는 순간부터 귀국 비행기에 오르기까지의 상황을 단계별로 소개하고 있다. 이 교재의 특징은 많은 러시아어 학습자들이 빠뜨리기 쉬운 탄력적이고 자연스러우며 맛깔스러운 러시아어 고유의 표현을 부각시키려고 시도했다는 점이다. 따라서 본문의 내용을 많이 듣고 따라 하다 보면 어느새 수준 높은 러시아어 표현을 구사하게 되리라고 믿는다. 모쪼록 이 교재가 여러 가지 동기와 목적에서 러시아어 공부를 갓 시작한 청취자 제위께 두루 도움이 되었으면 한다.

2012년 10월 이 은 경

입에서 톡(talk) 러시아어

СОДЕРЖАНИЕ

머리말 | ·· 03
발음과 억양 | ··· 06

TEMA 1 | **인사와 소개** ··· 13
01 안녕하세요? 14 | 02 만나서 반가워요! 18 | 03 어디에서 오셨나요? 22

TEMA 2 | **연락처** ·· 27
04 어디에 사시나요? 28 | 05 전화번호? 32

TEMA 3 | **사물 묻기와 외국어** ······································· 37
06 누구시죠? 무엇인가요? 38 | 07 러시아어를 할 줄 아세요? 42

TEMA 4 | **직업과 직장** ··· 47
08 직장인입니까? 학생입니까? 48 | 09 어디에서 일하십니까? 52

TEMA 5 | **공항에서** ··· 57
10 입국 심사대와 세관 58 | 11 환전 62

TEMA 6 | **교통수단 이용하기** ··· 67
12 어디 가십니까? 68 | 13 이 근처에 지하철이 어디 있습니까? 72 | 14 환승 76
15 《페테르부르크》행 기차표를 예약하고 싶습니다. 80

TEMA 7 | **호텔에서** ··· 85
16 《메트로폴》호텔이 어디 있습니까? 86 | 17 빈 방 있습니까? 90
18 얼마동안 머물 예정입니까? 94 | 19 1인실이 얼마입니까? 98

TEMA 8 | **날씨와 기후** ··· 103
20 화창한 날씨 104 | 21 기온 묻기 108

TEMA 9 | **쇼핑하기** ·· 113
22 이 옷을 보여 주십시오. 114 | 23 모자가 마음에 들어요. 118
24 케이크 이름이 뭐죠? 122 | 25 얼마를 지불해야 합니까? 126
26 MP3를 교환해 주세요. 130

TEMA 10 | 공연 관람 ······ 135
27 몇 시입니까? 136 | 28 극장에서 무슨 공연을 하나요? 140
29 언제 음악회가 시작하나요? 144 | 30 매점에 들릅시다. 148

TEMA 11 | 안부 및 가족관계 묻기 ······ 153
31 어떻게 지내십니까? 154 | 32 가족이 어떻게 되십니까? 158

TEMA 12 | 초대하기 ······ 163
33 안톤과 통화하고 싶습니다. 164 | 34 우리 집에 놀러오렴. 168
35 이 시간이 괜찮은가요? 172

TEMA 13 | 식당 및 카페에서 ······ 177
36 예약 인원수는? 178 | 37 빈 자리입니까? 182 | 38 메뉴판을 갖다 주십시오. 186
39 음료 190 | 40 계산해 주십시오. 194

TEMA 14 | 취미와 여가 생활 ······ 199
41 여가 시간을 어떻게 보내십니까? 200 | 42 어떤 운동을 하십니까? 204

TEMA 15 | 우체국에서 ······ 209
43 우체국에서 210

TEMA 16 | 관광지에서 ······ 215
44 여행 216 | 45 기념품 220

TEMA 17 | 몸이 아플 때 ······ 225
46 접수 창구에서 226 | 47 의사의 진료 230 | 48 약국에서 234

TEMA 18 | 어려운 일을 당했을 때 ······ 239
49 여권 분실 240 | 50 도움 요청 244

TEMA 19 | 귀국 준비 ······ 249
51 항공권을 다른 날로 바꾸고 싶습니다. 250 | 52 기내에서 254

부록 | 러시아 음악 ······ 258

입 에 서 톡(talk) 러 시 아 어

러시아어 자모 Алфавит

차례	인쇄체	필기체	명칭	영어의 유사음	발음	IPA
1	А а	*А а*	а 아	'father'의 a	아	[a]
2	Б б	*Б б*	бэ 베	'book'의 b	ㅂ	[b]
3	В в	*В в*	вэ 붸	'vote'의 v	(ㅂ)	[v]
4	Г г	*Г г*	гэ 게	'good'의 g	ㄱ	[g]
5	Д д	*Д д*	дэ 데	'day'의 d	ㄷ	[d]
6	Е е	*Е е*	е(йэ) 예	'yes'의 ye	예	[je]
7	Ё ё	*Ё ё*	ё(йо) 요	'yolk'의 yo	요	[jo]
8	Ж ж	*Ж ж*	жэ 줴	'pleasure'의 s	(ㅈ)	[ʒ]
9	З з	*З з*	зэ 제	'zone'의 z	ㅈ	[z]
10	И и	*И и*	и 이	'meet'의 ee	이	[i]
11	Й й	*Й й*	и краткое 이 끄라뜨꼬예	'boy'의 y	(이)	[j]
12	К к	*К к*	ка 까	'kind'의 k	ㄲ	[k]
13	Л л	*Л л*	эль 엘	'gold'의 l	(ㄹ)	[l]
14	М м	*М м*	эм 엠	'man'의 m	ㅁ	[m]
15	Н н	*Н н*	эн 엔	'note'의 n	ㄴ	[n]
16	О о	*О о*	о 오	'port'의 o	오	[o]
17	П п	*П п*	пэ 뻬	'pen'의 p	ㅃ	[p]
18	Р р	*Р р*	эр 에르	[r]	(ㄹ)	[r]
19	С с	*С с*	эс 에쓰	'speak'의 s	ㅆ	[s]
20	Т т	*Т т*	тэ 떼	'too'의 t	ㄸ	[t]
21	У у	*У у*	у 우	'book'의 oo	우	[u]
22	Ф ф	*Ф ф*	эф 에프	'fine'의 f	(ㅍ)	[f]
23	Х х	*Х х*	ха 하	[x]	ㅎ	[x]
24	Ц ц	*Ц ц*	цэ 쩨	'quartz'의 tz	ㅉ	[ts]
25	Ч ч	*Ч ч*	че 체	'lunch'의 ch	치	[tʃ]
26	Ш ш	*Ш ш*	ша 샤	'short'의 sh	(시)	[ʃ]
27	Щ щ	*Щ щ*	ща 시챠	'tovarish'의 sh	시치	[ʃ:]
28	ъ	*ъ*	твёрдый знак 뜨뵤르드이 즈나크		-	
29	ы	*ы*	ы 의	'it'의 i	의	[ɨ]
30	ь	*ь*	мягкий знак 먀흐끼이 즈나크			
31	Э э	*Э э*	э 에	'men'의 e	에	[e]
32	Ю ю	*Ю ю*	ю 유	'Yukon'의 yu	유	[ju]
33	Я я	*Я я*	я 야	'yard'의 ya	야	[ja]

🐚 러시아어 철자와 발음

1) 모음
러시아어의 모음은 총 10개로 이루어져 있다. 이 가운데 경자음을 표시하는 모음이 5개, 연자음을 표시하는 모음이 5개이다.

1.1. 앞에 오는 자음이 경자음임을 나타내는 모음은 다음과 같다.

а	áдрес 주소	парк 공원	о	он 그 남자	дом 집
э	э́то 이것	э́хо 메아리	у	тут 여기	друг 남자 친구
ы	сын 아들	сыр 치즈			

1.2. 앞에 오는 자음이 연자음임을 나타내는 모음은 다음과 같다.

я	мя́со 고기	я́блоко 사과	ё	тётя 아주머니	мёд 꿀
е	где 어디에	газе́та 신문	ю	юг 남쪽	ключ 열쇠
и	рис 쌀	магази́н 상점			

2) 자음
러시아어의 자음은 총 21개이다. 자음 소리는 유성음과 무성음으로 나뉘며, 조음 위치에 따라 다음과 같이 분류된다. 이 가운데 6개의 자음이 각각 유-무성음의 짝을 이루고 있다.

유성자음	б	в	г	-	д	з	-	ж	-	-	л	м	н	р	й
무성자음	п	ф	к	х	т	с	ц	ш	ч	щ	-	-	-	-	-

2.1. 두 입술 소리: 윗입술과 아랫입술을 살짝 붙였다 떼며 내는 소리
    п : па́па 아빠   порт 항구   пока́ 안녕
    б : брат 남자 형제   бу́ква 문자   банк 은행
    м : ма́ма 엄마   метро́ 지하철   музе́й 박물관

2.2. 이-입술소리: 윗니가 아랫입술에 대었다가 떨어뜨리며 내는 소리
    в: вода́ 물   во́дка 보드카   Во́лга 볼가 강
    ф: фо́то 사진   фи́рма 회사   фа́брика 공장

2.3. 잇소리: 혀 끝을 윗니 안쪽에 대고 내는 소리
    т: там 저기   торт 케이크   тост 건배
    д: дно 바닥   друг 남자친구   доро́га 길
    с: суп 수프   стол 책상   сок 주스
    з: звук 소리   зонт 우산   зал 큰 방, 홀

н: наш 우리의　　　　нос 코　　　　　　но́рма 표준
л: ла́мпа 램프　　　　ла́дно 좋다　　　лист 나뭇잎

2.4. 잇몸소리: 혀끝을 잇몸에 대고 내는 소리
р: ры́ба 생선　　　　рабо́та 일　　　ра́дио 라디오
ж: жа́рко 덥다　　　журна́л 잡지　　жена́ 아내
ш: шкаф 장롱　　　　шарф 목도리　　шко́ла 학교
ц: центр 중심지　　　цена́ 가격　　　цирк 서커스

2.5. 센 입천장 소리: 혀의 앞부분을 센 입천장(경구개)에 대었다가 떼면서 내는 소리
ч: чай 차　　　　　врач 의사　　　часы́ 시계
щ: щи 야채 수프　　борщ 보르시　вещь 물건, 사물
й: мой 나의　　　　май 5월　　　　трамва́й 전차

2.6. 여린 입천장 소리: 혀의 뿌리 부분을 여린 입천장(연구개)에 대면서 내는 소리.
к: ка́рта 지도　　　ко́шка 고양이　ку́хня 부엌
г: год 연(年), 해　 го́род 도시　　газе́та 신문
х: хлеб 빵　　　　хорошо́ 좋다　 хи́мия 화학

3) 경음부호와 연음부호 : 실제 음가는 없지만, 철자상 보조기능을 한다.
3.1. 경음부호: 단어의 중간에 위치하여 앞부분과 뒷부분의 경계 역할을 한다. 이 부호가 있는 앞 뒤 부분은 서로 떼어서 발음함으로써 연자음 표시 모음 앞에 있는 자음의 연음화를 막아준다.
　　отъе́зд [ăt-'ĕst] 출발　подъе́зд [păd-'ĕst] 현관, 입구　съе́зд [с-'ĕst] 대회, 집회

3.2. 연음부호: 앞에 나오는 자음이 연자음임을 나타낸다.
　　мать [мат']어머니　　здесь [зд'эс'] 여기　　　дочь [доч'] 딸

러시아어 발음 규칙

1. 모음의 발음

1.1. 강세가 있는 모음의 발음 : 러시아어의 모음은 강세를 가질 때에만 제 음가를 그대로 나타낸다. 이 때 강세를 가진 모음은 다른 모음보다 상대적으로 더 길고 분명하게 발음된다.

1.2. 모음의 약화
　　모음이 강세를 갖지 않을 때는 본래의 음가를 발휘하지 못하고 약화된다. 이 때 약화되는 모

음은 강세를 가진 모음보다 더 짧거나 모호하게 발음된다.

1.2.1. 모음 о, а의 약화
  강세가 없는 о, а는 [ă] 또는 [ə]로 발음된다.
  о → молоко́ [məlăkó]   окно́ [ăкно́]   Москва́ [măсква́]
  а → Анто́н [ăнто́н]   ма́ма [ма́мə]   ла́мпа [ла́мпə]

1.2.2. 모음 е(э), я의 약화
  강세를 가지지 않는 е, я는 대부분 [ji]로 발음되지만, 일부 어미에서는 [jə]로 발음되기도 한다.
  е → сестра́ [с'истра́]   тетра́дь [т'итра́т']   теа́тр [т'иа́тр]   мо́ре [мо́р'ə]
  я → язы́к [изы́к]   янва́рь [инва́р']   тётя [т'йо́т'ə]   дя́дя [д'йа́д'ə]
  э → эта́ж [ита́ш]   экску́рсия [икску́рси'ə]   экономи́ст [икəнăм'и́ст]

*참고 :
1) 연자음 ч, щ 다음에 오는 모음 а에 강세가 없을 때에는 [ĭ]로 약화된다.
   часы́ [чисы́]   пло́щадь [пло́щит']   Чайко́вский [чийко́фский]
2) 자음 ж, ш, ц 뒤에 강세 없는 모음 е, и가 올 때는 [ĭ]가 아닌 [ы]로 발음된다.
   жена́ [жына́]   инжене́р [инжын'э́р]
   с икро́й [сыкро́й]   в институ́те [вынститут'э]

2. 자음의 발음

2.1. 단어 끝에 오는 유성 자음은 항상 대응하는 무성음으로 발음된다.
  клуб [клуп]   Ивано́в [ивăно́ф]   нож [нош]
  друг [друк]   го́род [го́рəт]   раз [рас]

2.2. 러시아어는 유-무성음 동화 현상을 일으키며 항상 역행 동화한다.
  за́втра [за́фтрə]   всегда́ [фс'игда́]   ло́жка [ло́шкə]
  вокза́л [вăгза́л]   про́сьба [про́з'бə]   футбо́л [фудбо́л]

2.3. 마찰음 в는 자신은 무성동화되지만 다른 자음들을 유성동화시키는 경우는 없다.
  второ́й [фтăро́й]   свод [свот]   твёрдый [тв'о́рдый]

2.4. 향음(л, м, н, р, й)은 다른 자음들에게 영향을 미치지 않으며 자신도 동화되지 않는다.

러시아어 억양

* 러시아어의 억양구조(интонацио́нная констру́кция, ИК)

1) ИК-1

이 억양 구조의 중심은 주요 정보를 전달하는 단어의 강세가 오는 음절에 있다. 중심에서 톤이 하강하며 뒷부분까지 지속된다. 중심의 뒷부분은 중간 톤으로 발음되는 중심의 앞부분보다 더 낮은 톤으로 발음된다. 이 억양은 평서문에서 주로 나타나는 유형이다.

Э́то Анто́н.
А́нна до́ма.
Э́то А́нна и А́лла.

2) ИК-2

이 억양 구조의 중심은 의문사에 있다. 강세는 중심에서 더 강해지며, 톤은 중심의 뒷부분에서 하강한다. 이 억양은 의문사가 있는 의문문에서 주로 나타나는 유형이다.

Кто э́то?
Как вас зову́т?

3) ИК-3

이 억양 구조의 중심은 질문하고자 하는 단어의 강세가 오는 음절이다. 톤은 중심에서 급격히 상승한다. 이 억양은 의문사가 없는 의문문에서 주로 나타나는 유형이다.

Э́то Ива́н?
Там вода́?

4) ИК-4

이 억양 구조의 중심은 접속사 а 다음의 질문하고자 하는 단어의 강세에 위치한다. 톤은 중심에서 살짝 하강하다가 뒷부분에서 완만하게 상승한다. 중심의 뒷부분이 존재하지 않으면, 톤은 중심에서 올라가기 시작한다. 이 억양은 접속사 а가 있는 불완전 의문문에서 주로 나타나는 유형이다.

А э́то?
А Антóн?
А теáтр?

5) ИК-5

이 억양 구조의 중심은 의문사에 있고, 중심에서 상승한 톤은 계속 유지되다가 뒷부분에서 떨어진다. 이 억양은 감탄문에서 주로 나타나는 유형이다.

Какóе си́нее нéбо!
Какóе тёплое сóлнце!

🐚 일러두기

이 책에 수록된 모든 러시아어 표기는 국립국어원의 외래어 표기법(러시아어 표기법)을 따르고 있음을 밝혀둔다.

мн. – 복수
м. – 남성 명사
ж. – 여성 명사
с. – 중성 명사
НСВ – 불완료상
СВ – 완료상
инф. – 동사의 부정형(инфинити́в). 영어에서 보통 원형이라고 하지만, 러시아어에서는 인칭에 따라 어미가 변화하기 이전의 정해지지 않은 형태라는 의미에서 부정형(不定形)이라고 일컫는다.

TEMA 1

크렘린 궁
(Большой кремлевский дворец)

모스크바 소재. 초록 지붕의 노란색 크렘린 궁은 앞으로는 모스크바 강을 끼고 있으며 뒤로는 레닌묘와 붉은 광장과 인접해 있다.

바실리 사원
(Храм Василия Блаженного)

모스크바 소재. 붉은 광장의 남쪽에 있으며, 사원 앞에는 17세기 폴란드의 침공에 맞서 의용군을 조직한 미닌과 포자르스키의 동상이 있다. 이 동상은 모스크바 최초의 동상이라는 점에서 역사적 의의를 갖는다.

주코프 동상
(Памятник маршалу Жукову)

모스크바 소재. 제2차 세계대전의 영웅으로 크렘린 앞의 역사박물관 앞에 있다.

TEMA 1

인사와 소개

01 | 안녕하세요?
02 | 만나서 반가워요!
03 | 어디에서 오셨나요?

외국어를 공부하는 가장 큰 즐거움은 경계 너머의 세계와 그 문화를 볼 수 있다는 것이다. 각 나라의 짧은 인사말 한 마디에도 고유한 문화가 녹아있게 마련이다. 우리나라의 '안녕하세요'가 밤 사이의 안녕을 묻는 말이듯, 러시아의 인사말은 그들의 기본 관심사를 나타낸다.

서양의 다른 나라와 달리 러시아에서는 길에서 우연히 눈을 마주치더라도 인사를 나누지 않는다. 대신 정식으로 인사를 나누고 나서야 비로소 관계가 형성되는 특징이 있다. 그러므로 러시아인과 인사를 나눌 때에는 일정한 형식을 갖추는 것이 중요하다.

러시아의 인사말에 나타나는 존대법, 결혼 이후에도 바뀌지 않는 부칭(о́тчество)은 우리 문화와도 유사한 면이 있다. 이처럼 우리에게는 그들과 교감할 수 있는 끈이 어느 정도 존재하는 것이다. 러시아인을 만났을 때, 이런 표현들을 익혀 반갑게 인사한다면 그들과의 만남에서 훌륭하게 처신할 수 있다.

안녕하세요! Здравствуйте!
즈드라스뜨부이쩨

기본적인 인사말을 배운다. 러시아어에는 다양한 인사말이 있으며, 우리나라와 마찬가지로 상대방에 따라 존대하는 표현이 달라진다. 처음 만났을 때는 상대방을 높여주는 것이 예의이므로 존대말부터 익히면 편리하다.

🎧 Диалог

A : Здра́вствуй!
즈드라스뜨부이

B : Здра́вствуй!
즈드라스뜨부이

A : Здра́вствуйте!
즈드라스뜨부이쩨

B : Здра́вствуйте!
즈드라스뜨부이쩨

A : Приве́т!
쁘리베트

B : Приве́т!
쁘리베트

A : Пока́!
빠까

B : Пока́!
빠까

A : До свида́ния!
다 스비다니야

B : До свида́ния!
다 스비다니야

○• Новые слова

оди́н 하나, 1
здра́вствуй 안녕
здра́вствуйте 안녕하세요(존칭)
до свида́ния 안녕히 가세요, 안녕히 계세요
уро́к 과, 수업
приве́т 안녕(가까운 친구 사이에서)
пока́ 잘 가(가까운 친구 사이에서)

A : 안녕!
B : 안녕!

A : 안녕하세요!
B : 안녕하세요!

A : 안녕!
B : 안녕!

A : 잘 가!
B : 잘 가!

A : 안녕히 가세요!
B : 안녕히 가세요!

Грамматика

- Здра́вствуйте(안녕하세요!)는 가장 기본적인 인사말이다. 처음 보는 사람이나 격식을 차리는 경우에는 이 표현을 사용하고, 가까운 친구 사이나 손아래 사람에게는 Здра́вствуй(안녕!) 또는 Приве́т (안녕!)을 사용한다.

- 헤어질 때 인사인 До свида́ния(안녕히 가세요!)는 격식에 구애받지 않고 사용한다. 가까운 사이에서는 До свида́ния 대신 Пока́(잘 가!)를 사용하기도 한다.

○ Упражнения

러시아어로 말해보세요.

01 '안녕' : _____
02 '안녕하세요' : _____
03 '잘 가' : _____
04 '안녕히 가세요' : _____

○ Для тех, кто хочет знать больше

✎ 아침, 점심, 저녁인사로는 다음과 같은 것들도 있다.

Дóброе ýтро!(좋은 아침입니다!)
Дóбрый день!(좋은 점심입니다!)
Дóбрый вéчер!(좋은 저녁입니다!)

• 위의 인사말은 격식에 상관없이 사용할 수 있다.

✎ 헤어질 때 인사로는 다음과 같은 것들이 있다.

До зáвтра.(내일 만나요)
До встрéчи.(다음에 만나요)
До понедéльника! 월요일에 만나요.
Всегó дóброго! 안녕히 가세요, 잘 지내세요.
Всегó хорóшего! 안녕히 가세요, 잘 지내세요.

01: Здрáвствуй! 또는 Привéт!   02: Здрáвствуйте!   03: Покá!
04: До свидáния!

⊙ Запомните!

✓ Здра́вствуй와 Здра́вствуйте는 하루 중 처음 만났을 때에만 사용하고, 같은 날 다시 마주치게 될 때는 반복하지 않는다. 그 때는 Ещё раз!(또 만났네요)라고 말한다.
모든 명령형은 두 가지, 즉 상대방을 '너 ты'(단수)로 지칭할 때와 '너희들' 또는 '당신 вы'(2인칭 복수 또는 2인칭 단수 존칭)으로 지칭할 때에 따라 마지막에 -те가 오거나 오지 않는다는 점을 유의해야 한다.

✓ 러시아어의 вы는 2인칭 복수 대명사로 '너희들', '당신들'이란 뜻을 지니며, 상대방을 높이는 2인칭 단수 존칭으로도 사용될 수 있다. 그럴 경우에는 '당신'으로 해석되어, 문장의 맨 앞에 위치하지 않더라도 상대방을 존중하는 의미에서 대문자로 쓰기도 한다.

Русская культура | 러시아의 국기(Флаг Росси́и)

러시아 국기는 가로, 세로 3 : 2의 비율로 백색, 청색, 적색을 수평으로 3등분한 삼색기이다. 이 삼색기가 최초로 나타난 것은 17세기 후반 알렉세이 황제의 통치시절이었다. 알렉세이는 이미 오래 전부터 모스크바 문장에 사용되어 러시아를 상징하던 이 깃발을 공식적인 국기처럼 사용하기 시작하였다. 삼색기는 군함과 상선에 게양하던 것이었는데, 1705년 1월 20일에 표트르 대제(Пётр Пе́рвый)의 명령에 따라 국기로서 최초로 인정되었다가, 이후 소비에트 시기에 폐지되었다. 1991년 8월 21일 옐친 정부는 삼색기를 러시아 국기로서 부활시켰고, 2000년 12월 8일 국기에 관한 법에 따라 공식적으로 제정하였다. 하양은 고귀함과 진실·고상함·솔직·자유·독립을, 파랑은 정직·헌신·순수·충성을, 빨강은 용기·사랑·자기희생을 나타낸다. 전통적인 해석에서는 3색을 위로부터 각각 천상세계, 하늘, 속세를 가리키는 우주적 개념으로 설명하며, 3개 동 슬라브국가인 백러시아(벨로루시), 우크라이나, 러시아의 통합을 상징하기도 한다.

만나서 반가워요! Очень приятно!
오친 쁘리야뜨너

처음 만났을 때 또는 소개받았을 때 자신의 이름을 밝히는 것이 상례이다. 러시아인들은 공식적인 자리가 아니라면, 주로 풀 네임 대신 이름 또는 이름과 부칭으로 자신을 밝힌다. 러시아인의 이름은 이름, 부칭, 성 순으로 되어 있지만, 공식 석상에서는 성, 이름 순으로 말하기도 한다.

🎧 Диалог

A : Давáй познакóмимся! Меня́ зову́т Антóн.
다바이 빠즈나꼬밈사 미냐 자부트 안똔

B : Меня́ зову́т Áнна.
미냐 자부트 안나

A : Óчень прия́тно.
오친 쁘리야뜨너

A : Дава́йте познако́мимся! Меня́ зову́т Ни́на Ива́новна.
다바이쩨 빠즈나꼬밈사 미냐 자부트 니나 이바너브나

B : Óчень прия́тно. А меня́ зову́т Бори́с Па́влович.
오친 쁘리야뜨너 아 미냐 자부트 바리스 빠블러비치

A : Óчень прия́тно.
오친 쁘리야뜨너

◉ Новые слова

два 둘, 2
дава́йте~ 합시다(청유형, 존대말)
о́чень 매우
Антóн 안톤
Ни́на 니나
Ива́новна 이바노브나(부칭)
Меня́ зову́т... 내 이름은 …이다

дава́й~ 하자(청유형)
познако́мимся 서로 소개하다(1인칭 복수)
прия́тно 반갑다
Áнна 안나
Бори́с 보리스
Па́влович 파블로비치(부칭)
а 그런데, 그리고(접속사)

A : 서로 소개하자! 내 이름은 안톤이야.
B : 내 이름은 안나야.
A : 만나서 반가워.

A : 서로 소개합시다. 제 이름은 니나 이바노브나입니다.
B : 만나서 반갑습니다. 제 이름은 보리스 파블로비치입니다.
A : 만나서 반갑습니다.

Грамматика

명사의 성(性)

	남성	여성	중성
기본형	#(자음으로 끝남)	-а	-о
	-й	-я	-е
	-ь	-ь	-мя

연음 부호 -ь로 끝나는 명사는 새로운 단어가 나올 때마다 남성인지 여성인지를 외워두어야 한다. -мя로 끝나는 중성명사는 총 10개에 불과하므로, 잘 사용하는 몇 개의 단어만 외워두면 편리하다.

러시아어 명사는 여섯 가지의 격을 갖고 있다. 그 명칭은 주격(主格), 생격(生格), 여격(與格), 대격(對格), 조격(造格), 전치격(前置格)이다. 주격은 명사의 원형이다.

인칭대명사의 주격, 생격, 대격(인칭대명사의 생격과 대격 형태는 동일하다.)

	주격	생격	대격
1인칭 단수	я 나	меня	меня
2인칭 단수	ты 너	тебя	тебя
3인칭 단수	он(она́) 그(그녀)	его́(её)	его́(её)
1인칭 복수	мы 우리	нас	нас
2인칭 복수	вы 당신, 너희들	вас	вас
3인칭 복수	они́ 그들	их	их

● Упражнения

다음을 러시아어로 옮기세요.

01 '서로 소개하자' : _____
02 '서로 소개합시다' : _____
03 '내 이름은 보리스야' : _____
04 '만나서 반갑습니다' : _____

다음의 주어진 명사의 성(性)을 적으세요.

05 уро́к   06 А́нна
07 Анто́н   08 Ни́на

● Для тех, кто хочет знать больше

✎ 이름을 묻고 답할 때는 다음 표현을 사용한다.
- Как тебя́ зову́т? 너의 이름이 어떻게 되니?
- Как ва́с зову́т? 당신의 이름이 어떻게 되시나요?
- Меня́ зову́т Влади́мир. 내 이름은 블라디미르입니다.

이 질문에는 이름이나 또는 이름+부칭으로 답하는 대신, 성은 일반적으로 말하지 않는다.

✎ О́чень прия́тно와 유사한 표현들로 다음과 같은 것들이 있다.
Рад вас ви́деть. '당신을 뵙게 되어 기쁩니다.' (화자가 남자일 경우)
Ра́да вас ви́деть. (화자가 여자일 경우)

01: Дава́й познако́мимся!   02: Дава́йте познако́мимся!
03: Меня́ зову́т Бори́с.   04: О́чень прия́тно.
05: 남성   06: 여성   07: 남성   08: 여성

⊙ Запомните!

러시아인의 이름은 이름(и́мя)과 부칭(о́тчество) 그리고 성(фами́лия) 세 부분으로 이루어진다. 우리말에 없는 부칭은 ~ович, ~овна를 붙여서 ~의 아들, ~의 딸을 나타내며, 이름과 함께 사용하면 가장 정중하게 상대방을 부르는 말이 된다.

다른 외국어와 다르게 이름이 길다 보니, 간혹 이름을 제대로 알아듣기가 어렵다. 부칭이나 성을 확인하고 싶을 때는 다음과 같은 질문을 사용한다.

Ка́к ва́ше о́тчество? (부칭이 어떻게 되시죠?)
Ка́к ва́ша фами́лия? (성이 어떻게 되시죠?)

Русская культура | 러시아의 국장 (Госуда́рственный герб Росси́и)

러시아의 국장은 제정 러시아 시기 사용되던, 게오르기(Гео́ргий) 성자가 창을 들고 사악한 용을 찌르는 말탄 모습의 모스크바 문장과 이반 3세 치세 때인 15세기 말에 비잔틴으로부터 계승받은 쌍두 독수리 문장을 변형시킨 것이다. 이 두 문장이 17세기부터 러시아를 상징하는 공식문장이 되면서 왕관과 홀(笏), 황금구가 추가되었다. 로마노프 왕조의 상징이 된 쌍두 독수리는 태양의 힘과 전능을 상징하며, 즉 황제 차르의 권위를 나타낸다. 홀과 구는 주권 수호의 의지와 국가의 통일성을 나타낸다. 홀은 세속 통치자의 권위를 상징하고, 황금구는 전 세계를 그리스도교화 하겠다는 상징으로 지구 위에 십자가가 놓여있는 형상을 하고 있다. 3개의 왕관은 입법, 사법, 행정의 통합된 러시아를, 쌍두 독수리는 러시아 전통의 계승과 중앙권력을 상징한다. 모스크바 공국 초기의 문장인 방패는 악과의 투쟁과 모스크바의 중요성을 나타낸다. 18세기에는 문장에 색깔이 추가되었는데, 쌍두 독수리는 검은색으로, 바탕은 노란색으로 처리되었고, 게오르기는 빨간색 바탕에 청색으로 칠해졌다. 1993년 옐친 대통령은 망치와 낫이 그려진 소비에트 문장 대신 '쌍두 독수리(двугла́вый орёл)'를 국가 문장으로 부활시켰다. 2000년 12월 푸틴 대통령이 러시아 전통을 계승한다는 차원에서 삼색 국기와 국가, 국가 문장을 최초 승인했고, 의회가 이를 통과시킴으로써 공식화되었다.

어디에서 오셨나요? Откуда вы приехали?
아뜨꾸다 븨 쁘리예할리

해외여행이나 체류 시 종종 출신지를 묻는 대화가 발생한다. 이 경우에는 전형적으로 "어디에서 오셨습니까?"라고 묻고, "···에서 왔습니다."라고 대답한다. 이러한 표현을 위해 동사의 과거 시제에 대해 배운다.

🎧 Диалог

A: Откуда ты приехал?
아뜨꾸다 띄 쁘리예할

B: Я приехал из России. А ты откуда?
야 쁘리예할 이즈 라씨이 아 띄 아뜨꾸다

A: А я из Кореи.
아 야 이스 까레이

A: Откуда вы приехали?
아뜨꾸다 븨 쁘리예할리

B: Я приехал из Сеула. А вы откуда?
야 쁘리예할 이스 씨울라 아 븨 아뜨꾸다

A: А я из Москвы.
아 야 이즈 마스끄븨

○•Новые слова

три 셋, 3
я 나
ты 너(2인칭 단수)
вы 너희들(2인칭 복수), 당신(2인칭 단수 존칭)
откуда 어디에서(의문사)
из ~에서(전치사, 이 전치사는 항상 생격과 함께 쓰인다)
Россия 러시아(본문의 России는 생격)
Корея 한국(본문의 Кореи는 생격)
Сеул 서울(본문의 Сеула은 생격)
Москва 모스크바
приехал (타고)오다, 도착하다(과거형, 단수 남성)
приехали (타고)오다, 도착하다(과거형, 2인칭 복수)

A : 너 어디에서 왔니?
B : 난 러시아에서 왔어. 그런데 넌 어디서 왔니?
A : 난 한국에서 왔어.

A : 어디에서 오셨나요?
B : 저는 서울에서 왔습니다. 그런데 당신은 어디서 오셨습니까?
A : 전 모스크바에서 왔습니다.

◉ Грамматика

🖋 러시아어의 어순은 비교적 자유롭다. 대체로 강조하고자 하는 단어가 문장의 마지막에 위치하는 경우가 많다.
Откуда ты приехал? 너는 어디에서 왔니?
А ты откуда? 그런데 넌 어디에서 왔니?

🖋 전치사 из는 '～로부터, ～에서'라는 뜻을 지니며 생격과 함께 쓰인다. 생격은 남성명사엔 а를 붙이고, 중성 명사는 о를 а로, 여성 명사는 а를 ы로 바꾼다.

🖋 남성명사 Сеул과 여성명사 Москва는 기본형이다. 기본형의 변화는 Сеула와 Москвы로 변한다. 반면 Россия와 Корея의 생격은 마지막 모음 -я가 -и로 바뀐다. 이 두 명사 모두 여성이므로 -ы로 바뀌어야 하지만 규칙 기본형이 -а → -ы로 바뀌므로, 모음 -я(й+а)는 -и(й+ы)로 변한다.

🖋 러시아어 동사의 과거 시제
동사는 현재, 과거, 미래의 세 가지 시제로 나타내어진다. 현재와 미래 시제는 인칭과 수에 따라서, 그리고 과거 시제는 성과 수에 따라서 변화한다.
동사의 과거 시제를 만드는 법은 동사의 부정형 어간에 남성은 -л, 여성은 -ла, 중성은 -ло를 첨가한다. 복수의 경우에는 성에 관계없이 -ли를 첨가한다. 그러므로 동사 '오다(приехать)'의 남성 단수 과거는 приехал이고, 2인칭 복수 또는 2인칭 단수 존칭 과거는 приехали이다.

Упражнения

괄호 안의 단어를 사용하여 다음 질문에 맞게 대답하세요.

01 - Откуда ты приехал? (Москва)
    - _____

02 - Откуда вы приехали? (Сеул)
    - _____

다음 대답을 이끌어내기 위한 질문을 만들어 보세요.

03 - _____
    - Я приехал из России.

04 - _____
    - Я приехала из Кореи.

Для тех, кто хочет знать больше

🖊 북한(Северная Корея)과 구별하기 위해 남한(Южная Корея)에서 왔다고 표현하기도 한다.
  - Я приехал из Южной Кореи. 저는 남한에서 왔습니다.

🖊 상대방의 질문을 못 알아들었을 경우에는 다음과 같은 말로 양해를 구한다.
  Повторите, пожалуйста. 반복해주십시오, 다시 말해주세요.
  Ещё раз, пожалуйста. 다시 한 번 부탁 드립니다

01: Я приехал из Москвы.   02: Я приехал из Сеула.
03: Откуда ты приехал? / Откуда вы приехали?
04: Откуда ты приехала? / Откуда вы приехали?

Запомните!

- 러시아어 동사의 과거 표현에는 성(性)의 구별이 있다. 동사 '(타고)오다(приéхать)'의 남성 과거는 приéхал이고 여성 과거는 приéхала이다. 그러므로 질문할 때 상대방이 여자인 경우 또는 질문에 대답하는 사람이 여자인 경우는 приéхал 대신 여성 과거 приéхала을 사용한다.
  예) - Сóня, откýда ты приéхала? 소냐, 너 어디서 왔니?
  - Я приéхала из Иркýтска. 난 이르쿠츠크에서 왔어.

- 동사의 과거 표현은 문장의 주어가 누구인가에 따라, 남성, 여성, 복수 형태로 나뉜다.

- 동사 приéхать는 원거리에서 오는 개념이다. 교통수단을 이용하여 오는 경우에만 사용한다.

Русская культура | 보드카(Вóдка)

보드카는 14세기부터 만들어진 증류주이며, 무색, 무미, 무취로 러시아어의 물(водá)이라는 단어에서 유래했다. 러시아와 폴란드에서는 전통적으로 감자를 이용했으며, 다른 나라에서는 밀, 호밀, 보리, 옥수수 등 다른 곡류들을 이용해 만든다. 보드카를 차갑게 냉각시키면 젤리모양으로 약간 걸쭉해진다. 이런 상태의 보드카가 제 맛을 낸다고 알려져 있으며, 보통 여기에 절인 오이나 청어(селёдка) 등의 안주를 곁들여 먹는다. 식당에서는 병 단위가 아닌 100그램, 200그램, 300그램 단위로 보드카를 주문하며, 플라스크 모양의 유리병에 담아 나온다. 보드카는 륨카(рюмка, рюмочка)라는 잔에 마시는 데, 이 잔이 보통 50그램(밀리리터)로, 1인당 100그램씩 주문해 먹는 것이 일반적이다. 100그램씩 먹는 습관은 소련시절의 금주령과 보드카 배급제라는 경제난에서 비롯되었지만, 현재에도 계속되고 있다. 보드카의 도수가 40도가 된 것은 주기율표로 유명한 러시아 화학자인 멘델레예프(Д. Менделéев)의 1865년도 논문 〈알코올과 물의 혼합에 관하여〉에서 인간의 입맛에 가장 적합하며 숙취가 적은 도수라고 밝히고 있기 때문이다. '원조' 자리를 놓고 분쟁이 일어났던 스미르노프(Смирнóв) 보드카는 원래 러시아의 양조장 가문에서 나왔지만 현재는 미국산이 대부분이고, 러시아산 스미르노프(Смирнóвъ)는 러시아 국내에서만 판매되고 있다. 러시아산 보드카로 유명한 것은 스톨리츠나야(Столи́чная)와 루스키 스탄다르트(Рýсский стандáрт), 돌고루키(Долгорýкий) 등이다.

TEMA 2

우크라이나 호텔
(гостиница Украина)

모스크바 소재. 32층짜리 스탈린 양식의 건물로 쿠투조프 대로 오른쪽 강변과 맞닿아 있다. 객실은 모두 우크라이나 전통에 따라 디자인되었다.

구세주 그리스도 사원의 벽 부조
(Храм Христа Спасителя)

모스크바 소재. 구세주 그리스도 사원은 소비에트 붕괴 이후 민족정체성을 찾으려는 첫 번째 작업이었다. 다시 건축된 사원에는 대리석 부조대신 동을 사용하여 현대적 양식을 가미했다.

외무성(МИД) 건물

모스크바 소재. 모스크바에는 이른바 스탈린 양식이라 하는 웅장한 고딕 양식의 건물이 총 7개가 있다. 모스크바 국립대학의 본관건물을 비롯하여, 우크라이나 호텔, 문화인 아파트, 예술인 아파트, 레닌그라드 역, 민스크 호텔, 외무성이 그것이다.

TEMA 2

연락처

04 | 어디에 사시나요?
05 | 전화번호?

처음 만난 사람과 대화를 하다 보면 반드시 연락해야 할 일이 없어도 어디에 사는지를 묻는 경우가 있다. 그 사람의 생활환경과 출신 배경을 좀 더 잘 이해하기 위해서이다. 이 경우 어디에 사는지를 묻는 질문에 도시명이나 거리 이름 정도로 답변하면 충분하다.

러시아에서도 공적인 만남에서는 명함을 교환하는 것이 보편적이다. 유럽에서는 명함이 17세기 이후 귀족 사회에서 사용되었는데, 방문하는 집에 도착하면 그 집 하인이나 관리인에게 자신의 신분과 이름이 적힌 카드를 건네주었다. 여기에서 유래하여 러시아어로 명함을 визи́тная ка́рточка로, 또는 이를 줄여 визи́тка라고 한다. 러시아에서도 이제는 업무상 만남에서 명함을 교환하는 것이 거의 보편화되었다.

사적인 만남에서도 다시 만날 계획이 있을 때에는 연락처를 물어야 하는데, 최근에는 통신 수단의 발달로 주소보다는 우선적으로 전화번호나 이메일(электро́нная по́чта) 주소를 주고 받는다.

어디에 사시나요? Где вы живёте?
그제 븨 쥐뵤쩨

어디에 사는지를 묻는 표현이다. 사적인 관계에서 사는 곳을 물을 때는 동사 жить(살다)를 이용하여 '어디에 사십니까?' 라고 묻는다. 사무적으로 물을 때는 '주소(áдрес)가 어떻게 되십니까?' 라는 의미의 질문을 한다.

🎧 Диалог

A : Где вы живёте?
그제 븨 쥐뵤쩨

B : Я живу́ в Москве́, на у́лице Че́хова. А вы?
야 쥐부 브 마스끄베 나 울리쩨 체호바 아 븨

A : Я живу́ в Петербу́рге. Вот мой а́дрес.
야 쥐부 프 뻬찌르부르게 보트 모이 아드레쓰

B : Спаси́бо. А вот мой а́дрес.
스빠씨바 아 보트 모이 아드레쓰

A : Спаси́бо.
스빠씨바

B : Пожа́луйста.
빠좔루스따

🔵 Новые слова

четы́ре 넷, 4
где 어디에
живу́ 살다(жить의 1인칭 현재)
живёте 살다(жить의 2인칭 복수)
в ~에서(전치사, 국가 및 도시와 함께 사용)
на ~에서(전치사, 거리와 함께 사용)
у́лица 거리
Петербу́рг 페테르부르크
вот 바로 여기에, 바로 이것은(강조할 때 사용)
а́дрес 주소
спаси́бо 감사합니다
пожа́луйста 천만에요

A : 어디에 사십니까?
B : 저는 모스크바의 체홉 거리에 삽니다. 당신은요?
A : 저는 페테르부르크에 삽니다. 이것이 바로 제 주소입니다.
B : 고맙습니다. 여기 제 주소입니다.
A : 고맙습니다.
B : 천만에요.

Грамматика

- 러시아어 동사의 현재형은 현재 일어나고 있는 동작을 나타낸다. 동사의 현재 시제는 인칭과 수에 의해 구분되며, 동사어간에 첨가되는 어미 유형에 따라 I식, II식, 혼합식으로 나뉜다. I식 변화는 동사의 부정형에서 어미 -ть를 떼고 -ю, -ешь, -ет, -ем, -ете, -ют의 어미들을 첨가한다. I식 변화에는 주로 -ать로 끝나는 동사들이 해당된다.
  читáть(I, 읽다) читáю, читáешь, читáет, читáем, читáете, читáют

- жи́ть는 -ить로 끝나지만, 현재형 어간이 변화하는 독특한 경우로 I식 변화하는 동사이다.
  я живу́, ты живёшь, он живёт, мы живём, вы живёте, они живу́т

- '~에' 라는 표현은 전치사 в 또는 на + 전치격을 사용한다. 명사의 전치격은 단어의 맨 마지막에 -е를 덧붙인다. 남성의 경우 е를 붙이고, 중성은 о를 е로 바꾼다, 여성은 а를 е로 바꾼다. 전치사 в는 도시명이나 국가명과 함께 쓰이고 на는 거리와 함께 사용한다.
  в Сеу́ле 서울에   в Коре́е 한국에
  на проспе́кте Ми́ра 평화 대로에   на у́лице Дру́жбы 우정의 거리에

- 소유대명사는 뒤에 오는 명사에 따라 성과 수가 변화한다.

	남성	여성	중성	복수
나의	мой	моя́	моё	мои́
너의	твой	твоя́	твоё	твои́
우리의	наш	на́ша	на́ше	на́ши
너희들의, 당신의	ваш	ва́ша	ва́ше	ва́ши

  단, 3인칭 소유대명사 его́(그의), её(그녀의), их(그들의)는 뒤에 오는 명사의 성과 수에 상관없이 한 가지 형태만을 갖는다.

Упражнения

ЖИТЬ동사를 이용하여 밑줄 친 부분에 들어갈 알맞은 형태를 쓰세요.

01 Я _____ в Петербу́рге.
02 Он _____ в Москве́.
03 Вы _____ в Сеу́ле?
04 Они́ _____ в Коре́е.

빈칸에 알맞은 형태의 소유대명사를 넣으세요.

05 (나의) у́лица
06 (당신의) а́дрес
07 (그의) дом
08 (우리의) страна́

Для тех, кто хочет знать больше

Спаси́бо. (고맙습니다)
Пожа́луйста. (천만에요)

동의나 수락할 때는 Пожа́луйста가 사용된다. 영어의 please에 해당하는 Пожа́луйста는 다양한 뜻을 가지고 있어서, 때로는 Спаси́бо에 대한 답변으로 '천만에요'가 되기도 하며, 부탁을 할 때는 명령형 단어 뒤에 위치해서 please의 의미를 지니기도 한다. 또한 물건을 전해줄 때 '여기 있습니다'의 뜻이 되기도 한다.
Спаси́бо는 상대방이 안부를 물을 때에도 사용되는 등 관심과 배려에 대한 답으로 자주 사용된다.

Отве́ты q.u.i.z
01: живу́ 02: живёт 03: живёте 04: живу́т 05: моя́ 06: ваш
07: его́ 08: на́ша

⊙ Запомните!

✎ Где?에 대한 답으로 전치사구이외에도 장소를 나타내는 부사어를 사용할 수 있다.

- Где Антóн? 안톤이 어디 있나요?
- Он дóма. 그는 집에 있어요.

- Где Большóй теáтр? 볼쇼이 극장이 어디 있나요?
- Он там. 그것은 저기에 있습니다.

(здесь 여기, там 저기, дóма 집에, слéва 왼쪽에, спрáва 오른쪽에)

Русская культура | 러시아인들의 음주문화

러시아에서 건배 문화는 아주 독특하다. 러시아 사람들은 건배(тост) 없이 술을 마시지 않는다. 일반적으로 식탁에 앉은 남자들 가운데 한 사람이 모임을 주도하며 이런 사람을 그루지아 말로 '따마다 (тамадá)'라고 부른다. '따마다'는 직접 건배를 제안하거나 모임에 배석해 있는 사람에게 건배를 제안해줄 것을 부탁하는 역할을 한다. 러시아인들의 전통에 따르면 모임에는 성찬과 더불어 풍성한 '(건배의)말'이 있어야 했다.

오늘날 어느 모임에서나 러시아인들은 장황한 미사여구로 건배를 제안한다. 한 사람씩 돌아가며 건배를 제안하는 식탁에서 상대방이 지루할까 싶어 짧게 건배를 끝내면, 러시아인들은 곧바로 섭섭한 반응을 보인다. 그러므로 식탁에서 쏟아내는 화려하고 멋진 말은 상대방에 대한 정중한 예의가 된다. 가장 잘 쓰이는 건배 표현으로는 다음과 같은 것들이 있다.

За вáше здорóвье. 여러분들의 건강을 위하여.
За любóвь 사랑을 위하여.
За всё хорóшее. 모든 것이 잘 되길 위하여.

러시아에서는 술잔을 들고 받으면 복이 달아난다 해서 잔을 들지 않고 받는다. 우리의 문화와는 달리, 잔에 술이 남아 있더라도 신선하게(освежúть) 하기 위해 더 따라주기도 한다. 술자리에서 첫번째 잔과 마지막 잔은 반드시 원샷(до днá)을 해야 한다. 러시아어로 '바닥까지'를 뜻하는 원샷 이후에는 술잔을 다 비웠음을 알리기 위해 술잔을 뒤집어 머리 위로 들어보이기도 한다. 술자리를 파할 때에는 '나 파사쇽(на посошóк)'을 한다. 파사쇽은 지팡이(пóсох)라는 단어의 지소형으로, 길 떠나기 전 마지막으로 마시는 술 한 잔을 장난스럽게 일컫는 말이다. 파샤쇽 잔 역시 단숨에 들이키는 것이 예의이다.

전화번호? Ваш телефон?
바쉬 쪨레폰

주소 못지 않게 전화번호를 묻는 경우가 많아지고 있다. 러시아에서 과거에는 전화번호를 묻지 않는 것이 일반적이었으나, 이제는 연락처를 주고 받으며 핸드폰 전화번호나 이메일 주소 등을 교환하는 것이 상례가 되고 있다.

🎧 Диалог

A: Вы мо́жете дать мне но́мер ва́шего телефо́на?
비 모줴쩨 다찌 므녜 노몌르 바쉐버 쪨레포나

B: Пожа́луйста. Мой телефо́н – 960-12-34
빠좔루스따 모이 쪨레폰 제비찌쏘트 쉐스지샤트 드베나짜찌 뜨리짜찌 체띠레

A: А э́то дома́шний и́ли рабо́чий?
아 에따 다마쉬니 일리 라보치

B: Дома́шний.
다마쉬니

A: Мо́жно записа́ть ваш телефо́н?
모쥬너 자삐싸찌 바쉬 쪨레폰

B: Коне́чно, запиши́те, пожа́луйста.
까녜슈너 자삐쉬쩨 빠좔루스따

⊙• Новые слова

пять 다섯, 5
дать 주다
э́то 이것은
рабо́чий 직장의
записа́ть 적어두다, 기입하다
мо́жно 가능하다

мне 나에게
мо́жете ~할 수 있다(2인칭 복수)
телефо́н 전화, 전화번호(=но́мер телефо́на)
дома́шний 집의
и́ли 또는
запиши́те записа́ть의 명령형
коне́чно 물론

숫자:
ноль(0) оди́н(1) два(2) три(3) четы́ре(4) пять(5) шесть(6) семь(7) во́семь(8) де́вять(9) де́сять(10)

A : 당신의 전화번호를 제게 주실 수 있나요?
B : 물론입니다. 제 전화번호는 960-12-34입니다.
A : 그런데 이것은 집 전화번호인가요? 아니면 직장 전화번호인가요?
B : 집전화입니다.

A : 당신의 전화번호를 제게 적을 수 있을까요?
B : 물론입니다, 적으시죠.

⦁ Грамматика

⦁ 소유 의문 대명사 чей(남), чья(여), чьё(중), чьи(복수)는 뒤에 나오는 명사에 따라 성, 수, 격이 바뀐다.

Чей э́то каранда́ш? 이것은 누구의 연필입니까?
Чья э́то ру́чка? 이것은 누구의 볼펜입니까?
Чьё э́то письмо́? 이것은 누구의 편지입니까?
Чьи э́то кни́ги? 이것은 누구의 책들입니까?

⦁ Мо́жете?와 Мо́жно?는 허용을 물을 때 사용된다.

⦁ Мо́жете?는 2인칭 대명사 вы와 함께 사용하며 항상 동사 원형이 뒤따라 온다.

⦁ Мо́жно는 인칭대명사 없이 사용하며 항상 동사 원형과 함께 사용한다.

Мо́жно кури́ть? (담배 피워도 될까요?)
Мо́жно сходи́ть? (다녀와도 될까요?)
Мо́жно заказа́ть? (예약할 수 있을까요?)

● Упражнения

러시아어로 0~10까지 말해보세요.

러시아어로 말해보세요.

01 전화번호를 주실 수 있습니까?
02 제 전화번호는 329-05-16입니다.

● Для тех, кто хочет знать больше

러시아에서 전화번호를 말할 때는 앞의 세 자릿수 국번은 한꺼번에 읽고, 뒤는 두 자리씩 끊어 말한다. 단, 전화번호를 다시 확인하고자 하는 경우에는 앞서 배운 대로 각각의 숫자를 정확히 발음하기도 한다.
예) 423-35-17
(Четы́реста два́дцать три - три́дцать пять- семна́дцать 사백이십삼 – 삼십오 – 십칠)

러시아의 휴대 전화 요금은 기본적으로 발신인 뿐 아니라 수신인 또한 부담하게 되어 있지만, 최근 들어 같은 통신사 간 통화 시에는 수신인 부담을 없애고 있다. 대표적인 이동통신사로는 МТС, Била́йн, Мегафо́н이 있으며, Мегафо́н에 비해 МТС, Била́йн는 요금이 비싼 대신 통화품질이 좋다. 결제 방식은 선불제로 대리점에서 일정액을 충전하거나 지하철 역 근처 가판대에서 전화카드를 구입해서 충전한 다음 사용한다.

러시아에서 한국으로 전화할 때는 키오스크에서 국제전화카드를 구입한 다음, 고유번호를 입력한 뒤 전화를 건다. 이때 전화를 거는 방법은 8-10-82를 누른다음, 지역번호와 핸드폰 번호의 앞자리 0을 제외한 전화번호를 누르면 된다.

ноль, оди́н, два, три, четы́ре, пять, шесть, семь, во́семь, де́вять, де́сять
01: Вы мо́жете дать мне но́мер ва́шего телефо́на?
02: Мой телефо́н – три, два, де́вять, ноль, пять, оди́н, шесть.

○• Запомните!

📌 최근에는 집 전화번호 대신 사무실 전화나 핸드폰 번호를 주는 경우가 많으므로, 다음을 알아두면 편리하다. 이 경우 전화번호(телефо́н)라는 말은 생략하고 형용사 만으로 표현한다.

дома́шний (телефо́н)   집 전화
рабо́чий (телефо́н)   사무실 전화
моби́льный (телефо́н)   또는 со́товый (телефо́н)   휴대 전화

예) Э́то ваш дома́шний? 이것은 당신의 집 전화번호입니까?

📌 구어체에서는 줄여 말하는 것이 특징이다. моби́льный телефо́н(휴대전화)대신 моби́льник 이란 단어를 사용하기도 한다.

Русская культура | 러시아의 인테리어

러시아 가정에 가보면 독특한 인테리어가 눈에 띈다. 긴긴 겨울을 집에서 보내야 하는 러시아인들은 실내를 여러 장식으로 꾸미기 좋아한다. 그 가운데서도 가장 눈에 띄는 것은 카펫이 벽에 걸려 있는 점이다. 대부분 카펫은 바닥용으로 알고 있지만, 러시아에서 카펫은 다양한 용도로 쓰인다. 러시아인들은 카펫의 화려한 문양을 이용해 벽을 장식할 뿐 아니라 외벽의 추위를 박아주는 보온 효과까지 얻는다. 카펫 이외에도 달력, 그림, 가족사진이나 온갖 기념품으로 벽을 장식하기도 한다. 달력은 새해 선물로 자주 사용되는 것으로, 멋있는 사진이 들어 있는 포켓 달력 세트는 특히 인기가 있다. 아파트 벽을 장식하기 위해 포스터 형태의 큰 달력을 사용하기도 한다. 겨울철 흰 눈으로 덮인 바깥 풍경과 대조적으로 러시아 가정은 형형색색의 장식들로 화사한 실내를 이루고 있다.

TEMA 3

레닌(Ленин) 동상

모스크바 소재. 10월 광장(Октябрьская площадь)에 있는 레닌 동상. 레닌의 기백이 잘 느껴진다.

승전기념문 (Триумфальная арка)

모스크바 소재. 전승기념관의 승리광장으로 향하는 길목에 있다. 1812년 나폴레옹 군대와 싸워 이긴 것을 기념하는 개선문이다. 제2차 세계대전 중 파괴되어 다시 재건했다.

가가린(Гагарин) 동상

모스크바 소재. 레닌 대로(Ленинский проспект)에 있으며, 높이가 46m에 달한다. 우주를 향한 가가린을 형상화하기 위해 하늘 높이 치솟아 있다.

TEMA 4

피의 사원
(Спас на крови)

페테르부르크 소재. 1881년 3월 1일 알렉산드르 2세의 시해사건이 일어난 뒤 정식 명칭인 그리스도 부활 사원(Храм Воскресения Христова)대신 피의 사원으로 불리고 있다. 17세기 야로슬라블의 사원 건축양식과 비잔틴 양식이 입체적으로 재현되어 있다.

러시아 박물관
(Русский музей)

페테르부르크 소재. 에르미타슈와 아니치코프 궁전, 알렉산드롭스키 궁전 등에서 기탁한 러시아 예술품(10~20세기 10월 혁명까지)을 모아놓은 종합 미술관이다. 순수 미술품 중심으로 이루어져 있다.

체스멘스카야 교회
(церковь Чесменская)

페테르부르크 소재. 체스멘스카야 교회는 세례 요한 탄생 교회(церковь Рождества Иоанна Предтечи)라고도 불린다. 교회 앞에는 1812~1945년간 죽은 사람들을 기념하는 커다란 십자가가 세워져 있다. 페테르부르크의 의(擬)고딕양식에서 벗어난 것으로, 건축가 펠텐(Ю. М. Фельтен)에 의해 1777~1780년에 세워졌다. 전면은 독특하면서도 자유로운 고딕 모티프의 해석이 엿보인다. 좁다란 세로줄과 모양을 낸 뾰족한 아치가 벽 외부를 장식하고 있고 높이 솟은 화살모양의 창문양식이 독특하다.

◎• Запомните!

- 러시아에서 가장 인기있는 외국어는 영어이지만, 최근 들어 동양에 대한 관심이 늘어나면서 일본어와 중국어를 제2외국어로 공부하는 젊은이들도 늘어나고 있다. 러시아의 요즘 젊은이들은 의사소통이 가능할 만큼 영어 구사능력이 뛰어나지만, 대다수의 성인들은 영어를 거의 못 알아듣는다. 그러므로 가능한 몇 마디라도 러시아어를 구사하면 좀 더 친근하게 그들에게 다가갈 수 있다.

- по-рýсски는 부사어로 형용사인 рýсский와는 완전히 다르다.

- как?라는 질문에는 부사어로 답한다. 정도를 알리는 부사어는 хорошó(잘), неплóхо(제법), нехорошó(별로), плóхо(잘 못함) 순이다.

Русская культура | 구세주 그리스도 사원

구세주 그리스도 사원(Храм Христа Спасителя)은 러시아 근 현대사의 증인이다. 이 사원은 1812년 나폴레옹 전쟁에서의 승리를 기념하기 위해 지어졌다. 당시 국민들의 모금을 토대로 1839년에 착공하여 1883년에 준공식을 하였으며, 38명에 이르는 러시아의 저명화가들이 30년 이상 벽화 작업에 참여하였다. 1931년 스탈린의 지시에 따라 사원이 있는 자리에 미국의 초고층 건물에 버금가는 규모의 소비에트 궁전을 건설하기 위해 이 역사적 사원을 폭파 해체하였다. 그러나 이 계획은 실현되지 못했고, 대신 흐루쇼프 시대에 사원이 있던 자리에 노천 수영장을 개설하였다. 1990년 수영장 동쪽에 작은 예배당을 건설하면서 시작된 구세주사원 복원 사업은 모스크바 건립 850주년에 해당되는 1997년을 계기로 박차를 가하게 되었다. 이후 민간인들의 모금에 힘입어 2000년에 완공되어 이전의 사원 모습을 되찾았다. 복원공사에는 5억 달러 이상이나 소요되었지만, 모스크바 시민들의 불평은 찾아볼 수 없었다. 그만큼 러시아인들의 정신적 지주 역할을 하는 정교회의 저력을 알 수 있는 단면이기도 하다.

◯• Упражнения

다음 질문에 긍정으로 답을 해 보시오.

01 Вы говори́те по-ру́сски?
02 Он говори́т по-англи́йски?

다음 질문에 부정으로 답을 해 보시오.

03 Они́ говоря́т по-ру́сски?
04 Ты говори́шь по-коре́йски?

◯• Для тех, кто хочет знать больше

кто? 누가?	как? 어떻게?		
А́нна	хорошо́		по-ру́сски
	пло́хо	говори́т	по-англи́йски
Анто́н	немно́го		по-коре́йски

♪ говори́ть(말하다)와 더불어 понима́ть(이해하다, 알아듣다), чита́ть(읽다)를 사용하여 언어 구사 여부를 말할 수 있다. 동사 понима́ть, чита́ть는 I식 변화형을 따른다.

Я хорошо́ понима́ю по-ру́сски, но пло́хо говорю́.
저는 러시아어를 잘 알아듣지만, 말은 별로 잘 못합니다.

Я чита́ю по-коре́йски.
나는 한국어를 읽습니다. (= 읽을 수 있습니다.)

01: Да, я говорю́ (по-ру́сски).   02: Да, он говори́т (по-англи́йски).
03: Нет, они́ не говоря́т (по-ру́сски).   04: Нет, я не говорю́ (по-коре́йски).

A : 러시아어를 할 줄 아십니까?
B : 말합니다만, 아직 잘 못합니다.

A : 여기 계신 분 중에 누가 러시아어를 말하시나요?
B : 제가 조금 합니다.

A : 《Subway》가 러시아어로 어떻게 됩니까?
B : Метро́(지하철)라고 합니다.

Грамматика

✎ 동사의 현재 시제

러시아어 동사의 I식 변화에는 -ать, -ять, -ти로 끝나는 동사들이 속하며, II식 변화에는 -ить 로 끝나는 동사들이 속한다.

	понима́ть(I) 이해하다		говори́ть(II) 말하다	
я	понима́	ю	говор	ю́
ты		ешь		и́шь
он/она́		ет		и́т
мы		ем		и́м
вы		ете		и́те
они́		ют		я́т

✎ 동작의 주체가 되는 인칭대명사를 생략할 수도 있다.
 - Вы говори́те по-ру́сски?
 - (Я) Говорю́, но пло́хо.

러시아어를 할 줄 아세요? Вы говорите по-русски?
비 가바리쩨 빠 루스끼

외국어에 대한 관심이 전 세계적으로 높아지고 있다. 상대방으로부터 러시아어를 구사할 수 있는지 질문을 들을 때의 답변 방법과 러시아어 낱말을 묻는 표현을 익히면 대화를 통해서도 러시아어를 학습할 수 있어서 매우 유용하다. 이런 방식으로 불확실한 지식을 확인하거나 새로운 낱말을 배울 수 있다.

Диалог

A: Вы говорите по-русски?
비 가바리쩨 빠 루스끼

B: Говорю, но ещё плохо.
가바류 노 이쑈 쁠로허

A: Кто здесь говорит по-русски?
크또 즈제씨 가바리트 빠 루스끼

B: Я немного говорю.
야 님노거 가바류

A: Как по-русски 《Subway》?
까크 빠 루스끼 써브웨이

B: Метро.
미뜨로

Новые слова

семь 일곱, 7
говорите говорить의 2인칭 복수
по-русски 러시아어로
немного 조금, 약간
плохо 나쁘게
метро 지하철

говорю говорить(말하다)의 1인칭 단수
говорит говорить의 3인칭 단수
здесь 이곳, 여기
ещё 아직, 여전히
как 어떻게
но 하지만

Запомните!

па́па(아빠), де́душка(할아버지), дя́дя(아저씨) 등은 모음 -a, -я로 끝나는 단어지만, 자연성을 따라 남성명사로 취급한다. 그러므로 앞에 수식하는 소유대명사 형태는 남성이어야 한다. 러시아어에서 자연성은 문법적인 성보다 우세하다.
мой па́па, мой де́душка, мой дя́дя

Русская культура | 크렘린(Кремль)과 주변건축물

모스크바 시의 발상지이자 성채인 크렘린은 러시아의 가장 유명한 관광지 가운데 하나이다. 크렘린 궁과 붉은 광장은 모스크바 건축의 역사에 지대한 영향을 미친다. 원래 크렘린 성벽은 흰색 돌이었지만, 15세기 말~16세기 초에 붉은 벽돌로 다시 세워졌다. 크렘린 궁 안에는 4개의 사원이 있으며, 이것들은 몽골의 지배 이전 블라디미르(Влади́мир)와 수즈달(Су́здаль) 지역에 세워진 교회 건축의 모형에 따라 건축되었다. 17세기 후반에는 화려한 장식의 바로크 양식의 교회와 귀족 저택들이 건축되었고, 1760년부터 1830년 사이에는 귀족 파시코프의 집(Дом Пашко́ва), 러시아 귀족 회의 건물과 같은 고전주의 풍의 건축이 유행하였다.

19세기 중반에는 고전주의 대신 다양한 요소들이 결합한 절충형 건축 양식인 모로조프의 집(Дом Морозо́ва)이 등장했다. 이러한 배경 속에서 독창적인 러시아-비잔틴 양식의 건축물들이 등장했으며, 크렘린 안의 무기고 건물(Оруже́йная пала́та)이 그러한 전형적인 예이다. 19세기 말 20세기 초에는 모더니즘 풍의 건축이 등장으로 메트로폴 호텔(гости́ница Метропо́ль), 야로슬랍스키 역(вокза́л Яросла́вский)의 측면 등을 들 수 있고, 소비에트 정권의 초기에는 쇠, 유리, 시멘트 등을 사용하는 실용성을 강조한 구성주의(constructivism)가 주종을 이루었다. 스탈린 시대에는 고전주의 풍의 대규모 건물들을 건설한 관계로, 모스크바 국립대학교, 러시아 외무성, 우크라이나 호텔, 예술인 아파트 등이 등장했다. 흐루쇼프 등장 이후에는 서구의 현대 건축 양식을 본 따 유리를 많이 사용하는 26층 높이의 아파트 및 호텔을 다수 건축하였다. 최근 들어서는 서구의 현대식 고층 건물들이 곳곳에 들어서고 있다.

Упражнения

다음의 대답을 이끌어내기 위한 질문을 만드세요.

01 Это Ива́н.
02 Это телеви́зор.
03 Это моя́ ма́ма.
04 Это Татья́на.
05 Это телефо́н.

다음 질문에 긍정으로 대답하세요.

06 Это ваш друг?
07 Это твоя́ ма́ма?

다음 질문에 부정으로 대답하세요.

08 Это твоя́ сестра́?
09 Это ваш брат?

Для тех, кто хо́чет знать бо́льше

🖉 Кто는 어느 나라 사람인지 알고 싶을 때나 또는 직업을 물을 때에도 사용할 수 있다.
- Кто э́то? 이 사람은 어느 나라 사람입니까?
- Это ру́сский. 이 사람은 러시아 사람입니다.

- Кто он? 그 사람의 직업은 무엇입니까?
- Он врач. 그 사람은 의사입니다.

🖉 민족을 나타내는 말에도 남녀의 구분이 있다.
ру́сский(러시아 남자) - ру́сская(러시아 여자)
коре́ец(한국 남자) - корея́нка(한국 여자)

01: Кто э́то? 02: Что э́то? 03: Кто э́то? 04: Кто э́то? 05: Что э́то?
06: Да, э́то мой друг. 07: Да, э́то моя́ ма́ма. 08: Нет, э́то не моя́ сестра́.
09: Нет, э́то не мой брат.

A : 이 사람은 누구니? 너의 형이니?
B : 아니, 이 사람은 내 친구야.
A : 그럼, 이 사람은 누구니? 너의 누이동생이니?
B : 응, 이 사람은 내 누이동생이야.

A : 이것은 무엇인가요?
B : 마트료시카입니다.
A : 봐도 될까요?
B : 물론이죠, 그러십시오.

Грамматика

✓ 의문사 кто는 사람과 동물을 물을 때, 의문사 что는 사물과 식물을 물을 때 사용된다.
- Кто э́то? (이것은 무엇이지요?)
- Э́то соба́ка. (이것은 개입니다.)

- Что э́то? (이것은 무엇이지요?)
- Э́то берёза. (이것은 자작나무입니다.)

✓ 부정법
소사 не(~가 아니라)는 부정하는 말 바로 앞에 위치한다.
Э́то не телефо́н. (이것은 전화가 아닙니다.)
Нет, э́то не мой брат. (아니오, 이 사람은 나의 형이 아닙니다.)

누구시죠? 무엇인가요? Кто это? Что это?
크또 에따 슈또 에따

어떤 사람이나 사물에 대해서 궁금한 사항이 있을 때는 Кто это? Что это?라는 질문을 사용한다. 그럴 때는 보통 Скажи́те, пожа́луйста라는 말로 상대방에게 양해를 구하면서 질문을 한다.

🎧 Диалог

A: Кто э́то? Э́то твой брат?
크또 에따 에따 뜨보이 브라트

B: Нет, э́то мой друг.
니예트 에따 모이 드루크

A: А э́то кто? Э́то твоя́ сестра́?
아 에따 크또 에따 뜨바야 씨스뜨라

B: Да, э́то моя́ сестра́.
다 에따 마야 씨스뜨라

A: Скажи́те, пожа́луйста, что э́то?
스까쥐쩨 빠좔루스따 슈또 에따

B: Э́то матрёшка.
에따 마뜨료쉬까

A: Мо́жно посмотре́ть?
모쥬너 빠스마뜨레찌

B: Коне́чно, пожа́луйста.
까네슈너 빠좔루스따

○• Но́вые слова́

шесть 여섯, 6
что 무엇(의문사)
нет 아니오(부정)
скажи́те, пожа́луйста 말씀해주십시오
матрёшка 마트료시카(러시아민예품)

кто 누구(의문사)
да 예(긍정)
друг 남자친구
сестра́ 누이, 자매
посмотре́ть 보다

TEMA 3

사물 묻기와 외국어

- 06 | 누구시죠? 무엇인가요?
- 07 | 러시아어를 할 줄 아세요?

해외를 여행하다 보면 새로운 물건들을 보게 된다. 어떤 때는 국내에도 있으나 평소에 관심을 가지지 않았다가 외국에서 보니 새삼 신기해 보이는 것도 있다. 또한 뭔가 뜻밖의 물건을 받게 될 때도 그것이 무엇인지 또는 무슨 의미로 주는 물건인지를 물을 때가 있다. 이런 모든 경우에 사물의 명칭을 묻기도 하고, 그 기능을 묻기도 한다. 따라서 사물에 대한 물음은 일상 의사소통의 기본 표현에 속한다고 할 수 있다. 중요한 것은 이런 기본적인 질문도 언제 어디에서 누구에게 묻느냐에 따라 적절한 표현을 사용하고 그에 맞는 예법을 갖춰야 한다. 항상 상대방을 배려하며 말하는 습관이 요청된다.

직업과 직장

08 | 직장인입니까?
     학생입니까?
09 | 어디에서 일하십니까?

현대 사회에서 직업은 경제 활동의 방편일 뿐만 아니라, 자아실현의 수단이기도 하다. 따라서 좋은 직업은 경제적 기반을 마련해 주면서 개인의 삶의 가치를 높여주는 활동이라고 할 수 있다.

직업은 인류사회가 변화 발전해 오면서 매우 다양하게 분화 발전되어 왔다. 그만큼 인간의 삶도 다양해졌다고 할 수 있다. 그러므로 우리는 상대방의 직업 활동을 물음으로써 그 사람의 생활의 기본 틀과 삶의 유형을 알 수 있게 된다.

직업의 종류와 더불어 직장을 묻기도 한다. 그 직장의 명칭과 소재지 등을 알게 되면, 상대방의 생활 범위도 좀 더 쉽게 파악할 수 있다. 직업과 직장에 대한 질문은 동시에 처음 만나는 사람과의 대화를 풀어가는 무난한 소재가 되기도 한다.

러시아는 최근 석유 가스 자원을 바탕으로 급속한 경제발전을 이루고 있다. 그 결과 직업에 관한 선호도도 많이 변하고 있으며, 대학에서도 경제학과가 인기를 끄는가 하면 에너지 관련 과들이 개설되는 실정이다. 그러므로 직업에 관한 이야기는 러시아 사회의 변화와 러시아인들의 관심사를 알아보는데 가장 좋은 화제가 될 수 있다.

직장인입니까? 학생입니까?
Вы рабо́таете и́ли у́читесь? (브 라보따예쩨 일리 우치쩨씨)

상대방이 어떤 일에 종사하는가를 물을 때에는 '직업'이라는 직접적인 단어를 사용하지 않고 동사 рабо́тать(일하다)와 учи́ться(배우다)를 사용하여 간접적으로 묻는다.

🎧 Диало́г

A : А́нна, вы рабо́таете и́ли у́читесь?
    안나 브이 라보따예쩨 일리 우치쩨씨

B : Я рабо́таю. А вы, Анто́н?
    야 라보따유 아 브이 안똔

A : Я учу́сь в университе́те.
    야 우추씨 브 우니베르씨쩨쩨

B : А кем вы хоти́те стать пото́м?
    아 껨 브이 하찌쩨 스따찌 빠똠

A : Я хочу́ стать врачо́м.
    야 하추 스따찌 브라촘

○• Но́вые слова́

во́семь 여덟, 8
рабо́таете рабо́тать(일하다)의 2인칭 복수
рабо́таю рабо́тать의 1인칭 단수
у́читесь учи́ться(배우다)의 2인칭 복수
учу́сь учи́ться의 1인칭 단수
уже́ 이미, 벌써
кем кто의 조격
хоти́те хоте́ть(원하다)의 2인칭 복수
хочу́ хоте́ть의 1인칭 단수
стать 되다
пото́м 나중에
врач 의사

A : 안나, 당신은 직장인이십니까, 아니면 학생이십니까?
B : 전 벌써 일을 하고 있습니다. 그런데 안톤, 당신은요?
A : 전 대학에서 공부하고 있습니다.
B : 나중에 무엇이 되고 싶으신가요?
A : 의사가 되고 싶습니다.

• Грамматика

> 동사 стать의 보어는 항상 조격 형태를 취해야 한다. 명사 단수의 조격 형태는 남성은 ом을 붙이고 중성은 о를 ом으로, 여성은 a를 ой로 바꾼다. 의문사 кто의 조격 형태는 кем이다.
>
> врач(의사) → врач**о́м**
> студе́нт(대학생) → студе́нт**ом**
> студе́нтка(여대생) → студе́нтк**ой**
> домохозя́йка(주부) → домохозя́йк**ой**

> 러시아어 동사에는 -ся가 붙는 것들이 있다. 이것들은 상호, 재귀, 피동의 의미를 지니며, 변화 형태는 -ся를 떼놓은 상태에서 다른 동사와 마찬가지로 인칭변화를 시킨 다음, 자음으로 끝나면 -ся를 덧붙이고, 모음으로 끝나면 -сь를 붙인다.
>
> учи́ться(Ⅱ): учу́сь, у́чишься, у́чится, у́чимся, у́читесь, у́чатся

> хоте́ть는 불규칙 변화 동사로, 단수에서는 Ⅰ식 변화형을 따르고 복수에서는 Ⅱ식 변화형을 따른다. 강세가 불규칙이므로 암기할 것.
>
> хочу́, хо́чешь, хо́чет, хоти́м, хоти́те, хотя́т

● Упражнения

괄호 안에 주어진 단어를 문장에 맞게 변화시키시오.

01 Я (учи́ться).
02 Он (рабо́тать).
03 Она́ хо́чет стать (нача́льник).
04 Ты хо́чешь стать (банки́р).
05 (Кто) вы хоти́те стать?

● Для тех, кто хочет знать больше

명사의 조격

기본형	남성	여성	중성
	-ом	-ой	-ом
	-ем	-ей -ью	-ем

기본형이 아닌 단어들은 기본형 변화에 [ĭ]를 첨가된 연변화한다. 예를 들어 기본형이 조격으로 바뀔 때 -ом, -ой가 첨가되므로, 기본형이 아닌 반자음, 모음으로 끝난 경우에는 -ем, -ей로 마지막 철자가 바뀐다. 단, -ь로 끝나는 여성 명사의 조격은 -ью이다.

예) студе́нт (대학생) → студе́нт**ом**
    студе́нтка (여대생) → студе́нтк**ой**
    перо́ (펜) → пер**о́м**
    учи́тель (남자 선생님) → учи́тел**ем**
    тётя (아주머니) → тёт**ей**
    по́ле (들판) → по́л**ем**
    ночь (밤) → но́ч**ью**

01: учу́сь   02: рабо́тает   03: нача́льником   04: банки́ром   05: Кем

Запомните!

동사 учи́ться는 '배우다'라는 뜻을 가지며, -ся를 생략한 учи́ть는 '배우다', '가르치다', '암기하다', '외워서 익히다'의 뜻을 가진다. 같은 어근에서 나온 단어라 하더라도 러시아어 동사들은 목적어로 각기 다른 격을 요구한다는 점을 기억해두어야 한다.

- учи́ть (учу́, у́чишь, у́чит, у́чим, у́чите, у́чат) + 대격
  Я учу́ ру́сский язы́к в университе́те. 나는 대학에서 러시아어를 배웁니다.

- учи́ться + 여격
  Я учу́сь ру́сскому языку́ в университе́те. 나는 대학에서 러시아어를 배웁니다.

Русская культура | 쿠폴과 십자가

러시아에 가면 제일 먼저 눈에 선명하게 들어오는 것이 러시아 정교회의 특징적인 건축물의 모습이다. 교회의 팔각 십자가 아래에는 '쿠폴(ку́пол)'이라고 하는 양파모양의 둥근 지붕이 놓여 있다. 쿠폴은 대개 교회 규모에 따라 1개 또는 5개인 것이 보편적이다. 쿠폴은 황금색, 녹색, 흑색, 파란색 등 색깔이 다양하며, 황금빛 쿠폴의 경우 햇빛을 받으면 매우 찬란하게 빛난다. 쿠폴 아래에는 '바라반(бараба́н)'이라고 하는 원통형 구조물이 있는데 이곳에는 태양빛을 받아들이도록 창문이 나 있다. 교회내부는 정육면체 혹은 십자가 형태의 모습을 갖추고 있고 의자가 없는 것이 특징이다. 대체로 약 3시간 정도 서서 예배를 드리며, 교회 내에서 절대로 악기를 사용하지 않는 러시아정교회 관습 상 사람들의 목소리만으로 성가를 부른다.

러시아 정교회의 십자가인 팔각십자가는 윗부분의 작은 가로 막대에 '나사렛 예수, 유대인의 왕'이라는 표시를 담고 있다. 아래 부분의 경사진 가로 막대는 그리스도의 고뇌를 상징한다. 이 가로 막대의 오른쪽은 들려있고 왼쪽은 아래를 향하고 있다. 이것은 예수의 오른 편에 매달려 있던 강도가 그리스도를 인정하고 천국에 간 것과 왼편의 강도가 그리스도를 부인하고 지옥에 간 것을 상징한다. 정교회의 회화에서는 팔각 십자가 밑에 해골을 그려넣기도 하는데, 이것은 첫 사람 아담을 상징한다.

어디에서 일하십니까? Где вы работаете?
그제 븨 라보따예쩨

Урок 9

직장을 물을 때 사용하는 '어디서 일하십니까?' 라는 기본적인 표현을 배운다. '~에서' 에 해당하는 전치사로 на 또는 в가 사용되는 것에 유의해야 한다. 또한 신분과 자격을 나타내는 '~로서' 의 조격 용법을 배운다.

🎧 Диалог

A: Где вы работаете?
그제 븨 라보따예쩨

B: Я работаю в Юкосе. А вы тоже работаете?
야 라보따유 브 유꼬쎄 아 븨 또줴 라보따예쩨

A: Нет, я учусь в университете. Я студентка.
니예트 야 우추씨 브 우니베르씨쩨쩨 야 스뚜젠뜨까

Кем вы работаете?
꼠 븨 라보따예쩨

B: Я работаю менеджером. А какой язык вы сейчас изучаете?
야 라보따유 메네줴롬 아 까꼬이 이직 븨 씨차스 이주차예쩨

A: Я изучаю русский язык.
야 이주차유 루스끼 이직

⊙ Новые слова

девять 아홉, 9

Юкос 유코스(러시아 최대 석유회사)

тоже 또한, 역시

студентка 여대생

изучаете изучать(배우다)의 2인칭 복수

изучаю изучать의 1인칭 단수

какой 어떠한

русский 러시아의, 러시아인의

язык 언어, 혀

сейчас 지금

менеджер 매니저

A : 어디에서 일하십니까?
B : 전 유코스에서 일하고 있습니다. 그런데 당신도 일을 하십니까?
A : 아니오. 전 대학에서 공부하고 있습니다. 대학생입니다.
회사에서는 어떤 일을 하고 계십니까?
B : 매니저로 일하고 있습니다. 그런데 요즘 당신은 어떤 언어를 배우시나요?
A : 러시아어를 배우고 있습니다.

Грамматика

직장에서 어떤 신분으로 일하고 있는지를 말할 때에는 동사 работать와 함께 명사의 조격을 사용한다.

Я рабо́таю дире́ктором на заво́де.
난 공장장입니다.

Я рабо́таю программи́стом в Самсу́нге.
난 삼성에서 프로그래머로 일하고 있습니다.

의문대명사 како́й는 사물의 성질을 묻는 대명사로, 명사와 결합하며 문법적인 성(性)을 갖고 있다.

남성	여성	중성	복수
како́й	кака́я	како́е	каки́е

● Упражнения

괄호 안에 주어진 단어를 사용하여 다음 질문에 답을 하시오.

01 Где вы рабо́таете? (Самсу́нг)
02 Како́й язы́к вы изуча́ете? (англи́йский язы́к)
03 Где ты у́чишься? (институ́т)
04 Кем вы рабо́таете в поликли́нике? (врач)
05 Кто вы по профе́ссии? (инжене́р)

● Для тех, кто хочет знать бо́льше

✎ '공부하다' 라는 뜻을 가진 동사로는 учи́ться, изуча́ть, занима́ться 등이 있다. 이러한 동사들과 결합하는 목적어는 각기 다른 격 형태를 취하므로 반드시 암기해두어야 한다.

учи́ться + 여격 → учи́ться ру́сскому языку́
изуча́ть + 대격 → изуча́ть ру́сский язы́к
занима́ться + 조격 → занима́ться ру́сским языко́м

✎ 정중한 부탁을 할 때는 다음과 같은 표현으로 말을 시작한다. 이러한 표현들 뒤에는 동사의 명령형이 뒤따라온다.

Бу́дьте добры́ 부탁드립니다(문의 시)
Бу́дьте любе́зны 죄송합니다만
Пожа́луйста 부탁드립니다
Е́сли Вам не тру́дно 어렵지 않으시다면

Бу́дьте любе́зны, принеси́те кни́гу. 죄송합니다만, 책을 가져다주십시오.

01: Я рабо́таю в Самсу́нге.
02: Я изуча́ю англи́йский язы́к
03: Я учу́сь в институ́те
04: Я рабо́таю врачо́м (в поликли́нике).
05: Я – инжене́р.

Запомните!

전치사 на 또는 в는 뒤따라 나오는 명사에 의해 결정된다. 전치사 사용에 관한 특별한 규칙이 없으므로 명사와 함께 암기해두는 것이 편리하다. 대체로 в는 영어의 in(~안에서)과, на는 on(~위에서)과 비슷한 의미를 가진다.

в + 전치격(도시, 국가, 건물)	на + 전치격(거리, 추상명사)
в го́роде 도시에서	на Куту́зовском проспе́кте 쿠투조프 대로에서
в гости́нице 호텔에서	на конце́рте 콘서트에서
в магази́не 상점에서	на стадио́не 경기장에서
в кинотеа́тре 극장에서	на бале́те 발레에서
в музе́е 박물관에서	на уро́ке 수업에서
в Казахста́не 카자흐스탄에서	

Русская культура | 러시아인들의 호칭

러시아 사람들은 서양처럼 Mr. 또는 Miss와 같은 호칭을 사용하지 않는다. 대신 상대방의 이름을 정확하게 불러주는 것이 예의이다. 그러다보니 러시아어에서는 이름을 부르는 표현이 다양하다. 톨스토이의 『부활』은 카튜샤라는 여주인공의 이름이 지어지는 에피소드를 통해 러시아어 이름이 갖는 독특한 뉘앙스를 잘 전달하고 있다.

여주인공 예카테리나(Екатери́на)는 행랑어멈인 어머니와 지주 아버지 사이에서 태어났다. 사람들이 그녀의 애칭으로 적당한 것을 고르기 위해 고민하는 과정은 러시아어 애칭이 얼마나 다채로운지를 보여준다. 소설은 주인공 소녀를 하녀 부르듯 카티카(Ка́тька)로 부르자니 지주의 피가 섞인 지라 부담스럽고, 또 사랑스런 느낌의 카텐카(Ка́тенька)로 부르자니 어쩐지 어울리지 않는 듯 해서 중간 느낌의 카튜샤(Катю́ша)로 부르게 되었다고 전한다.

이처럼 애칭은 하나가 아니라 감정에 따라 여러 개로 나뉜다. 이것은 한국의 정서와 크게 다르지 않다. 한국의 경우, 집에서 부모님이 다정하게 부를 때와 친구들이 짓궂게 부를 때는 같은 이름이라 하더라도 억양에 의해 확연히 구분된다. 러시아어에서는 그것이 다양한 애칭으로 분화되어 있다고 생각하면 된다. 소피아의 애칭은, 소냐, 소네치카, 소누쉬카, 소누샤, 손카 등으로, 앞의 두 개가 정겹고 사랑스런 느낌이라면, 뒤의 두 개는 격의없이 가볍게 부르는 이름이거나 부담스럽거나 비대한 느낌을 준다. 상황에 따라 달라지는 애칭이지만, 기본형의 애칭을 불러도 무방하다. 그러므로 러시아에서는 가능한 상대방의 이름을 물어보고 친한 친구나 가까운 사이에서는 이름을 부르거나 또는 애칭을 사용하고, 예우를 할 때는 이름과 부칭을, 공식적인 장소나 업무에서는 성을 불러야 한다. 또한 음식점이나 공공장소에서 사람을 대할 때에는 연령에 상관없이 남성에게는 젊은이(молодо́й челове́к)라고 하며 여성에게는 아가씨(де́вушка)라고 한다.

TEMA 5

페트로드보레츠(Петродворец)의 넵튠 분수(Фонтан Нептун)

페테르부르크 소재. 1745~1725년 라스트렐리가 세운 바로크 양식의 궁전이다. 옛 명칭은 페테르고프이며, 바뀐 명칭은 표트르의 궁전이라는 뜻이다.

페트로드보레츠의 대궁전 (Большой дворец)과 분수

대궁전 내부에는 황제의 침실과 집무실, 표트르 대제의 서재, 중국식 로비, 초상화 전시관이 있다. 대궁전에서 이어지는 넵튠 분수와 페테르부르크 대로까지를 상부 정원(Верхний сад)이라 일컫는다.

사자의 입을 찢는 삼손 (Самсон, разрывающий пасть льву)

1820년 조각가 미하일 카즐롭스키가 만든 페트로드보레츠의 유명한 분수이다. 스웨덴 폴타바 전쟁 승리 25주년을 기념하기 위해 세운 것으로, 사자 입에서 터져 나오는 분수가 20km까지 치솟는다.

TEMA 5

공항에서

10 । 입국 심사대와 세관
11 । 환전

국제화 시대의 교통수단으로 비행기를 이용하는 사람의 수가 큰 폭으로 증가하고 있다. 그러므로 공항은 한 나라의 출입문이고 동시에 얼굴이라고 할 수도 있다. 비행기 이용자 수가 증가함에 따라서 공항 출입 절차가 원칙적으로는 간소화되어 가는 한편, 최근에는 비행기 납치나 폭발테러 사고 등으로 경비가 강화되고 있다. 그러므로 비행기를 이용할 때는 해당 국가나 공항의 규정을 미리 알아보아야 한다.

공항을 통해서 입국을 할 때에는 입국심사대와 세관을 통과하게 되는데, 입국심사대에서는 경우에 따라서 간단한 질문에 답변을 해야 할 때가 있다. 세관 통관의 경우에도 반입금지 품목이나 관세를 지불해야 하는 물건에 대한 물음에 설명을 해야 할 때가 있다.

모스크바의 주요 공항으로는 도심에서 남서쪽 35km 지점에 있는 브누코보(Вну́ково), 북서쪽 32km에 있는 세레메티예보(Шереме́тьево-1, -2), 동쪽 35km에 있는 비코보(Быко́во) 공항과 도모데도보(Домоде́дово) 등이다. 한국에서 러시아로 여행할 때는 세레메티예보 II(Шереме́тьево-2) 공항을 이용하게 된다.

입 에 서 톡(talk) 러 시 아 어

입국 심사대와 세관
Паспортный контроль и таможня (빠스뽀르뜨늬 깐뜨롤 이 따모쥬냐)

러시아 공항에 도착하면 입국심사대에서 여권과 함께 비자를 제시하여 입국수속을 하게 된다. 그 다음 세관에서 통관수속을 하는데, 이때는 자신이 소지한 외화액수를 기입한 세관 신고서를 작성하여 담당자의 서명을 받아 보관하고 있다가 출국 시에 다시 작성하는 세관신고서와 함께 제출하면 된다.

🎧 Диалог

A: Ваш па́спорт, пожа́луйста.
   바쉬 빠스뽀르뜨 빠좔루스따

B: Пожа́луйста, вот мой па́спорт.
   빠좔루스따 보트 모이 빠스뽀르뜨

A: Э́то ваш бага́ж?
   에따 바쉬 바가쉬

B: Да, э́то мой бага́ж.
   다 에따 모이 바가쉬

A: Предъяви́те деклара́цию, пожа́луйста.
   쁘레드이비쩨 제끌라라찌유 빠좔루스따

B: Вот она́.
   보트 아나

A: Всё в поря́дке. Возьми́те ваш па́спорт. Проходи́те, пожа́луйста.
   프쑈 프 빠랴트께   바지미쩨   바쉬 빠스뽀르뜨 쁘라하지쩨   빠좔루스따

⊙ Но́вые слова́

де́сять 열, 10
вот 바로 여기에, 바로 이것이(강조할 때 쓰임)
предъяви́те предъяви́ть(제출하다, 제시하다)의 명령형
поря́док 질서, 순서, 수속

па́спорт 여권
бага́ж 짐
деклара́ция 세관신고서
всё 모든 것
возьми́те взять(받다)의 명령형

A : 여권을 보여주십시오.
B : 여기 있습니다. 바로 이것이 제 여권입니다.
A : 이것이 당신의 짐입니까?
B : 예, 이것이 제 짐입니다.
A : 세관신고서를 제출해주십시오.
B : 여기 있습니다.
A : 수속을 다 마치셨습니다. 여권을 받으십시오.
  가셔도 됩니다.

Грамматика

명령형
3인칭 복수 어간(자음)+-и/-ите
3인칭 복수 어간(모음)+-й/-йте
어간이 자음으로 끝나지만, 1인칭 단수 현재 변화에서 강세가 어간에 있을 때는 -ь를 붙인다. 복수형은 -те가 덧붙여진다.
예) читáть: читá-ют: читáй, читáйте
   говори́ть: говор-я́т: говори́, говори́те
   встать: встáн-у: встáнь, встáньте

권유 명령에는 давáть의 명령형 давáй, давáйте를 이용한다.
Давáйте познакóмимся. 알고 지냅시다.
Давáйте пойдём. 자, 가시지요.

Упражнения

다음을 러시아어로 옮기시오.

01 여권을 보여주십시오.
02 이것이 당신의 짐입니까?
03 지나가셔도 좋습니다.
04 당신의 세관신고서가 어디 있습니까?
05 바로 여기 있습니다.
06 가져가셔도 됩니다.

Для тех, кто хочет знать больше

멀리서 온 손님을 맞이하는 인사말로는 다음과 같은 것이 있다. 공항이나 식당, 호텔 등에서 이와 같은 문구를 자주 볼 수 있으며, 외국에서 온 손님들을 맞이할 때도 사용할 수 있다.
Добро́ пожа́ловать 잘 오셨습니다, 어서 오세요, 환영합니다.
С прие́здом 잘 오셨습니다.

세관 검사는 тамо́женный досмо́тр 또는 тамо́женный контро́ль이라고 한다. 세관 검사 시에 필요한 몇 가지 표현을 기억해두면 편리하다.

беспо́шлинно 무관세
Запо́лните деклара́цию. 세관신고서를 작성하세요.
Вы должны́ заплати́ть по́шлину. 당신은 관세를 지불하셔야만 합니다.
Тамо́женник проверя́ет чемода́н и ручну́ю кладь. 세관원이 트렁크와 휴대 수하물을 검사합니다.

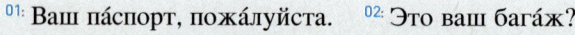
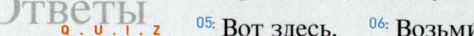

01: Ваш па́спорт, пожа́луйста. 02: Это ваш бага́ж?
03: Проходи́те, пожа́луйста. 04: Где ва́ша деклара́ция?
05: Вот здесь. 06: Возьми́те, пожа́луйста.

•Запомните!

실생활에서 잘 쓰이는 명령형으로는 다음과 같은 것들이 있다.

смотре́ть → **смотри́те** (보십시오)

дать → **да́йте** (주십시오)

показа́ть → **покажи́те** (보여주십시오)

позвони́ть → **позвони́те** (전화하십시오)

взять → **возьми́те** (챙기십시오)

проходи́ть → **проходи́те** (지나가십시오)

предъяви́ть → **предъяви́те** (제출하십시오)

извини́ть → **извини́те** (용서하십시오. 죄송합니다)

прости́ть → **прости́те** (용서하십시오. 실례합니다)

Русская культура | 바냐(목욕탕)

러시아인들은 춥고 긴 겨울에 건강을 유지하기 위해 통나무로 지은 목욕탕 바냐(ба́ня)에서 목욕을 즐긴다. 바냐는 대체로 집에서 약간 떨어진 호수나 강가 근처에 지은 방 한 칸 짜리 단층 목조 건물이다. 바냐는 돌로 만든 아궁이(пе́чь)에 장작을 때서 달군 다음 물을 부어 열기를 얻으며, 이 때 여러 약초에서 얻은 발삼을 넣어 향기를 내기도 한다. 보통 2~3시간 목욕을 하는 동안에 음식과 음료수, 또는 보드카를 마신다.

사우나 안에서는 자작나무 가지(ве́ник)를 엮어 서로 두드려 주며 마사지를 함으로써 몸 안의 독소를 배출시키고 혈액순환을 촉진시킨다. 뜨거운 바냐에서 몸을 달군 다음, 바냐 옆의 호수나 강에 뛰어들어 몸을 식히거나 눈더미에 뛰어들기도 한다. 또는 바냐에서 바로 나와 맨발로 눈을 밟아 몸 안의 나쁜 독소를 뺀다. 시골에는 천장이 낮고 연기 배출구가 없는 "검은 바냐(ба́ня по-чёрному)"가 있는 반면, 자연 여건상 이런 바냐가 불가능한 도시에는 미리 예약해서 몇 사람이 함께 들어가는 고급형 바냐와 우리 대중탕과 흡사한 대규모 바냐가 있다. 바냐는 러시아인들이 추위를 견디면서 가까운 사람끼리 어울리는 중요한 장소이다.

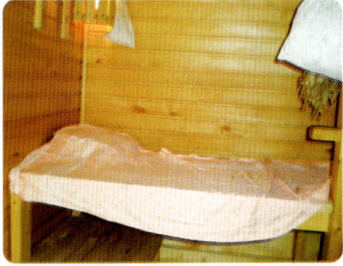

환전 Обмен валюты
아브몐   발류띄

러시아의 화폐단위는 루블이다. 국내에서 달러를 매입한 다음 러시아에 가서 루블화로 바꿔 사용하면 된다. 러시아에서는 공항이나 호텔, 또는 시내 곳곳 어디서나 환전(обмéн валю́ты)이라고 써 붙인 간판을 쉽게 볼 수 있다.

🎧 Диалог

A : Где здесь мо́жно обменя́ть валю́ту?
그제 즈제씨 모쥬너 아브몌냐찌 발류뚜

B : Иди́те пря́мо и уви́дите 《Обмéн валю́ты》.
이지쩨 쁘랴머 이 우비지쩨 아브몐 발류띄

A : Спаси́бо большо́е.
스빠씨바 발쇼예

A : Я хочу́ обменя́ть до́ллары. Како́й сего́дня курс?
야 하추 아브몌냐찌 돌라리 까꼬이 씨보드냐 꾸르쓰

B : Два́дцать шесть рубле́й за оди́н до́ллар.
드바짜찌 쉐스찌 루블례이 자 아진 돌라르

A : Тогда́ я хочу́ поменя́ть сто до́лларов.
따그다 야 하추 빠몌냐찌 스또 돌라로프

B : Вот ва́ши де́ньги. Возьми́те, пожа́луйста.
보트 바쉬 젠기 바지미쩨 빠좔루스따

A : Спаси́бо.
스빠씨바

○• Новые слова

оди́ннадцать 열 하나, 11
обменя́ть 바꾸다, 교환하다
иди́те 가세요(명령형)
поменя́ть 바꾸다, 교환하다
уви́дите уви́деть(보다)의 2인칭 복수
валю́та 외화
до́ллар 달러
два́дцать 스물, 20
рубль (м.) 루블

здесь 여기
пря́мо 직접, 곧장
обмéн 교환
тогда́ 그렇다면, 그 때는
за 교환 및 대가 지불의 뜻을 표현
курс 시가, 환율(= валю́тный курс)
сего́дня 오늘
де́ньги 돈(복수로 사용)

A : 이 근처 어디에서 환전할 수 있습니까?
B : 곧장 걸어가시다 보면 《환전》이라고 쓰인 것을 보시게 될 것입니다.
A : 대단히 감사합니다.

A : 달러를 바꾸고 싶습니다. 오늘은 환율이 어떻게 되나요?
B : 1달러 당 26루블입니다.
A : 그렇다면 100달러를 바꾸고 싶습니다.
B : 여기 당신의 돈이 있습니다. 받으십시오.
A : 고맙습니다.

Грамматика

🖊 러시아어 수사는 3그룹으로 나뉘어 각기 다른 격을 요구한다.

1(оди́н)	рубль, до́ллар	1(одна́) копе́йка	→ 단수 주격
2(два)-4	рубля́, до́ллара	2(две)-4 копе́йки	→ 단수 생격
5-20	рубле́й, до́лларов	5-20 копе́ек	→ 복수 생격

🖊 수사 оди́н은 남성, 여성, 중성을 구별하고 명사의 성과 일치한다. 복수형 одни́는 복수로만 쓰이는 명사와 결합한다.
оди́н журна́л, одна́ кни́га, одно́ письмо́, одни́ очки́

🖊 수사 два는 남성과 중성 명사에 쓰이며, две는 여성 명사와 함께 쓰인다.
два стола́, две ко́мнаты

	경변화(연변화)		경변화(연변화)
남성, 중성 단수생격	-а(-я)	남성 복수 생격	-ов(-ев)
여성 단수 생격	-ы(-и)	여성, 중성 복수 생격	∅

🖊 -ь로 끝나는 남성, 여성 명사의 복수 생격형태는 -ей이다.
예) пять рубле́й

Упражнения

다음의 주어진 수사에 알맞게 괄호 안의 단어를 바꾸시오.

01　7 (рубль)
02　5 (до́ллар)
03　3 (рубль)
04　2 (до́ллар)
05　1 (рубль)

Для тех, кто хочет знать больше

✎ 환전 시 소지하고 있는 화폐에 대한 정보를 알릴 때는 다음과 같이 답한다.

- Кака́я у вас валю́та?
  어떤 외화를 소지하고 계십니까?
- Америка́нские до́ллары.
  미국 달러입니다.
- Вот ваш сертифика́т
  여기 당신의 증명서가 있습니다.

✎ 최근 유로화의 강세에 힘입어 러시아인들도 달러화 대신 유로화를 소지한다. 해외에서 귀국하는 러시아인들은 달러화 대신 유로화를 소지하도록 하고 있으나 해외 송금의 경우는 달러화로 제한하고 있다. 외국인의 경우는 달러화를 소지하는 것이 일반적이다. 간혹 모스크바 시내에서 원화를 루블화로 환전해주는 곳이 있지만, 아직까지는 달러화로 가져가 루블로 바꾸는 것이 안전하고 편리하다.
환전소라고 표기되지 않은 길거리에서 사람에게 직접 환전하는 행위는 불법일 뿐 아니라 위험하다. 반드시 환전소를 찾아서 환전을 해야 한다.

Ответы Q.U.I.Z　01: рубле́й　02: до́лларов　03: рубля́　04: до́ллара　05: рубль

⦿ Запомните!

✐ 유로(éвро)화의 경우는 형태는 중성이지만 예외적으로 남성명사로 취급하며 수사가 달라지더라도 변화하지 않는다.
один éвро, два éвро, пять éвро

Русская культура | 볼가 강과 볼가 자동차

러시아어로 볼가(Вóлга)는 '강'과 '자동차'를 의미한다. 볼가 강(рекá Вóлга)은 무려 138만km²에 이르는 유럽 최대의 강으로, 러시아인들에게는 '러시아의 축(軸)'이자 어머니 강(Мать-Вóлга)'으로 불린다. 발다이 호수 근처의 숲에서 작은 물줄기로 시작되는 볼가 강은 러시아의 모든 강들 가운데서 가장 크고, 또 유럽에서 가장 긴 강으로 알려져 있다. 러시아의 수로 교통은 여러 강, 그리고 강과 강을 연결하는 운하를 통해 이루어지고 있으며, 동절기 이외에는 화물 및 여객 수송에서 상당히 중요한 역할을 한다. 북과 남을 연결해주는 볼가 강 수로는 러시아에서 카스피 해를 거쳐 동양으로 가는 가장 오래된 무역로이기도 했다. 볼가 강의 연변에는 러시아의 역사적 도시들과 주요 산업 도시들인 야로슬라블, 트베리, 니즈니 노브고로드, 사마라, 볼고그라드 등이 있다. 볼가 강은 '볼가 캐스케이드(Велúкий Вóлжский каскáд)'라고 하는 계단상(階段狀)의 하천으로, 세계의 대하천 중 하수통제·수리시설이 가장 잘 되어 있다.

러시아 자동차 '볼가(Вóлга)'는 1956년 10월 15일에 최초의 모델 '볼가 M-21G'를 출시한 이래로 역시 러시아산 자동차인 라다(Лáда), 지굴리(Жигулú), 오카(Окá), 모스크비치(Москвúч) 등과 더불어 러시아 국민의 사랑을 받아왔다. 소비에트 공화국 시절에는 부와 출세의 대명사이자 관료들이 애용하는 승용차로 유명했으며, 현재는 주로 택시 기종에서 많이 볼 수 있다.

러시아 자동차 산업의 전설이었던 볼가는 한때 경제적인 문제로 단종의 위기에 처하기도 했으나 국가적인 지원과 세계 유수의 자동차 업체들과의 제휴를 통해 새로운 모델을 출시하는 등 다시금 부활하는 중이다.

TEMA 6

청동기마상
(Медный всадник)

페테르부르크 소재. 예카테리나 2세가 페테르부르크 건설을 기념하고 자신이 표트르의 후계자임을 상기하기 위해 세웠다. 무거운 동상을 말의 뒷발과 아래쪽의 뱀만이 지탱하고 있다.

해군성 건물
(Здание Адмиралтейства)

페테르부르크 소재. 아치형 입구 앞의 분수대, 고전주의 양식에 따라 세워진 황금색 지붕과 높이 72.5km에 이르는 첨탑은 유럽으로 진출하고자 하는 강건한 의지를 드러낸다. 재정 러시아 시대의 해군본부였지만, 지금은 해군관련 상징물과 해군 기술 대학 몇 개만 남아있다.

바실리 섬의 등대
(Ростральная колонна)

페테르부르크 소재. 반원형의 돌출부에 바다의 신 넵튠의 좌상이 부착된 등대로 바실리 섬의 상징이다. 19세기 중반까지 상선이 빈번하게 드나들었던 이곳 항구의 역사를 증명한다.

TEMA 6

교통수단 이용하기

12 어디 가십니까?

13 이 근처에 지하철이 어디 있습니까?

14 환승

15 《페테르부르크》행 기차표를 예약하고 싶습니다

공항에 도착한 후에 목적지로 이동해야 한다. 세레메티예보-2 공항에서 시내로 나가기 위해서는 택시나 버스를 이용한다. 모스크바의 공항버스는 북서쪽에 위치한 지하철 2호선 녹색선의 종착역인 Речно́й вокза́л까지만 운행하므로, 시내로 들어가기 위해서는 다시 지하철을 갈아타야하는 번거로움이 있다.

러시아에서는 영업용 택시가 절대부족하고, 자가용 영업이 성행을 하기 때문에 독특한 택시 문화가 존재한다. 택시를 타기 전 기사와 가격 흥정을 해야 하며, 보통 기사가 제시하는 가격보다 약간 낮게 조정한다.

러시아의 대도시 모스크바와 페테르부르크에서는 지하철이 가장 싸고 편리한 교통 수단이다. 지하철역은 붉은색으로 M이라고 표시되어 있으며, 아침 6시부터 새벽 1시까지 운행한다.

도시 간에 이동 시에는 기차표 예매가 필수적이다. TSR의 개통과 더불어 앞으로 러시아로와의 거리가 더욱 좁혀질 것으로 전망된다. 기차와 일반 대중교통 이용법을 익힌다면 러시아 여행을 자유롭게 즐길 수 있을 것이다.

어디 가십니까? Куда ехать?
꾸다 예하찌

Урок 12

공항에서 나와 시내로 들어가려면 택시를 타게 된다. 택시정류장(стоянка такси)에 정차해 있는 택시 타는 법을 알아본다.

🎧 Диалог

A : Свободны?
　　스바보드늬

B : Да, садитесь, пожалуйста, Куда ехать?
　　다　싸지쩨씨　빠좔루스따　꾸다　예하찌

A : Проспект Мира, отель 《Космос》.
　　쁘라스뻭트　미라　아뗄　꼬쓰모쓰

B : Хорошо. У вас много вещей?
　　하라쇼　우 바스 므노거 베쉐이

A : Да. Два чемодана.
　　다　드바　치마다나

B : Давайте положим их в багажник.
　　다바이쩨　빨로쥠　이흐 브 바가쥬닉

A : Спасибо. Долго нам ехать?
　　스빠씨바　돌거　남　예하찌

B : Если не будет больших пробок, доедем быстро.
　　예슬리 니 부지트　발쉬흐　쁘로벅　다예졤　비스뜨로

●• Новые слова

двенадцать 열 둘, 12	быстро 빠르게	доехать (Ⅱ) (어느 장소까지) 도착하다
садитесь 앉으세요	свободны 한가하다, 자유롭다	ехать (Ⅰ) (차를 타고) 가다
проспект Мира 평화 대로	куда 어디로	космос 우주, 세계
хорошо 좋다	отель 호텔	чемодан 여행가방, 트렁크
положить (Ⅱ) 놓다, 넣다	вещь (ж.) 물건, 사물	багажник 트렁크
долго 오랫동안	их 그것들을 (они의 대격)	если 만일 ~라면
большие пробки 교통체증	вам 당신에게 (вы의 여격)	

A : 가실 수 있습니까?

B : 예, 타십시오. 어디로 가십니까?

A : 평화 대로, 《코스모스》 호텔로 갑니다.

B : 좋습니다. 짐이 많으십니까?

A : 예. 여행가방이 2개입니다.

B : 그것들을 트렁크에 넣읍시다.

A : 고맙습니다. 가는데 오래 걸립니까?

B : 크게 막히지 않으면 빨리 도착합니다.

● Грамматика

- 의문 부사 куда́?(어디로?)는 동작의 방향을 나타낸다. 이러한 질문에는 이동동사와 더불어 전치사 в 또는 на+ 명사의 대격으로 답해야 한다. 대격은 우리말의 '～을/를'에 해당한다. 구어체에서는 방향을 나타내는 전치사가 종종 생략된다. 남성 대격은 활동체와 불활동체로 나뉜다는 것을 염두에 두어야 한다.
  - (Вам) Куда́ е́хать? 어디로 가십니까?
  - В центр. 시내로 갑니다. / - В шко́лу. 학교에 갑니다.

남성, 중성 명사의 단수 대격	여성 명사의 단수 대격
#(불활동체), -а(-я, 활동체)	-у(-ю)

- 인칭대명사의 여격 : мне, тебе́, ему́, ей, нам, вам, им

- е́хать(Ⅰ) е́ду, е́дешь, е́дет, е́дем, е́дете, е́дут

- такси́는 불변 명사로 중성이다. 불변 명사들은 외래어에서 온것으로 대부분 -о, -е, -и. -у, -ю로 끝난다.

- 러시아어에는 нет(없다), не́ было(없었다), не бу́дет(없을 것이다)등과 함께 어떤 대상의 존재를 부정하는 문장에 쓰이는 명사나 대명사는 생격으로 표시된다. 이러한 생격을 부정생격이라 한다.
  Сего́дня нет уро́ка. 오늘 수업이 없습니다.

남성, 중성명사의 단수 생격	여성 명사의 단수 생격
-а(-я)	-ы(-и)

Упражнения

괄호 안에 주어진 단어를 문장에 맞게 바꾸시오.

01 Я е́ду в (университе́т).
02 Он е́дет в (гости́ница).
03 Они́ е́дут на (пляж).
04 Вы е́дете на (Украи́на).
05 Там нет (газе́та).
06 Здесь нет (авто́бус).
07 На у́лице не бы́ло (дождь).

Для тех, кто хо́чет знать бо́льше

러시아에서 자가용 택시를 탈 때는, 타기 전에 목적지부터 말하고 요금을 정한다. 또한 목적지를 건물(예 : 롯데 호텔)로 지칭하는 우리와 달리 러시아에서는 주소나 거리명으로 찾아가는 것이 일반적이다.

- Вам куда́? 어디 가십니까?
- Куту́зовский проспе́кт. Ско́лько? 쿠투조프 대로로 갑니다. 얼마입니까?
- Два́дцать. 이십 루블 주십시오.
- Пятна́дцать. 15루블로 합시다.
- Пое́дем. 가시지요.

콜택시 이용 방법 :
- Алло́! Мо́жно заказа́ть такси́? 여보세요. 택시를 부를 수 있습니까?
- На како́е вре́мя? 몇 시에 원하십니까?
- На за́втра, на пять часо́в утра́. 내일, 아침 5시에 부탁드립니다.
- Ваш а́дрес? 주소가 어떻게 되십니까?
- У́лица Чайко́вского, дом 5, кварти́ра 1. 차이콥스키 거리, 5동 1호입니다.
- Фами́лия? 성이 어떻게 되십니까?
- Ивано́в. 이바노프입니다.
- Куда́ пое́дете? 어디로 가십니까?
- В аэропо́рт «Шереме́тьево-2». 세레메티예보-2 공항입니다.
- За́втра в пять такси́ бу́дет у подъе́зда. 내일 5시에 입구 근처에 택시를 세워놓겠습니다.

Отве́ты 01: университе́т   02: гости́ницу   03: пляж   04: Украи́ну   05: газе́ты
         06: авто́буса   07: дождя́

○•Запомните!

택시를 타고 목적지에 다가갈 즈음, 자신이 원하는 명확한 위치에 차를 세우기 위해서는 다음과 같은 표현을 자주 사용한다.

Остановитесь, пожалуйста. 세워주십시오.
Чуть-чуть подальше, пожалуйста. 좀 더 가주십시오.
На светофоре развернитесь, пожалуйста. 신호등에서 차를 돌려주십시오((U턴을 의미함, 반대편에서 내리고 싶을 때 사용).
Направо, пожалуйста. 오른쪽으로 돌려주십시오.
Налево, пожалуйста. 왼쪽으로 돌려주십시오.
Прямо, пожалуйста. 직진해 주십시오.

Русская культура | 러시아의 택시

러시아의 택시요금은 미터기(счётчик)에 의한 계산이 아니라 운전사와 가격을 흥정하는 방식이다. 최근 들어 프랑스계 회사인 CITROËN와 автолайн사의 택시, 또는 새로 등장한 노란 택시(новое жёлтое такси) 등이 미터기로 운행하는 영업용 택시를 선보이며 대중화에 앞장서고 있다. 하지만 아직까지 미터기 요금(по счётчику)은 택시 기사(таксист)와 조정한 요금보다 비싸므로 가급적 미터기 택시는 피하는 것이 좋다. 단, 공항에서는 외국인 관광객이 많은 관계로 자가용 택시는 값을 부르기 나름이어서 오히려 미터기를 단 영업용 택시가 더 싼 편이다. 시내의 도로변에서는 택시 표시를 부착한 영업용 택시보다는 자가용 영업(частник)하는 경우를 자주 볼 수 있다. 이런 택시를 타기 전에는 항상 목적지를 먼저 말한 다음 요금을 흥정해야 한다. 또한 콜택시 제도(заказ такси)가 활성화되고 있어서 자신이 있는 장소로 택시를 부를 수도 있다. 또한 노선 택시(маршрутное такси)라고 하는 봉고형 택시는 버스처럼 정거장이 있지만, 승객이 내려달라고 하지 않으면 그냥 통과하기 때문에 반드시 원하는 지점에서 세워달라고 말해야 한다.

이 근처에 지하철이 어디 있습니까?
Где здесь метро? (그제 즈제씨 미뜨로)

여행 중에는 길이나 교통편을 묻는 일이 많다. 목적지를 찾아가기 위해 지하철과 버스를 이용하는 법을 배운다.

 Диалог

A : Скажи́те, пожа́луйста, где здесь метро́?
스까쥐쩨   빠좔루스따   그제 즈제씨 미뜨로

B : Вон там, сле́ва, бу́ква 《М》. Э́то метро́.
본 땀 슬레바 북바 엠 에따 미뜨로

A : Вы не зна́ете, како́й авто́бус идёт до метро́?
비 니 즈나예쩨 까꼬이 압또부스 이죠트 다 미뜨로

B : 7-й(седьмо́й).
쎄지모이

A : Вы сейча́с выхо́дите?
비 씨차스   비호지쩨

B : Нет, я выхожу́ че́рез одну́.
니예트 야 비하쥬 체레스 아드누

A : Тогда́ разреши́те пройти́.
따그다 라즈레쉬쩨   쁘라이찌

◦ Новые слова

трина́дцать 열 셋, 13
метро́ (불변) 지하철
там 저기
бу́ква 글자
знать(Ⅰ, НСВ) 알다
авто́бус 버스
выхо́дите выходи́ть(Ⅱ, НСВ) '나가다, 내리다'의 2인칭 복수
одну́ одна́의 대격
пройти́(Ⅱ, СВ) 통과하다. 지나가다

здесь 여기
вон 저 멀리, 저편에
сле́ва 왼쪽에
до ~까지 (생격과 함께)
идёт идти́(Ⅰ) '가다'의 3인칭 단수
седьмо́й 일곱 번째의
выхожу́ выходи́ть의 1인칭 단수
че́рез (일정시간을 사이에 두고) ~를 지나
разреши́те(Ⅱ, НСВ) 허락해 주십시오.

A : 이 근처에 지하철 역이 어디 있습니까?
B : 저기, 왼쪽, 《М》 글자 보이시죠. 그것이 지하철입니다.

A : 지하철까지 가는 버스가 몇 번인지 아십니까?
B : 7번 버스입니다.

A : 다음 정거장에 내리십니까?
B : 아니오. 한 정거장 지나서 내립니다.
A : 그럼 지나가도 될까요?

Грамматика

🖊 버스 번호와 건물의 층을 나타낼 때에는 서수로 말한다.

1 оди́н - пе́рвый автобус(버스) / эта́ж(층)		2 два - второ́й
3 три - тре́тий	4 четы́ре - четвёртый	5 пять - пя́тый
6 шесть - шесто́й	7 семь - седьмо́й	8 восемь - восьмо́й
9 де́вять - девя́тый	10 де́сять - деся́тый	

🖊 러시아 동사의 상

대부분의 동사는 불완료상(НСВ)과 완료상(СВ)의 쌍을 가지고 있다. 불완료상과 완료상은 둘 다 과거와 미래 시제, 명령법과 부정형에서 쓰이지만, 현재 시제에서는 불완료상만 쓰인다. 불완료상은 반복, 습관, 진행중인 행위를 나타내며 완료상은 종료된 일회성 행위를 가리킨다. 이러한 쌍은 세 가지 형태로 나누어진다.

접두사가 붙는 경우	가운데 음절 차이	어근이 다른 상의 쌍
НСВ СВ	НСВ СВ	НСВ СВ
чита́ть - **про**чита́ть	спра́шивать - спроси́ть	брать - взять
писа́ть - **на**писа́ть	дава́ть - дать	говори́ть - сказа́ть
ви́деть - **у**ви́деть	встава́ть - вста́ть	класть - положи́ть
идти́ - **пойти́**	реша́ть - реши́ть	сади́ться - сесть

🖊 выходи́ть(Ⅱ) выхожу́, выхо́д**ишь**, выхо́д**ит**, выхо́д**им**, выхо́д**ите**, выхо́д**ят**

🖊 전치사 до는 생격과 함께 쓰인다.
до университе́та, до на́шего до́ма, до гости́ницы

Упражнения

괄호 안에 주어진 숫자를 러시아어로 바꾸시오.

01 (4) автóбус.
02 (2) трамвáй.
03 (7) этáж.
04 (1) кóмната.

괄호 안에 주어진 우리말을 러시아어로 바꾸시오.

05 Вы (내리다) на слéдующей стáнции?
06 Да, я (내리다).
07 (어디에) здесь метрó?
08 (어떤) автóбус идёт до метрó?

Для тех, кто хочет знать больше

러시아의 지하철은 들어갈 때만 표가 필요하다. 목적지에 도착해 나갈 때는 그냥 출구로 나가면 된다. 지하철 역에는 화장실이 없다. 지하철 역으로 들어가는 입구와 출구는 구별되어 있으므로 반드시 문에 쓰여진 글씨를 보고 들어가고 나가도록 한다.

Вход 입구 / Вы́ход 출구   Нет вхóда/Нет вы́хода/Нет прохóда 출입금지
Проезднóй билéт 정기승차권   Еди́ный билéт 정기승차권
Турникéт 지하철 개찰구

판매되는 지하철 표의 종류는 다양하다. 4종의 대중교통(전차, 버스, 트롤리버스, 전철)을 이용할 수 있는 한 달짜리 정기승차권(проезднóй билéт)과 횟수가 정해진 지하철에서만 사용할 수 있는 정기권이 있다. 그러므로 필요한 횟수에 따라 표를 구입한다. 횟수가 많을수록 요금이 더 할인된다.

Дáйте, пожáлуйста, билéт на дéсять. (10회 이용권 주십시오.)

Ответы Q.U.I.Z

01: четвёрый   02: вторóй   03: седьмóй   04: пéрвая   05: выхóдите
06: выхожý   07: где   08: какóй

Запомните!

Осторо́жно, две́ри закрыва́ются. Сле́дующая ста́нция 《Ша́боловская》.
조심하십시오. 문이 닫힙니다. 다음 정차할 역은 《샤볼롭스카야》입니다.
К две́рям не прислоня́ться 문에 기대지 마시오.

Ру́сская культу́ра | 지하철(метро́)

   스탈린이 명예와 자존심을 걸고 건설한 모스크바의 지하철은 1935년 5월 15일 개통 당시, 차량 네 칸이 《Соко́льники》역과 《Парк культу́ры》역에 이르는 11.6km 구간 13개역을 통과하며 출발했다. 70년이 지난 현재 12개 노선 172개 역사, 총 거리는 277.9km로 늘어났으며, 2007년 말 추가로 1개의 노선이 더 개통될 예정이다. 모스크바 지하철 사업은 1912년 국가두마에서 지하철 도입 계획을 승인하면서 시작되었으나, 제1차 세계대전과 1917년 사회주의 혁명으로 중단되었다가 1924년부터 재추진되었다. 당시 지하철 건설 책임자였던 흐루쇼프가 성공적인 책임 완수 덕에 소련 공산당 서기장에 오를 수 있었다고 전해진다.

   모스크바 지하철은 에스컬레이터를 타고 지하 50m~200m을 내려갈 정도로 깊지만, 제3궤도 집전방식으로 광궤를 채택하고, 유체학적 원리를 응용한 자연적인 환기 장치를 설치해놓고 있어 쾌적하다. 지반이 약해 지상의 하중을 버틸 수 있도록 만들어졌다는 설도 있지만, 전시에 방공 대피소로 활용하도록 깊게 만들어졌다는 설이 지배적이다. 역 외관과 그 내부는 모자이크, 조각, 장식용 도자기, 화려한 벽화 등으로 장식돼 아름답기로 유명하다. 따라서 모스크바의 지하철은 애국주의, 미학적 가치, 예술가, 정치가, 학자들의 총체적 결합체인 셈이다. 지하철 배차 간격이 평균 1분으로 매우 짧으며 출퇴근시간에는 8초에 불과할 만큼 편리하여 평일에는 9백만명, 휴일에는 4백만명의 승객이 모스크바 지하철을 이용하고 있고, 이 수치는 전체 도시 교통의 60%에 해당한다. 객차와 객차 사이는 통과할 수 없도록 만들어졌으며, 다소 어두운 조명, 객차 안 소음 등이 최근 들어 문제점으로 지적되고 있다.

   페테르부르크의 지하철는 1941년 기획되었지만, 제2차 세계대전으로 인해 모든 작업이 중단되었다가 1955년에 건설되었다. 페테르부르크 지하철의 볼거리는 2호선 《Технологи́ческий институ́т-1》역과 《Технологи́ческий институ́т-2》역 간의 대비이다. 전자는 웅장하고 화려한 장식으로, 후자는 단순함과 직선의 조화로 이루어져 있다. 또한 이중문 장치를 한 《Моско́вская》, 《Маяко́вская》, 《Петрогра́дская》, 《Василеостро́вская》, 《Гости́ный двор》역 등도 볼거리를 제공한다. 플랫폼으로 내려가면 양 옆으로 벽만 보일 뿐이지만, 지하철이 역으로 들어오면 두꺼운 벽의 철제 문이 열리면서 타게 되어 있다. 기관사가 정확하게 외벽문의 위치에 차량의 문을 대기 때문에 차량을 볼 수 없는 상태에서 탄다는 것과 벽에 그려진 멋진 그림을 감상할 수 있다는 것이 페테르부르크 지하철의 독특한 묘미이다.

환승 Пересадка
빼레싸트까

복잡한 버스나 지하철에서 내릴 때에는 앞에 서 있는 사람에게 내리는지 물어보고 비켜달라는 것이 예의이다. 또한 갈아타는 역을 묻는 법에 대해 배운다.

🎧 Диалог

A : Сколько остановок от станции 《Ленинский проспект》
   스꼴까 아스따노벅 아트 스딴찌이 레닌스끼 쁘라스뻭트
   до станции 《Третьяковская》?
   다 스딴찌이 뜨리찌이꼽스까야

B : Это прямая линия. Ехать всего 3 остановки.
   에따 쁘리마야 리니야 예하찌 프씨보 뜨리 아스따노프끼

A : Вы не скажете, где мне нужно делать пересадку?
   븨 니 스까줴쩨 그제 므녜 누쥬너 젤라찌 뻬레싸트꾸

B : На следующей станции.
   나 슬례두유쉐이 스딴찌이

A : Извините, этот автобус идёт до Невского проспекта?
   이즈비니쩨 에떠트 압또부스 이죠트 다 넵스까버 쁘라스뻭따

B : Нет, не идёт. Вам надо сделать пересадку. Садитесь
   니예트 니 이죠트 밤 나다 즈젤라찌 뻬레싸트꾸 싸지쩨씨
   на четвёртый автобус или на второй трамвай.
   나 체뜨뵤르띄 압또부스 일리 나 프따로이 뜨람바이

🔵 Новые слова

четырнадцать 열 넷, 14
до ~까지(생격과 함께)
Третьяковская 트레티야코프스카야(지하철 역명)
линия 선, 노선
мне 나에게(무인칭문에서 주어 역할을 함)
надо 해야 한다, 할 필요가 있다
скажете сказать(Ⅰ, СВ) '말하다'의 2인칭 복수
следующая 다음의
станция 정거장(지하철)
Невский проспект 넵스키 대로(페테르부르크 소재)

от ~에서(생격과 함께)
Ленинский проспект 레닌 대로
прямая 곧은, 직선의
всего 전부, 총계
нужно 필요하다
делать(Ⅰ, НСВ) 하다, 행하다
пересадка 환승
остановка 정류장(택시, 전차, 버스)
трамвай 전차

A : 《레닌 대로》역에서 《트레티야코프스카야》역까지 몇 정거장됩니까?
B : 한 번에 가실 수 있습니다. 총 세 정거장을 가시면 됩니다.

A : 어디서 갈아탑니까?
B : 다음 정거장에서 갈아탑니다.

A : 이 버스가 넵스키 대로까지 갑니까?
B : 아니오, 가지 않습니다. 갈아타셔야 합니다. 4번 버스나 2번 전차를 타십시오.

Грамматика

- 술어부사 мо́жно, на́до, ну́жно, нельзя́는 의미상 주어가 여격으로 표시되며 항상 동사 원형과 함께 사용된다.

Мне Тебе Ему Ей Нам Вам Им	ну́жно(на́до) + инф.

- кто의 여격은 кому́이다.
  Кому́ ну́жно в це́нтр? 시내에 가실 분 없으십니까?
- 전치사 от와 до는 생격과 함께 쓰인다.
- сади́тесь는 방향을 나타내는 на + 대격과 함께 쓰인다.
- 형용사의 성과 수

	남성	중성	여성	복수
주격	-ый, -ий, -ой	-ое, -ее	-ая, -яя	-ые
생격	-ого(-его)		-ой(-ей)	-ых(-их)
전치격	-ом(-ем)		-ой(ей)	-ых(-их)

- 예외 : -ий, -ие, -ия로 끝나는 명사들의 전치격은 -ии이다.
  ста́нция → на ста́нции

○ Упражнения

괄호 안에 주어진 단어를 문장에 맞게 바꾸시오.

01 (я) нужно перейти.
02 (вы) надо делать пересадку.
03 (ты) нельзя курить.
04 (она) можно пройти.
05 (кто) нужно в центр?
06 Этот автобус идёт до (Ленинский проспект)?
07 Этот трамвай не идёт до (вокзал).
08 Какой автобус идёт до (Тверская)?

○ Для тех, кто хочет знать больше

Вопросы	Ответы
- Пожалуйста, билет на 3 поездки. 세 번 탈 수 있는 표 주십시오.	- Возьмите билет. 표를 가져가십시오.
- Где мне выходить? 어디서 내려야 하나요?	- Через две. 두 정거장 지나서입니다.
- Какая сейчас остановка? 이번 정류장이 어디인가요?	- Станция 《Юго-западная》. (지하철역 《유고 자파드나야》입니다.)
- Можно пройти? 지나가도 되겠습니까?	- Пожалуйста. 그러세요.
- Простите, вы выходите? 죄송하지만, 내리십니까?	- Нет, не выхожу. 아닙니다, 내리지 않습니다.

✎ вы не скажете~, вы не можете~는 문자 그대로 불가능을 나타내는 것이 아닌 정중하게 부탁하는 독특한 표현이다.

Ответы Q.U.I.Z
01: Мне 02: Вам 03: Тебе 04: Ей 05: Кому 06: Ленинского проспекта
07: вокзала 08: Тверской

○•Запомните!

Вопро́сы	Отве́ты
- Како́й авто́бус идёт до метро́?	- Сади́тесь на пя́тый авто́бус.
- Где ну́жно де́лать переса́дку?	- На э́той ста́нции.

Перехо́д 횡단보도, 갈아타는 곳
Стоп 멈춤, 정지

Ру́сская культу́ра | 전차(трамва́й)

러시아 대중교통은 버스, 전차, 트롤리버스, 지하철로 나뉜다. 지하철은 모스크바와 페테르부르크, 노보시비르스크에만 있으며, 대부분 대도시에서는 버스, 전차와 트롤리버스가 가장 대표적인 교통 수단이다. 지형이나 추위로 인해 시베리아 지역에는 다른 대중교통 수단이 없는 대신 유일하게 버스만 운행된다. 전차는 노면 위의 레일을 따라 차량 외부 지붕 쪽에 설치된 전선에서 동력을 받아 운행된다. 버스와 전차에는 간혹 안내원과 검표원이 동승하지만 대개의 경우는 운전사 혼자 운행을 한다. 운전사는 차를 운전하는 것 이외에 미처 표를 구하지 못한 손님들에게 그 자리에서 표를 팔기도 한다. 트롤리버스는 외관상 전차와 유사하지만 바퀴로 운행되는 전기 버스이다. 바퀴는 객차 위에 설치된 전선의 길이만큼 좌우로 움직일 수 있다. 실수로 동력을 운반하는 전선의 고리가 이탈되면, 운전사가 갈고리로 다시 전선을 걸어 놓고서 운전대에 앉는 모습을 종종 볼 수 있다.

기네스 북에 '전차의 도시'로 올려져 있을 정도로 페테르부르크는 전차의 역사와 깊은 연관이 있다. 전차의 전신인 'ко́нка(철도 마차)'가 두 칸의 차량으로 1863년 10월 27일 일요일 낮 세 시 운행을 시작하였다. 이후 1880년대 초반 증기 전차가 'ко́нка'를 대신하게 되고, 1886년 6월 정기적으로 운행을 하게 된다. 하지만 증기 전차는 소음과 매연으로 인해 대중화되지 못했다가 그 대안으로 1899년 최초로 전기로 움직이는 전차가 등장했다. 그러나 오늘날 오랫동안 페테르부르크의 사랑 받는 대중교통으로 도시민들의 운송을 담당하던 전차는 시대 변화와 더불어 도로교통의 발전을 저해하는 요소가 되어버렸다. 시간당 20km에 불과한 느린 속도와 전차로가 나아지지 않고 최근 위험요소가 되고 있다시피 간선의 질이 떨어졌기 때문이었다. 이런 이유로 각 도시마다 전차는 점차 그 운행거리가 짧아지고 사라져가고 있다. 하지만 페테르부르크 시 당국은 전차를 박물관의 전시품으로 두기 보다는 개선책을 제안해놓고 있다. 우선 시속 60km까지 속도를 끌어올리고 보도와 전차로를 특수외벽으로 구분하고, 모든 신호체계를 재조정하여 교차로를 지날 때 전차가 자동적으로 신호등을 녹색불로 바꿔 멈춰 서 있지 않는 방안을 모색 중이다. 또한 1910년 이래로 소련 시절 페테르부르크 전차의 독특한 노선 표시등, 즉 각 노선마다 색깔이 일치했던 전통을 복구시킬 계획이라고 한다.

《페테르부르크》행 기차표를 예약하고 싶습니다.
Я бы хотел заказать билет в Петербург.
야 브이 하쪨 자까자찌 빌레트 프 뻬찌르부르크

기차를 예약하기 위해서는 날짜와 시간을 표현할 수 있어야 할 뿐 아니라 원하는 기차 유형을 말해야 한다. 기차 내에는 보통 여자 차장이 있고, 차(чай)를 주문해서 마실 수 있다.

Диалог

A : Я бы хотел заказать 2 билета в Петербург.
   야 브이 하쪨 자까자찌 드바 빌레따 프 뻬찌르부르크

B : На какое число?
   나 까꼬예 치슬로

A : На 15 сентября.
   나 삐뜨나짜떠예 쎈짜브랴

B : На утро или на вечер?
   나 우뜨러 일리 나 베체르

A : Лучше на утро.
   루치쉐 나 우뜨러

B : Есть 2 поезда: в 7 утра и в 11.
   예스찌 드바 뽀예즈다 프 쎔 우뜨라 이 브 아진나짜찌

A : Хорошо, 2 билета на 11 утра.
   하라쑈 드바 빌레따 나 아진나짜찌 우뜨라

Новые слова

пятнадцать 열 다섯, 15
хотел хотеть의 남성 과거, бы와 함께 사용하면 정중한 표현
заказать(Ⅰ, СВ) 주문하다, 예약하다
на 미래의 시간을 나타냄(대격과 함께)
утро 아침
лучше 더 낫다
поезд 기차

пятнадцатое 15일
бы 조건, 희망, 예상을 나타내며 조심스런 표현에 사용됨
билет 표
число 날짜
вечер 저녁
есть 있다(강조할 때만 사용)
давайте 주십시오

A : 페테르부르크 행 기차표 두 장을 예약하고 싶습니다.
B : 어떤 날짜에 원하십니까?
A : 9월 15일입니다.
B : 아침이요, 저녁이요?
A : 아침이 더 좋겠습니다.
B : 아침 7시와 11시 열차 두 대가 있습니다
A : 좋습니다. 11시 열차로 하겠습니다.

Грамматика

- 날짜 표현: 월과 일을 나타낼 때 일은 서수의 중성 단수 주격으로, 월은 생격으로 표현한다.
    - Какóе сегóдня числó? 오늘이 몇 일입니까?
    - Двадцáтое апрéля. 4월 20일입니다.
- 정확한 시간의 표현: в+대격을 사용한다.
    - Когдá отправля́ется пóезд? 기차가 언제 출발합니까?
    - В шесть. 여섯 시입니다.

1 час
2, 3, 4 часá
5~20 часóв

- 미래의 시간, 동사에 후속되는 시간 표현: на+대격을 사용한다.

    Я поéду на мéсяц. 나는 한달 간 떠난다.

    На недéлю. 1주일 예정으로.

    На 5 мáя. 5월 5일을 예정으로

    Билéт на зáвтра 내일 표

- 생격 표현: 남성 단수 생격은 -a를 붙이고, 복수 생격은 -ов를 붙인다.

1	билéт	пóезд
2, 3, 4	билéт**а**	пóезд**а**
5~20	билéт**ов**	пóезд**ов**

- 러시아에서는 영어의 A.M.대신, ýтро의 생격인 утрá를 사용한다. 이에 관해서는 36과의 《Запомните!》에 나온 설명을 참조할 것.

◉ Упражнения

다음을 러시아어로 말해보시오.

01 모스크바 행 표를 두 장 예약하고 싶습니다.
02 어떤 날짜에 원하십니까?
03 9월 12일을 원합니다.
04 표 2장을 주십시오.

◉ Для тех, кто хочет знать больше

✎ Когда́에 대한 대답: 달은 전치격으로 사용하고 구체적 날짜는 전치사 없이 생격으로 표현한다.

- Когда́ вы роди́лись? 언제 태어나셨습니까?
- В январе́. 1월입니다.
- Пе́рвого января́. 1월 1일입니다.

주격(달 표현)	생격(~의)	전치격(~에)
1월 янва́рь	января́	в январе́
2월 февра́ль	февраля́	в феврале́
3월 ма́рт	ма́рта	в ма́рте
4월 апре́ль	апре́ля	в апре́ле
5월 ма́й	ма́я	в ма́е
6월 ию́нь	ию́ня	в ию́не
7월 ию́ль	ию́ля	в ию́ле
8월 а́вгуст	а́вгуста	в а́вгусте
9월 сентя́брь	сентября́	в сентябре́
10월 октя́брь	октября́	в октябре́
11월 ноя́брь	ноября́	в ноябре́
	декабря́	в декабре́

01: Я бы хоте́л заказа́ть 2 биле́та в Москву́.   02: На како́е число́?
03: На двена́дцатое сентября́.   04: 2 биле́та, пожа́луйста.

• Запомните!

🖉 Какие бывают поезда?(어떤 기차가 있습니까?)
Красная Стрела 붉은 화살(모스크바–페테르부르크 행 특급 열차)
Люкс 특등실(2인용)
Купе(купированный вагон) 쿠페(4인용)
Плацкарт (плацкартный вагон) 좌석 지정차(복도 식으로 이루어진 기차)
Сидячие места 좌석
Дневной поезд 낮 시간대 열차
Вечерний поезд 저녁 시간대 열차

Русская культура | 기차(поезд)

러시아 사람들은 장거리 여행인 경우를 제외하고는 값이 저렴하고 시간을 정확하게 지키는 열차 여행을 선호한다. 모스크바를 중심으로 하는 방사선형 철도망이 사방으로 뻗어있으며, 각 역의 명칭은 모스크바에서 떠나 도착하는 도시의 명칭을 갖고 있다. 즉 향발역 도시 이름에 따라 역(вокзал) 이름을 명하는 전통이므로, 레닌그라드로 가는 열차는 레닌그라드 역에서, 카잔으로 가는 열차는 카잔 역에서 출발하기 때문에 모스크바에는 모스크바 역이 없다. 대신 벨로루시역, 스베르들롭스크역, 키예프역, 콤소몰스크역 등 러시아의 주요도시 이름과 같은 역이 모스크바 내에 소재한다.

페테르부르크는 소련이 붕괴되고 난 1992년 옛 이름을 회복했지만, 모스크바에 페테르부르크 역이라는 명칭대신 아직까지 레닌그라드 역으로 통용되고 있다. 도시 명칭이 바뀐지 오래되었지만, 모스크바인들에게는 레닌그라드 역이 익숙해 있기 때문일 것이다. 모스크바에서 페테르부르크로 가는 기차는 보통 저녁에 출발하여 다음날 아침에 도착한다. 붉은 화살(Красная Стрела)호는 페테르부르크로 출근하는 모스크바인들이 기차에서 충분히 잠을 자고 회사에 출근할 수 있도록 아침 8시에 도착하게 만든 것이었다. 페테르부르크로 가는 경우 보통 침대칸을 이용해서 가는 것이 편리한데, 2인용은 룩스라고 하며, 4인용은 쿠페라고 한다. 보통 쿠페를 많이 이용하게 된다.

쿠페는 객실 안으로 들어가면 1층 양 옆으로 두 개의 침대가 놓고 있고 그 위로 또 다시 두 개의 침대가 놓여있는 형상이다. 러시아에서 기차표를 발권하는데에는 다소 시간이 걸리게 마련인데, 차표를 구입하는 사람의 이름을 일일이 기차표에 기록하기 때문이다. 정확한 것을 좋아하는 러시아인들은 증명서 기록을 위해 확인절차가 까다로우므로 여권 소지는 필수적이다. 원칙적으로는 기차표를 끊을 때 미리 성별을 구별해서 쿠페 안으로 나누어 들이지만, 승객 숫자와 객실 수가 일치하지 않으면 낯선 이성과도 동승할 수 있다. 차장에게 자리 배치를 다시 해달라는 요구를 할 수 있지만, 러시아인들은 자신들이 배정받은 자리를 옮기려 하지 않는다. 최근에는 이런 시스템도 점차 나아지고 있어 발권시 동성끼리 원한다고 미리 말하면 된다. 쿠페의 1층 자리에는 의자를 들어올려 가방을 밑으로 넣을 수 있게 되어 있으므로 고가품이나 돈을 많이 소지한 경우에는 밑에 넣어두는 것이 안전하다. 칸과 객실 번호만 정해져 있으므로 먼저 들어간 사람이 좋은 자리를 택할 수 있다. 기차에서는 차와 담요를 유상으로 제공하며 특급 열차의 경우는 무상으로 주기도 한다.

TEMA 7

카잔 성당
(Казанский собор)

페테르부르크 소재. 로마의 산 삐에뜨르 성당을 모델로 1811년 이탈리아 건축가 안드레이 보로니힌이 설계한 반원형의 회랑이다. 재단과 출입구는 러시아 정교회의 전통을 따라 동쪽을 향해 있다.

여름 정원(Летний сад)

페테르부르크 소재. 1704년 표트르 대제가 러시아 제국의 위엄과 황제의 권위를 과시하기 위해 파티 장소로 만든 것이다. 정원 곳곳에 늘어선 89개의 석상들은 18세기 이후 이탈리아의 명장들의 손을 거친 것들이다.

조형미술 아카데미 근처 강변도로의 스핑크스
(Сфинкс на набережной у Академии художеств)

페테르부르크의 네바 강변 소재. 1832년 봄 이집트의 나일 강변에서 가져온 두 개의 스핑크스 가운데 하나로 3500년 이상 된 것이다.

TEMA 7

호텔에서

16 ≪메트로폴≫호텔이 어디 있습니까?

17 빈 방 있습니까?

18 얼마동안 머물 예정입니까?

19 1인실이 얼마입니까?

러시아로 여행을 떠날 때에는 숙소를 미리 예약하면 매우 편리하다. 숙박시설이 절대적으로 부족하므로, 성수기에는 도착 직전에 미리 숙박장소를 예약해두어야 한다. 요즈음은 호텔마다 인터넷 홈페이지를 개설하고 있으므로 이를 통해서 예약뿐 아니라 중요한 정보를 얻을 수도 있다.

호텔방을 예약했을 경우에는 호텔에 도착해 자신의 이름과 예약사실을 밝히면 된다. 간단한 숙박계를 작성하고, 객실에 들어갈 수 있다.

방을 미리 예약하지 못했을 경우에는 역에 설치되어 있는 호텔 안내 시설을 이용하여 미리 호텔을 정해놓고 이동할 수도 있고, 직접 찾아가 방을 구할 수도 있다. 가격이나 위치 등을 잘 따져보고 정해야 한다. 이 경우 보통 원하는 방의 유형과 숙박기간을 말해야 한다. 전화 등을 통해서 방을 예약할 경우에도 마찬가지이다.

숙박요금은 조식(за́втрак)이나 세금(нало́г), 봉사료(обслу́живание)가 포함된 것인지, 1인 기준 요금인지 1실 기준 요금인지를 확인해야 한다. 최근 고급 호텔에서는 보통 조식으로 шве́дский стол(뷔페)를 포함시키는 경우가 많이 있다. 객실에 팁을 남길 필요는 없으며, 짐을 운반해 준 벨보이(носи́льщик)에게는 1달러에 상당하는 20~30루블 정도를 팁(чаевы́е)으로 주면 된다.

입에서 톡(talk) 러시아어

《메트로폴》호텔이 어디 있습니까?
Где находится гостиница 《Метрополь》?
그제   나호지짜   가스찌니짜   메뜨라뽈

Урок 16

호텔은 숙박뿐 아니라 만남을 위한 장소로도 자주 이용되는 곳이다. 호텔 로비나 커피숍은 길을 잘 모르는 사람도 찾아가기 쉬운 장소이다. 호텔의 위치를 묻고 찾아가는 법에 대해 배운다.

🎧 Диалог

A : Скажи́те, пожа́луйста, где нахо́дится гости́ница 《Метропо́ль》?
스까쥐쩨 빠좔루스따 그제 나호지짜 가스찌니짜 메뜨라뽈

B : В Театра́льном прое́зде, о́коло метро́ 《Охо́тный ряд》.
프 찌아뜨랄리넘 쁘라예즈제 오꼴러 미뜨로 아호뜨늬 랴트

A : Э́то далеко́?
에따 달리꼬

B : Да, далеко́.
다 달리꼬

A : Как туда́ дое́хать?
까크 뚜다 다예하찌

B : Лу́чше всего́ на метро́.
루치쉐 프씨보 나 미뜨로

● Новые слова

шестна́дцать 열 여섯, 16
нахо́дится (Ⅱ, НСВ) ~에 위치하다, ~에 있다
гости́ница 호텔
Метропо́ль 메트로폴
Театра́льный прое́зд 티아트랄니 포로예즈드(지명)
о́коло ~근처에(생격과 함께)
Охо́тный ряд 아호트니 랴드(지명)
далеко́ 멀다
туда́ 그리로, 그곳으로
лу́чше всего́ 가장 좋다
на метро́ 지하철로

호텔에서

A : 《메트로폴》호텔이 어디 있습니까?
B : 티아트랄니 프로예즈드에 있습니다. 지하철 《아호트니 랴드》 근처입니다.
A : (거리가) 멉니까?
B : 예, 멉니다.
A : 그리로 어떻게 가야합니까?
B : 지하철을 타고 가시는 것이 가장 좋습니다.

●•Грамматика

✓ 교통수단: 동사 ехать + на 전치격

Я éду **на** автóбус**е**. 버스를 타고 가다
　　　　на трамвá**е**. 전차를 타고 가다.
　　　　на троллéйбус**е**. 트롤리 버스를 타고 가다.
　　　　на метрó. 지하철을 타고 가다.(지하철은 외래어이므로 불변)
　　　　на таксѝ. 택시를 타고 사다.(택시는 외래어이므로 불변)
　　　　на машúн**е**. 자동차를 타고 가다.
　　　　на самолёт**е**. 비행기를 타고 가다.

✓ óколо는 생격과 함께 사용하여 '~근처에', '~옆에'의 뜻을 지닌다.
Óколо вокзáла большóй магазúн. 역 근처에 큰 상점이 있다.

✓ находúться(Ⅱ) нахожýсь, нахóдишься, нахóдится, нахóдимся, нахóдитесь, нахóдятся(~에 위치하고 있다. в, на+전치격)

• Упражнения

동사 ехать를 이용하여 괄호 안에 알맞은 형태를 넣으시오.

01 Я ( ) в цирк.
02 Мама ( ) на ры́нок.
03 Ты ( ) на стадио́н.
04 Вы ( ) в магази́н.

괄호 안에 주어진 단어를 문장에 맞게 변화시키시오.

05 Они́ е́дут на (трамва́й).
06 Воло́дя е́дет на (маши́на).
07 Ка́тя е́дет на (авто́бус).
08 Профе́ссор Ивано́в е́дет на (самолёт).

• Для тех, кто хо́чет знать бо́льше

Куда́?(어디로, 방향) / в, на + 대격	Где?(어디에, 장소) / в, на + 전치격
- На у́лицу Дру́жбы.	- На у́лице Дру́жбы.
- На проспе́кт Ми́ра.	- На проспе́кте Ми́ра.
- На вокза́л.	- На вокза́ле.
- В университе́т.	- В университе́те.
- В Москву́.	- В Москве́.
- Сюда́.	- Здесь.
- Туда́.	- Там.
- Домо́й.	- До́ма.

Отве́ты Q.U.I.Z
01: е́ду 02: е́дет 03: е́дешь 04: е́дете 05: трамва́е 06: маши́не
07: авто́бусе 08: самолёте

Запомните!

Вопросы	Ответы
- Скажи́те пожа́луйста, где нахо́дится гости́ница 《Междунаро́дная》?	- На Краснопресне́нской на́бережной дом 12.
- Извини́те, где остано́вка авто́буса?	- Напра́во.
- На како́м авто́бусе мо́жно дое́хать до стадио́на 《Дина́мо》?	- На седьмо́м.
- Где нахо́дится Зи́мний дворе́ц? 겨울 궁전이 어디 있습니까?	- Ря́дом со ста́нцией метро́ 《Не́вский проспе́кт》. 지하철 역 《넵스키 대로》 옆에 있습니다.

Русская культура | 바이칼(О́зеро Байка́л)

바이칼은 길이 636km, 최대너비 79.5km, 최소너비 27km, 면적 3만 1,500km²에 이르는 세계에서 여섯 번째로 큰 호수이다. 초승달 모양으로 북동~남서쪽으로 길게 펼쳐져 있으며 부랴트 자치 공화국과 이르쿠츠크 주에 걸쳐 있다. 바이칼은 '시베리아의 진주', '시베리아의 푸른 눈'으로 불리는 시베리아의 상징이다. 바이칼의 수량은 전세계 담수호 전체 수량의 20%에 이르는 2만 2000㎘로, 세계에서 가장 깊고 넓으며 북아메리카 5대호 전체의 수량에 맞먹으며 호안선의 연장은 2,200km에 이른다. 주위를 해발고도 1,500~2,000m의 바이칼 산맥 등이 둘러싸고 있는 구조성의 호수이며, 주위로부터 약 330개의 하천이 흘러 들지만, 흘러나가는 수로는 앙가라 강뿐이다. 호수 안에는 올혼 섬을 비롯하여 18개의 섬이 있다. 이 호수의 이름은 '사냥감이 풍부한 호수'라는 뜻을 갖고 있다.

세계의 어느 곳에서도 발견할 수 없는 1,800여종의 특이한 물고기와 동, 식물들이 호수와 그 주변에 살고 있다. 그 가운데 75%는 이 호수에서만 발견되는 것들이며 바이칼 바다표범과 해면(海綿)도 있다. 호수라기보다는 바다에 가까운 바이칼은 시베리아의 수많은 전설과 민담의 근원지이기도 하다. 바이칼 호가 러시아인들에게 알려진 것은 1620년대부터이며, 이 호수에 관한 시나 민요, 민화가 많다. 그 가운데서 특히 나이 많은 추장 바이칼과 맏딸 앙가라의 전설이 가장 널리 알려져 있다. 이 전설에 따르면 호수 끝 부근에 있는 큰 바위는 추장 바이칼이 던져서 생긴 것이라고 한다.

입 에 서 톡(talk) 러 시 아 어

빈 방 있습니까? У вас есть свободные номера?
우 바쓰 예스찌 스바보드늬예 나메라

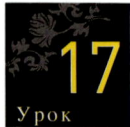

17 Урок

러시아 호텔의 체크인 시간은 보통 오후 2시이다. 오후 6시 이후에 도착하면 예약이 취소될 수도 있으니 미리 호텔에 연락을 해야 한다. 원하는 방의 종류를 말할 때 필요한 표현에 대해 배운다.

🎧 Диалог

А: У вас есть свободные номера?
우 바쓰 예스찌 스바보드늬예 나메라

В: Да, есть. Какой номер вам нужен – на одного или на двоих?
다 예스찌 까꼬이 노메르 밤 누줸 나 아드나보 일리 나 드바이흐

А: Мне нужен одноместный номер.
므녜 누줸 아드너몌스늬 노메르

В: Ваш номер 317(триста семнадцать) на третьем этаже.
바쉬 노메르 뜨리스따 씸나짜찌 나 뜨례찌옘 에따줴

Можете подняться на лифте. Вот ключ от номера.
모제쩨 빠드냐짜 나 리프쩨 보트 끌류치 아트 노메라

◉ Новые слова

семнадцать 열 일곱, 17
номера номер(번호, 객실)의 복수
на двоих 2인용
человек 사람
пробудете пробыть(НСВ, 머물다.
　체류하다)의 2인칭 복수
подняться(СВ) 올라가다
ключ 열쇠

свободные 빈, 한가로운(형용사 복수 형태)
на одного 1인용
одноместный 1인의
долго 오래
третий 세번째의
этаж 층
лифт 엘리베이터

A : 빈 방이 있습니까?
B : 예. 있습니다. 어떤 방이 필요하십니까, 1인실입니까 2인실입니까?
A : 1인실이 필요합니다.
B : 당신의 방 317호는 3층입니다. 엘리베이터를 타고 올라가실 수 있습니다. 여기 방 열쇠가 있습니다.

Грамматика

- 소유관계의 표현 : у кого~ 구문

    (я)   у меня есть   나에게는 ~가 있다.
    (ты)   у тебя есть   너에게는 ~가 있다
    (он)   у него есть   그에게는 ~가 있다
    (она) у неё есть   그녀에게는 ~가 있다
    (мы)   у нас есть   우리에게는 ~가 있다
    (вы)   у вас есть   너희들(당신)에게는 ~가 있다
    (они) у них есть   그들에게는 ~가 있다

- 대상의 존재 사실('~가 있다')을 표현하기 위해서는 동사 есть(быть의 현재형)가 사용된다.
    У меня есть брат. 나에게는 형이 있다.

- 주의: 서술의 초점이 '대상이 존재하는지 아닌지'에 있지 않고 '대상 자체(대상이 무엇인가, 대상의 특성, 대상의 수량, 대상이 위치한 장소 등)'에 있을 때 동사 есть는 생략된다.
    У Веры красивый голос. 베라는 아름다운 목소리를 가졌다.

- мочь(I) могу, можешь, может, можем, можете, могут (~할 수 있다, 동사의 부정형과 함께 사용)

- 명사의 복수

남성	여성	중성
-ы(и)		-а(-я)

- 예외) дом, номер, город, глаз와 같은 남성 명사의 복수는 дома, номера, города, глаза이다.

Упражнения

괄호 안에 주어진 단어를 문장에 맞게 변화시켜 밑줄 친 부분에 넣으시오.

01 У _____ есть маши́на? (вы)
02 У _____ есть брат. (Ива́н)
03 У _____ есть ма́ленький сын? (он)
04 У _____ есть журна́л?(она́)
05 У _____ есть встре́ча.(я)
06 У _____ есть магнитофо́н. (Лари́са)
07 У _____ есть хоро́ший профе́ссор. (они́)
08 У _____ есть сестра́? (ты)
09 Сего́дня у _____ есть экску́рсия. (мы)
10 У _____ есть аллерги́я на ко́шек. (Ка́тя)

Для тех, кто хо́чет знать бо́льше

1인실 но́мер на одного́ (= одноме́стный но́мер)
2인실 но́мер на двои́х (= двухме́стный но́мер)
3인실 но́мер на трои́х
각 층에 있는 당직자 дежу́рная по этажу́ (여자) / 남자인 경우는 дежу́рный
여분의 키 (보조키) ли́шний ключ

러시아어에는 2~10까지의 집합수사가 있다. 이들의 용법은 극히 제한되어 있으며 항상 명사의 복수형이 뒤따라오거나 항상 복수로만 사용되는 명사와 함께 쓰인다. 이것은 개개인의 성별 등 특성을 나타내는 것이 아니라 집합적으로 숫자를 표현할 때 사용한다. 그 가운데 가장 잘 사용되는 세 가지 형태만 외워두면 편리하다.

2 дво́е   3 тро́е   4 че́тверо

- Ско́лько челове́к? 몇 명이십니까?
- Нас дво́е. 저희는 두 명입니다.
- Нас тро́е. 저희는 세 명입니다.

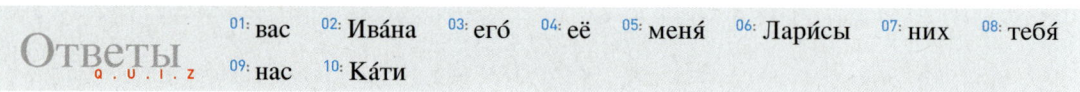

Отве́ты
01: вас 02: Ива́на 03: его́ 04: её 05: меня́ 06: Лари́сы 07: них 08: тебя́
09: нас 10: Ка́ти

Запомните!

러시아 호텔비는 천차만별이므로 미리 알아보고 가는 것이 좋다. 고급 호텔의 경우 200~300달러 선이고, 우리나라 여관급에 해당하는 호텔들도 120~150달러를 받고 있다. 최근 오일 머니의 혜택으로 나날이 발전하고 있는 러시아의 물가는 분기별로 오르고 있어 알려진 가격보다 여비를 충분히 준비해가는 것이 바람직하다.

Вопро́сы	Отве́ты
- У вас есть свобо́дные номера́?	- Да, есть. / Извини́те, нет но́мера.
- Мне ну́жен одноме́стный но́мер.	

Ру́сская культу́ра | 러시아의 화폐

18세기 초 이래로 러시아의 화폐는 루블(рубль)과 코페이카(копе́йка)를 기본으로 하고 있다. 13세기 노브고로드에서는 기존의 화폐단위인 그리브나(гри́вна)와 같이 함께 루블이라는 명칭이 사용되기 시작했다. 루블은 동사 руби́ть (베다, 자르다)에서 파생된 것으로, 초기에는 은괴조각을 잘라 만들어 사용하였다. 코페이카(копе́йка)는 모스크바 대공국이 노브고로드를 점령한 1478년에 주조되었으며 성 게오르기가 창으로 용을 무찌르는 모스크바 문장이 새겨져 있다. 1534년 이반 뇌제(Ива́н Гро́зный)의 어머니인 엘레나 글린스카야(Еле́на Гли́нская)에 의해 화폐개혁이 시도되면서 코페이카가 사용되기 시작해서 이반 뇌제 시대에 정착하게 되었다. 코페이카라는 단어의 유래는 뒷면에 창(копьё)을 든 기사(вса́дник)의 모습이 주조되어 있기 때문으로 유추되었으나, 1881년에 출판된 달(Даль) 사전에 따르면 동사 копи́ть(모으다)라는 단어에서 나왔다고 밝히고 있다. 루블과 코페이카는 동전의 크기와 은의 중량수의 변화를 겪은 결과, 1998년 마지막 화폐 개정에 따라 현재의 형태를 갖추었고, 코페이카의 뒷면에는 여전히 창을 든 기사가 주조되어 있다.

　루블은 주화와 지폐 형태가 있으며, 코페이카는 주화만 있다. 코페이카의 단위는 1, 5, 10, 50 코페이카가 있으며, 루블은 1, 2, 5루블 동전이, 지폐는 5, 10, 50, 100, 500, 1000, 5000루블이 있다. 1루블은 100코페이카이다.

얼마동안 머물 예정입니까?
Как долго пробудете здесь? (까크 돌거 쁘라부제쩨 즈제씨)

호텔에 도착하면 프론트에서 숙박 카드를 작성한다. 체크인할 때 반드시 여권을 제출해서 외국인 거주 등록(регистра́ция)을 해야 한다. 거주 등록을 위해 3~4시간 정도 걸리므로, 여권은 맡겼다가 다음날 아침에 찾을 수 있다.

🎧 Диалог

A : Я хоте́л бы заброни́ровать одноме́стный но́мер.
야 하쩰 븨 자브라니러바찌 아드너메스늬 노메르

B : С како́го числа́?
스 까꼬버 치슬라

A : С деся́того июля. Мне ну́жен но́мер с ва́нной.
스 제샤떠버 이율랴 므녜 누쩬 노메르 스 반너이

B : Как до́лго вы пробу́дете здесь?
까크 돌거 븨 쁘라부제쩨 즈제씨

A : Две неде́ли.
드베 네젤리

B : Хорошо́. Мне ну́жен ваш па́спорт, и запо́лните, пожа́луйста, э́ту анке́ту.
하라쇼 므녜 누젠 바쉬 빠스뽀르트 이 자뽈니쩨 빠좔루스따 에뚜 안께뚜

●• Новые слова

восемна́дцать 열 여덟, 18
заброни́ровать (Ⅰ, СВ) 예약하다
одноме́стный 1인승의, 1인실의
число́ 일, 날짜
ну́жен 필요하다
ва́нная 욕실
как до́лго 얼마 동안

две два의 여성형
неде́ля 1주
запо́лните (СВ) 기입하시오
э́та 이, 그(지시 대명사)
анке́та 앙케이트, 서식
с ~로 부터(생격을 동반시), ~와 함께(조격을 동반시)

A : 1인실을 예약하고 싶습니다.
B : 언제부터 원하십니까?
A : 7월 10일부터입니다. 욕실이 딸린 방을 원합니다.
B : 이곳에 얼마 동안 머무실 예정이십니까?
A : 이주일입니다.
B : 알겠습니다. 당신의 여권이 필요합니다. 그리고 숙박 카드를 작성해주십시오.

Грамматика

- 지시대명사 э́тот는 뒤따라 나오는 명사와 성, 수, 격이 일치한다. 문장을 이끄는 부사어 э́то와 э́тот의 중성형태인 э́то와는 쓰임이 다르다.

    Э́то дом. 이것은 집이다.
    Э́то письмо́ но́вое. 이 편지는 새로운 것이다.

- 행위가 지속되는 시간의 시작과 끝을 나타내기 위해 날짜표현에는 с~ по...(~부터 …까지)가 쓰인다. 이 때 по 다음의 날짜는 기간에 포함된다.

    Я хочу́ с пе́рвого ма́рта по тре́тьего ма́рта. 나는 3월 1일부터 3월 3일까지 원합니다.

- 기간(얼마동안)을 나타낼 때는 전치사 없이 대격으로만 표현한다.

    три неде́ли 삼주일 동안

- '~이 필요하다'의 의미를 지니는 ну́жен의 구문에서 필요한 사람이나 사물이 문장의 주어가 되며, 그것을 필요로 하는 사람, 즉 의미상의 주어는 여격이 된다. ну́жен은 성, 수에 있어 주격 주어와 일치한다. (ну́жен, нужна́, нужно́, ну́жны)

    Вам нужно́ пальто́.
    Мне нужна́ по́мощь.

- 전치사 с + 조격은 '~와 함께', '~가 딸려 있는' 뜻이 된다.

남성, 중성명사의 단수조격	여성명사의 단수조격	복수 명사의 조격
-ом(-ем)	-ой(-ей)	-ами(-ями)

• Упражнения

밑줄 친 부분에 нýжен의 올바른 형태를 넣으시오.

01 Тебé _____ словáрь?   02 Мóжет быть, ей _____ он.
03 Всем дéтям _____ своя́ мáма. 04 Нам _____ нóвые кни́ги.
05 Ребёнку _____ молокó.

э́тот/э́та/э́то/э́ти 가운데서 밑줄 친 부분에 들어갈 적절한 것을 고르시오.

06 _____ дéвушка интерéсная.   07 _____ дом нóвый.
08 _____ письмó стáрое.   09 _____ кни́ги дороги́е.

• Для тех, кто хочет знать больше

	남성	여성	중성	복수
주격	э́тот	э́та	э́то	э́ти
생격	э́того	э́той	э́того	э́тих
여격	э́тому	э́той	э́тому	э́тим
대격	э́тот / э́того(활동체)	э́ту	э́то	э́ти / э́тих(활동체)
조격	э́тим	э́той	э́тим	э́тими
전치격	э́том	э́той	э́том	э́тих

- Каки́е удóбства у вас есть? 어떤 편의시설이 갖추어져 있습니까?
- Всё: электри́чество, газ, водопровóд, горя́чая водá, телефóн. 모든 것을 다 갖추고 있습니다. 전기, 가스, 수도, 더운 물, 전화가 있습니다.
- Мне нýжен нóмер со всéми удóбствами. 전 모든 편의시설 갖춘 방이 필요합니다.

Ответы Q.U.I.Z
01: нýжен 02: нýжен 03: нужнá 04: нýжны 05: нýжно 06: Э́та
07: Э́тот 08: Э́то 09: Э́ти

Запомните!

Вопро́сы	Отве́ты
- Как до́лго? 얼마나 오랫동안	- с 15 ию́ня по 20 ию́ня.
- Ско́лько дней? 몇 일동안	- Три дня.

Ру́сская культу́ра

에르미타슈 박물관(Эрмита́ж, 겨울 궁전 Зи́мний Дворе́ц)

페테르부르크의 겨울 궁전은 18세기 중엽 표트르 대제의 딸인 엘리자베타에 의해 건축된 호화로운 주거 가운데 하나로 현재 세계적으로 유명한 국립 박물관으로 사용되고 있다. 이탈리아 출신 건축가 라스트렐리(Rastrelli))가 그녀가 좋아하는 화려한 바로크 양식으로 설계한 이 궁전은 이 지역에 건축된 네 번째 궁전이었다. 바로크 양식의 호화로운 대리석 궁전과 증설된 3개의 별궁과 극장으로 이루어진 옛 왕궁을 1917년 국유화하였다. 1764년 예카테리나 2세가 그림 225점을 구입해서 이곳에 보관하기 시작한 것을 시초로, 1805년에 황실 미술관이 되었고, 역대 황제들이 수집한 작품들을 보관해오다가 19세기 말에 일반에게 공개되기 시작하였다. 당대 최고의 수집가였던 예카테리나에 의해 당시에 이미 3926점의 회화가 수집되었으며, 미술품을 모으는 데 싫증이 난 정권 말기에 에르미타슈는 궁정극을 위한 공간으로 사용되었다.

미술관은 겨울궁전(1754~62) · 소(小)에르미타슈 궁 · 구(舊)에르미타슈 궁 · 신(新)에르미타슈 궁 등 5채의 연결된 건물로 이루어져 있다. 353실의 방대한 전시품 중 동궁을 포함하여 125실을 차지하는 서유럽미술의 소장품은 역대 황제에 의하여 수집된 르네상스에서 근세에 이르는 명화에 슈킨(Шу́кин), 모로조프(Морозо́в) 등의 대수집가에 의한 프랑스 인상파와 에콜 드 파리의 작품을 포함

하여 러시아뿐만 아니라, 세계 제1급 미술관으로서의 면모를 자랑한다. 이탈리아의 르네상스 화가들과 네덜란드 · 플랑드르 · 프랑스의 바로크 화가들이 그린 많은 걸작들을 비롯하여 중세 이래 서유럽의 작품들이 풍부하게 소장되어 있다. C.모네, C.피사로, J.밀레, A.르누아르를 비롯하여 P.세잔, V.고흐, P.고갱, E.드가, G.쿠르베, P.피카소, H.마티스 등의 걸작이 포함되어 있으며 140,000점의 동양 미술품도 폭넓게 소장하고 있다. 에르미따슈는 스키타이 관련 유품 이외에 알타이, 중앙아시아, 이집트, 그리스, 로마, 서구의 중세에서 근대까지의 그림, 조각, 옛 화폐 등 문화 예술 작품 약 300만 점을 간직하고 있는 세계적인 박물관으로 러시아인들의 큰 자랑거리 가운데 하나이다. 모든 전시품을 보기 위해서는 총 22km를 걸어야 하며, 10초씩 본다 하더라도 70년이 걸린다고 한다. 에르미타슈는 1996년 옐친 대통령에 의해 대통령 직속기구로 편입되었다.

1인실이 얼마입니까?
Сколько стоит одноместный номер?
스꼴까   스또이트   아드노메스늬   노메르

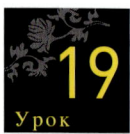

숙소를 구할 때에는 가격과 서비스 내용을 묻게 된다. 특히 방의 종류에 따라서 가격이 다르고, 아침 식사 제공이나 지불 방식 등의 변수가 있을 수 있기 때문이다. 이런 상황에 대처할 수 있는 표현을 익힌다.

🎧 Диалог

A : Сколько стоит одноместный номер?
스꼴까   스또이트 아드노메스늬   노메르

B : Одноместный номер стоит 12000(двенадцать тысяч) рублей в сутки.
아드너메스늬   노메르   스또이트   드베나짜찌   띄샤츠   루블레이 프 쑤트끼

A : С завтраком?
스 자프뜨라껌

B : Нет, без завтрака.
니예트 베즈 자프뜨라까

A : Можно оплатить кредитной картой?
모쥬너   아쁠라찌찌   끄레지뜨너이   까르떠이

B : Нет, мы принимаем только наличные.
니예트 믜   쁘리니마옘   똘까   날리츠늬예

◦• Новые слова

девятнадцать 열 아홉, 19
стоит(НСВ) ~의 값이 나가다
сутки 1주야, 24시간
оплатить(Ⅱ, СВ) 지불하다
только 단지, 다만
тысяча 천, 1000
кредитная карта 신용카드

наличные (복수일 때만) 현금
как 어떻게
будете ~가 될 것이다, ~할 것이다
завтрак 조식, 아침식사
принимать(Ⅰ, НСВ) 받다, 수령하다
без ~없이(생격과 함께)

A : 1인실이 얼마입니까?

B : 1인실은 하루에 12000 루블입니다.

A : 조식이 포함된 것입니까?

B : 아니오. 조식이 포함되지 않은 가격입니다.

A : 신용카드로 결제할 수 있습니까?

B : 아니오, 저희는 현금만 받습니다.

◉ Грамматика

✎ 자음 г, к, х, ж, ш, ч, щ 뒤에는 모음 -ы가 올 수 없고 반드시 -и만 쓰인다.
예) нож (칼) → ножи́ (мн.)　　карандаш (연필) → карандаши́ (мн.)
　　кни́га (책) → кни́ги (мн.)　учéбник (교과서) → учéбники (мн.)

✎ с + 조격 (~가 포함된), без + 생격 (~가 없는)
　вода́ с га́зом (탄산이 들은 물)　　без га́за (탄산 없이)
　кофе с са́харом (설탕 커피)　　без са́хара (설탕 없이)
　кофе с молокóм (크림 커피)　　без молока́ (크림이 들지 않은)

✎ 조격의 용법: 도구 또는 수단을 나타낸다.
　형용사의 조격 변화

남, 중성 형용사 단수조격	여성 형용사 단수조격	형용사 복수 조격
-ым(-им)	-ой(-ей)	-ыми(-ими)

Упражнения

다음을 러시아어로 말해보세요.

01 1인실이 얼마입니까?
02 1인실은 하루에 12000루블입니다.
03 조식이 포함된 것입니까?
04 신용카드로 결제할 수 있습니까?
05 저희는 현금만 받습니다.

Для тех, кто хочет знать больше

АНКЕТА НА ПРИБЫВШЕГО В ГОСТИНИЦУ
2. Ф. И. О. (성, 이름) _____ Комната № (방번호) _____
3. Дата рождения (생년월일) _____ Прибыл (체크인날짜) _____
4. Паспорт серии (여권번호) _____ Выбыл (체크아웃날짜) _____
5. Место рождения (출생지) _____
6. Адрес постоянного места жительства (주소) _____
7. Цель приезда (방문 목적) _____
8. Срок проживания (숙박일자) с (부터) _____ по (까지) _____
9. Анкета составлена (앙케이트 작성일자) _____
Подпись (서명) _____

Заезд (도착 일자) / Выезд (출발 일자)

01: Сколько стоит одноместный номер?
02: Одноместный номер стоит 12000 рублей в сутки.
03: С завтраком? 04: Можно оплатить кредитной картой?
05: Мы принимаем только наличные.

⊙ Запомните!

- Как предпочитáете плати́ть: нали́чными, доро́жными че́ками и́ли по креди́тной ка́рте? 현금, 여행자 수표, 카드 중 어떤 결제를 택하시겠습니까?
- По креди́тной ка́рте. 카드로 하겠습니다.
- Подпиши́те квита́нцию об опла́те. 지불 영수증에 서명하십시오.
- Распиши́тесь 사인하십시오.

Русская культура | 노보데비치 수도원 (Новоде́вичий монасты́рь)

모스크바 소재 러시아정교회의 수도원으로, 모스크바 강 가까이에 있다. 노보데비치 수도원은 1524년에 모스크바의 대공 바실리 3세가 폴란드령이었던 스몰렌스크를 탈환한 기념으로 건설한 것이었다. 12개의 망루가 있어 전쟁 중에는 요새를 겸했고 평시에는 황실 가족들과 명문 귀족 자녀들의 유폐장소로 유명했다. 보리스 고두노프가 이 수도원에서 황제로 등극했고 이반 5세, 소피아 공주는 이곳에 유폐되었다. 교회당 내부에는 모스크바파와 노브고로드파 화가들이 그린 성상화가 많으며 스몰렌스크 대성당, 표트르 성당, 17세기에 건립된 대종루, 1km에 달하는 웅장한 성벽 등 아름다운 건축물이 많이 있어 16~17세기 러시아 건축을 대표하는 건물들의 외관을 살펴볼 수 있다. 러시아 혁명 후인 1922년 이 수도원은 박물관으로 지정되고, 1934년 이래 국립 역사박물관의 분관으로 일반인에게 공개되고 있다. 박물관에서 이반 뇌제와 표트르 대제 등 명사들의 제명을 볼 수 있다. 신, 구 두 곳의 부속 묘지에는 제정시대부터 현재에 이르기까지 고골(Никола́й Го́голь), 체홉(Анто́н Че́хов), 마야콥스키(Влади́мир Маяко́вский), 스타니슬랍스키(Константи́н Станисла́вский) 등과 같은 문인들, 샬랴핀(Фёдор Шаля́пин), 슈니트케(Альфре́д Шни́тке) 같은 음악인, 노벨상을 수상한 과학자, 발명가, 장군들 대다수와 흐루쇼프(Ники́та Хрущёв), 옐친(Бори́с Е́льцин) 초대 러시아 대통령 등의 저명인사와 유명인의 묘가 안치되어 있다. 모스크바 사람들은 이 묘역을 거닐면서 사색을 즐긴다.

TEMA 8

예카테리나 궁전의 예배당
(Большой дворец)

페테르부르크 남부 푸시킨 시 소재. 차르스코예 셀로(황제마을)에 있는 러시아 바로크 양식의 걸작인 에카테리나 궁전은 길이가 300m에 달한다. 대궁전의 오른쪽으로 황금색 쿠폴을 얹은 예배당이 있다.

러시아문장(Герб)을 이용한 울타리 장식

러시아문장은 주로 정원이나 공원의 문 장식이나 울타리 등에서 자주 찾아볼 수 있다. 검은색과 붉은 색이 주조를 이루는 일반문서나 벽에서와 달리 문 장식으로 사용할 때에는 보통 황금색 문장을 사용한다.

이집트 다리의 스핑크스
(Сфинкс на Египетском мосту)

페테르부르크 소재. 이집트 다리는 1950년 이집트 풍에 현대적인 조각을 섞어 건설되었다. 이 스핑크스는 이집트에서 가져온 것이 아닌 러시아인에 의해 만들어진 것이다.

TEMA 8

날씨와 기후

20 | 화창한 날씨
21 | 기온 묻기

날씨는 일상대화의 소재가 되기도 하며, 많은 경우에 대화의 시작을 도와주기도 한다. 특정 지역이나 국가에 대한 여행 정보를 얻고자 할 때에도 날씨와 기후는 기본 사항에 속한다.

러시아에는 따뜻한 겨울과 추운 겨울, 두 계절만이 존재한다는 농담이 있다. 이처럼 매서운 추위로만 알려진 러시아이지만, 가장 추운 지역인 시베리아도 여름에는 제법 덥고 온도도 높이 올라간다.

러시아는 일기가 불안하여 하루 중에도 기온차가 큰 편으로 나거나 갑작스럽게 추워지므로, 외출을 할 때에는 가볍게 걸칠 수 있는 스웨터 같은 겉옷을 준비하는 것이 좋다. 연중에도 햇빛이 적고 기압이 낮지만, 9월 하순부터는 오후 네시만 되면 어두워지고 눈과 추위가 연속된다.

추운 겨울에는 외출복장에 신경을 많이 써야 한다. 추위를 막을 수 있는 단단한 복장은 기본이며, 신발과 모자는 필수다. 신발은 눈이 많이 쌓인 곳을 걸어야 하다보니 바닥이 두툼하고 목이 긴 것이 좋다. 모자는 털실로 뜬 것은 눈에 젖었다가 얼 수도 있으므로 가죽으로 된 것이나 모피로 된 것이 일반적이다. 모자를 쓰지 않고서 거리를 거닐다가는 자칫 봉변을 당할 수 있다. 날이 따뜻해지면 지붕위나 고가 위에 매달려 있던 육중한 고드름이 떨어져 중상을 입고 목숨을 잃는 경우까지 있기 때문이다. 러시아에서 모자는 뇌를 얼지 않게 하려는 보온효과와 더불어 생명을 보호하는 수단이기도 하다.

화창한 날씨 Хорошая погода
하로샤야 빠고다

Урок 20

러시아 사람들이 즐겨하는 화제로는 날씨를 들 수 있다. 그만큼 일상생활과 밀접한 연관이 있다. 날씨에 대해 묻고 말하는 기본 표현들을 익힌다.

🎧 Диалог

A: Какая погода у вас осенью?
까까야 빠고다 우 바쓰 오씨뉴

B: Хорошая. Осенью не так жарко, как летом.
하로샤야 오씨뉴 니 딱 좌르꺼 까크 레떰

A: Какая погода зимой в России?
까까야 빠고다 지모이 브 라씨이

B: Зимой очень холодно. Идёт снег, бывают сильные морозы.
지모이 오친 홀로드너 이죠트 스녜크 븨바예트 씰리늬예 마로즤

A: А летом?
아 례떰

B: Тепло, не очень жарко и не так влажно, как в Корее.
찌쁠러 니 오친 좌르꺼 이 니 딱 블라쥬너 까크 프 까례예

A: Какая сегодня погода?
까까야 씨보드냐 빠고다

B: Сегодня тепло, солнечно.
씨보드냐 찌쁠로 쏠네츠너

🔵 Новые слова

двадцать 스물, 20
осенью 가을에
зимой 겨울에
холодно 춥다
так 그렇게, 대단히
снег 눈
сильный 강한
влажно 습하다, 눅눅하다

погода 날씨
весной 봄에
как ~처럼, 어떻게
тепло 따뜻하다
жарко 덥다
бывает 자주 일어나다, 때때로 있다
мороз 추위
солнечно 청명하다, 햇빛이 비친다

A : 당신 나라의 가을 날씨는 어떻습니까?
B : 좋습니다. 가을에는 여름처럼 그렇게 덥지 않습니다.

A : 러시아의 겨울 날씨는 어떻습니까?
B : 겨울에는 아주 춥습니다. 눈이 내리고, 혹한이 빈번합니다.
A : 여름은요?
B : 따뜻합니다. 그다지 덥지 않고 한국처럼 그렇게 습하지도 않습니다.

A : 오늘 날씨가 어떻습니까?
B : 오늘은 따뜻하고 청명합니다.

Грамматика

계절이나 하루 중의 때를 나타내는 명사들은 조격의 형태를 취하며 부사 역할을 한다.

남, 중성명사 단수 조격	여성 명사 단수 조격	명사의 복수 조격
-ом(-ем)	-ой(-ей)	-ами(-ями)

весна́ (봄) → весно́й   ле́то (여름) → ле́том
о́сень (가을) → о́сенью   зима́ (겨울) → зимо́й
у́тро (아침) → у́тром   день (낮) → днём
ве́чер (저녁) → ве́чером   ночь (밤) → но́чью

주의) о́сенью와 но́чью처럼 ь로 끝나는 여성 명사의 조격은 ью로 바뀐다. день은 격 변화시 중간의 모음 е가 탈락되어 днём이 된다.

일반적으로 '날씨가 어떠하다' 라는 표현에는 동사 быва́ть(자주 있다)가 사용된다.
Кака́я пого́да быва́ет здесь? 이곳 날씨가 어떻습니까?
Здесь быва́ет хо́лодно. 이곳은 춥습니다.
Здесь ре́дко быва́ют холода́. 이곳은 거의 추운 날이 없습니다.

Упражнения

다음을 러시아어로 말해보시오.

01 오늘은 덥습니다.
02 언제 춥습니까?
03 아침에 춥습니다.
04 가을에는 따뜻합니까?
05 겨울에는 날씨가 어떻습니까?
06 봄에는 바람이 불고 비가 옵니다.
07 내일은 따뜻하고 청명할 것입니다.

Для тех, кто хочет знать больше

- Какáя сегóдня погóда?라는 질문에 대한 대답으로 погóда가 사용될 경우에는 형용사는 여성어미 -ая를 가지게 된다.

  Погóда сегóдня холóдная. 오늘 날씨는 춥다.
  - жáркая. 덥다
  - прохлáдная. 서늘하다.(상황에 따라 부정적 뉘앙스가 됨)
  - тёплая. 따뜻하다

- 날씨 표현:

  Сегóдня тумáн. 오늘은 안개가 끼었다.
  Сегóдня идёт дождь. 오늘은 비가 온다.
  Зáвтра бýдет снег. 내일 눈이 올 것이다.
  Дýет сúльный вéтер. 바람이 심하게 분다.
  Сегóдня свéтит сóлнце. 오늘은 햇빛이 비친다.
  Сегóдня влáжно. 오늘은 습도가 높다 / 습하다.

Ответы Q.U.I.Z

01: Сегóдня жáрко.
02: Когдá хóлодно?
03: Ýтром хóлодно.
04: Óсенью тепло́?
05: Какáя погóда зимóй?
06: Веснóй дýет вéтер и идёт дождь.
07: Зáвтра бýдет тепло́ и сóлнечно.

Запомните!

Вопро́сы	Отве́ты
- Кака́я сего́дня пого́да?	- Хоро́шая.
	- Сего́дня хо́лодно.
	- Сего́дня тепло́.
	- Сего́дня жа́рко.

Ру́сская культура | 메이드 인 러시아(сде́ланно в Росси́и)

러시아의 광학 기술은 우주과학기술을 바탕으로 세계적인 수준을 자랑한다. 러시아의 광학기술은 카메라에도 많이 적용되고 있는데, 기계식 카메라 로모(Ло́мо)이외에도 제니트(Зени́т), 호라이즌(Зени́т Горизо́нт)) 등의 수동 카메라를 들 수 있다.

로모는 Ленингра́дское О́птико-Механи́ческое Объедине́ние(레닌그라드 광학기계제작조합)의 약자로 페테르부르크에 있는 인공위성용 렌즈와 의료기기용 렌즈를 비롯, 종합적인 광학기기를 개발·생산하는 광학 회사의 준말이다. '로모'는 약칭이며, ЛОМО사의 ЛК-А가 정확한 명칭이며, 'ЛК-А'는 Ломо Компа́кт Автома́т의 약자로 '로모사의 콤팩트 카메라'라는 뜻이다.

기계식 자동카메라 로모는 투박한 검은색의 몸체를 가지고 있지만, 금속재질의 묵직함, 최신형 카메라보다 작은 사이즈, 렌즈커버의 귀여운 로모 캐릭터, 풍부한 색감과 묘한 느낌의 사진을 잡아내는 덕에 매니아층이 형성되어 있다. 로모는 KGB 광학연구소의 라디오노프(Радио́нов) 박사가 개발한 고성능 유리렌즈인 미니타르 렌즈를 장착하고 있고, 소련 국가보안위원회(KGB)의 첩보용 카메라로 만들어졌다. 이 렌즈는 밤에 활동하는 스파이를 위한 카메라답게 플래시 없이도 밤 사진을 선명하게 찍고, 중심의 색을 진하고 강하게 표현하는 터널 이펙트 때문에 따뜻하면서 묘한 분위기가 난다.

소련 붕괴 이후 총 450개의 부품을 일일이 사람의 손으로 조립해야 하는 어려움 탓에 문을 닫을 위기에 놓여있던 로모 사가 다시 일어서게 된 것은 프라하에 유학 중이던 오스트리아 출신의 대학생 마티아스 피글 덕분이었다. 그는 한 고물상에서 로모 카메라를 발견한 뒤 비엔나로 가져와 불가사의한 매력을 소개하게 되었다. 피글은 곧 페테르부르크로 건너가 공장장을 설득해 광학기계제작조합을 다시 가동시켰고, 1992년 로모그래픽 소사이어티(Ломографи́ческое о́бщество)를 세워 세계독점 공급권을 따내게 되었다. 소박한 디자인은 수공으로 만들어지기 때문이며 소련시절에만 45만 대가 만들어졌고, 현재 매달 3500개의 제품이 만들어지고 있으며, 이는 한 명이 하루에 한 개의 제품을 만드는 꼴이다. 현재 전 세계의 로모그래픽 소사이어티의 회원은 15만명에 이르며 2000년 로모와 로모그래픽 소사이어티는 15년간 사진기술을 공급해주는 계약을 체결하였다.

기온 묻기 Какая температура?
까까야   찜뻬라뚜라

러시아의 날씨는 하루 중에도 여러 번 달라진다. 변덕스런 날씨로 인해 갑자기 추워질 수 있으니, 기온을 묻는 표현을 익혀서 사용하면 뜻밖의 불편함을 피할 수 있다.

🎧 Диалог

А: Какая сегодня температура?
까까야 씨보드냐 찜뻬라뚜라

В: Минус 20° (градусов).
미누쓰 드바짜찌 그라두쏘프

А: Какая сегодня погода? Холодно?
까까야 씨보드냐 빠고다 홀러드너

В: Нет, тепло. Сегодня плюс 10 градусов.
니예트 찌쁠로 씨보드냐 쁠류스 제시찌 그라두쏘프

А: Какая завтра будет погода?
까까야 자프뜨라 부지트 빠고다

В: По радио сказали, что завтра будет плохая погода - будет дождь.
빠 라지오 스까잘리 슈또 자프뜨라 부지트 쁠라하야 빠고다 부지트 도슈찌

⦿ Новые слова

температура 온도, 기온
минус 영하
плюс 영상
завтра 내일
будет ~일 것이다.
плохая 나쁜
по ~에 따라(여격 동반)
радио 라디오
сказали(Ⅰ, СВ) ~라고 말했다
дождь (м.) 비

날씨와 기후

A : 오늘 기온이 어떻게 됩니까?
B : 영하 20도입니다.

A : 오늘 날씨가 어떻습니까? 춥습니까?
B : 아니오, 따뜻합니다. 오늘은 영상 10도입니다.

A : 내일 날씨가 어떻습니까?
B : 라디오에서 내일은 날씨가 궂을 것이라고 합니다. 비가 온다네요.

Грамматика

✓ плюс, минус는 숫자 앞에 놓이며 теплá(영상), хóлода / морóза(영하)와 같이 생격으로 변한 단어들은 숫자 뒤에서 수식하는 기능을 한다.

　　0(ноль) грáдусов
　　1 грáдус
　　2-4 грáдуса
　　5-20 грáдусов

✓ 화자의 주된 관심이 행위 사실에 집중되면서 행위자는 관심 밖에 놓일 때, 주어가 생략되고 동사 3인칭 복수형이 쓰이는 '부정 인칭문'을 사용한다. 주어가 없으므로 행위자가 분명치 않은 불특정 다수를 의미하며, 상황에 따라 능동이나 피동으로 해석된다.
　　Говоря́т, что зáвтра бýдет дождь. 내일 비가 올 것이라고 한다.
　　Где у вас рýки мо́ют? 어디서 손을 씻나요?(화장실을 묻는 질문)

✓ по + 여격 : 전파를 통해 전달되는 것을 의미한다.
　　по рáдио 라디오로
　　по телеви́зору 텔레비전으로
　　по телефóну 전화로

● Упражнения

다음을 러시아어로 말해보시오.

01 오늘 기온이 어떻게 됩니까?
02 내일 기온이 어떻게 됩니까?
03 춥습니까?
04 덥습니까?
05 비가 올 것이라고 합니다.
06 영상 10도입니다.
07 영하 15도입니다.

● Для тех, кто хочет знать больше

🖊 러시아는 우리와 마찬가지로 섭씨를 사용한다. 그러나 구어체에서는 섭씨라는 단어를 쓸 필요가 없으며, 문맥상 날씨에 관한 이야기인줄 아는 경우 гра́дус까지도 생략하는 경우가 많다.
по Це́льсию 섭씨로
по Фаренге́йту 화씨로

Сего́дня 20(два́дцать). 오늘은 20도입니다.

🖊 러시아인의 가정이나 가까운 사람들끼리는 온도를 물을 때 비표준어 표현을 자주 사용한다.
- Ско́лько сего́дня гра́дусов? 오늘 온도가 어떻게 되지?

01: Кака́я сего́дня температу́ра? 02: Кака́я за́втра бу́дет температу́ра?
03: Хо́лодно? 04: Жа́рко? 05: Сказа́ли, что бу́дет дождь.
06: Плюс де́сять гра́дусов. 또는 Де́сять гра́дусов тепла́.
07: Ми́нус пятна́дцать гра́дусов. 또는 Пятна́дцать гра́дусов моро́за.

● Запомните!

Вопро́сы	Отве́ты
- Кака́я сего́дня температу́ра?	- Ми́нус 10(де́сять).
	- Плюс 12(двена́дцать).
	- 4 гра́дуса тепла́.
	- 21(два́дцать оди́н) гра́дус моро́за.
- Хо́лодно?	- Да, хо́лодно. Температу́ра понижа́ется. Вам на́до одева́ться тепло́.
	예, 춥습니다. 온도가 내려가고 있어요. 옷을 따뜻하게 입으셔야 해요.
- Тепло́?	- Да, тепло́. Температу́ра повыша́ется.
	예, 따뜻해요. 온도가 올라가고 있어요.

Ру́сская культу́ра | 부활절(Па́сха)과 계란장식물

러시아에서 부활절은 종교적으로 중요한 기념일이다. 부활 전날, 정교 신자들은 원통 모양의 빵 쿨리치(пы́шные кули́чи)나 부활절 케이크(творо́жные па́схи)를 들고 교회에 가 성직자들의 축성을 받고, 부활절 당일에는 러시아 전역의 정교 성당들에서 기념행사가 벌어진다.

988년에 수용된 정교는 기존에 있던 민간신앙과 결합되어 독특한 모습으로 오늘날까지 이어져오고 있다. 역사 속에서 정교는 국가의 위기 시기마다 국민을 하나로 묶는 역할을 해왔다. 정교는 러시아의 역사와 같이 해 온 살아있는 증인으로서 러시아인들의 생활관습이나 정신적인 문화의 기저를 이루고 있다.

러시아 정교의 특성상 매주 교회를 찾는 신자들은 드물기 때문에, 공식적인 집계가 파악되지 않지만, 대략 65% 정도의 신자가 있는 것으로 추정되고 있다. 보통 교회를 찾는 사람들은 노인들이 대부분으로, 최근에는 정치인들을 비롯하여 젊은이들도 찾아볼 수 있다. 러시아 정교 신자들은 교회를 찾기보다는 이콘을 집에 모셔두거나 십자가 목걸이의 착용으로 신자임을 자처한다. 게다가 대림절, 즉 부활절 전의 대제기간(Вели́кий пост)만 되면 육식을 자제하는 것을 볼 수 있다. 러시아 정교 신자들은 1년에 두 번, 부활절과 성탄절에는 반드시 교회에 나가 예배를 드린다. 부활절에 대한 러시아인들의 사랑은 마트료시카와 더불어 계란장식물이 민예품으로 만들어져 팔리는 것에서도 알 수 있다.

TEMA 9

흰색 사자가 이끄는 다리
(Мост львов)

페테르부르크 소재. 1826년 소콜로프가 설계한 체인으로 만들어진 최초의 다리. 위엄있는 흰 사자 네 마리가 빔으로 다리를 지탱하고 있다.

러시아 박물관(Русский музей)의 입구

페테르부르크 소재. 각 종 그리스 신들과 영웅들을 묘사한 조각상들이 전시되어 있다.

겨울 궁전(Зимний дворец)의 아틀라스 상

페테르부르크 소재. 에르미타슈 건물 뒤로 가면 겨울 궁전 건물 가운데 하나에 어깨로 천공을 떠받들고 있는 아틀라스 상들을 발견할 수 있다.

ТЕМА 9

쇼핑하기

- 22 이 옷을 보여 주십시오.
- 23 모자가 마음에 들어요.
- 24 케이크 이름이 뭐죠?
- 25 얼마를 지불해야 합니까?
- 26 MP3를 교환해 주세요.

해외여행을 하다보면 기념품이나 선물을 사기도 하고, 때로는 뜻하지 않은 필요에서 물건을 사야할 경우가 있다. 일반 생활용품은 편의점이나 잡화 체인점 등에서 구할 수 있다. 상점들의 형태나 운영 방식은 이미 세계적으로 유사해졌기 때문에 눈에 띄게 다르다고 할 만한 것이 없다.

러시아 고유의 지불 방식은 물건을 구입한 뒤 얼마인지 묻고 별도의 분리된 계산대에서 계산하는 것이다. 과거에는 계산대에서 영수증을 받아 다시 판매대에 가서 제시하고 물건을 수령하는 방식이었지만, 차츰 이러한 유형은 사라지고 있다. 덕분에 줄을 길게 늘어서 있는 러시아 상점의 모습도 자취를 감추어가고 있다.

백화점이나 상점의 상품 판매 코너에서는 점원들이 곧바로 고객에게 다가와 도움이 필요한지를 묻지 않는 경우도 많다. 하지만 최근 들어 고가의 상점이나 현대식 서점에서는 점원들이 외국인 손님들에게 먼저 다가와 도와주는 것을 자주 볼 수 있다. 상점의 개·폐점 시간은 대체로 오전 10시~오후 6시이다. 일요일과 법정 공휴일에는 대부분 문을 닫지만, 관광객이 많은 곳에는 문을 여는 상점도 많으며, 24시간 영업하는 약국이나 상점도 있다.

러시아의 상점은 자율가격제여서 둘러보지 않고 사면 큰 낭패를 볼 수도 있다. 식료품, 하다 못해 생수의 가격도 가게마다 천차만별이기 때문이다. 저가의 상품들은 큰 차이가 없지만, 고가의 상품이라면 여러 군데를 둘러보고 사는 것이 현명한 방법이다. 서비스 개념이 점차 보편화되고 있지만, 교환이나 환불은 잘 이루어지지 않는 편이다. 그렇다하더라도 영수증만 잘 챙겨놓으면 특별한 사유가 있을 경우 이의를 제기하고 교환할 수 있다.

이 옷을 보여 주십시오.
Покажите, пожалуйста, костюм.
빠까쥐쩨 　　　　빠좔루스따 　　　　까스쭘

쇼핑을 하기 위해서는 기본적으로 상점에 들어갔을 때 들을 수 있는 말과 얻고자 하는 물건이 무엇인지를 표현하는 말을 알아야 한다. 이를 위해 보편적인 러시아어 표현들을 살펴본다.

🎧 Диалог

A : Де́вушка! Покажи́те, пожа́луйста, э́тот костю́м.
　　제부쉬까　　빠까쥐쩨　　　빠좔루스따　　　에떠트 까스쭘

B : Како́й у вас разме́р?
　　까꼬이 우 바쓰 라즈메르

A : Со́рок восьмо́й.
　　쏘럭　　바씨모이

B : Како́й цве́т вы хоти́те?
　　까꼬이　쯔베트 븨 하찌쩨

A : Кори́чневый.
　　까리츠네븨

B : Пожа́луйста.
　　빠좔루스따

A : Мо́жно приме́рить?
　　모쥬너　쁘리몌리찌

B : Да, пожа́луйста. Приме́рочная здесь.
　　다　빠좔루스따　　쁘리몌로츠나야　즈제씨

⊙• Но́вые слова́

де́вушка 아가씨
покажи́те 보여주세요
костю́м 양복, 정장
разме́р 치수
цвет 색깔
со́рок 사십, 40
кори́чневый 갈색의
приме́рить(CB) (옷 따위의 치수를) 맞추어보다, 입어보다
приме́рочная 탈의실, 가봉실
хоте́ть(HCB) 원하다

A : 아가씨, 이 정장을 보여주세요.
B : 치수가 어떻게 되시죠?
A : 48입니다.
B : 어떤 색깔을 원하십니까?
A : 갈색이요.
B : 여기 있습니다.
A : 입어봐도 될까요?
B : 예, 물론입니다. 탈의실은 여기입니다.

Грамматика

✎ 의문대명사 какой?와 형용사 변화

какой?	какая?	какое?	какие?
новый (журнал)	новая (газета)	новое (письмо)	новые (книги)
зелёный (костюм)	зелёная (трава)	зелёное (окно)	зелёные (окна)
большой (театр)	большая (комната)	большое (здание)	большие (залы)
русский (балет)	русская (девушка)	русское (вино)	русские (газеты)

✎ 색깔 별 형용사 변화

белый, -ая, -ое, -ые 흰색   чёрный, -ая, -ое, -ые 검은색
красный, -ая, -ое, -ые 붉은색   жёлтый, -ая, -ое, -ые 노랑색
синий, -яя, -ее, -ие 파랑색   зелёный, -ая, -ое, -ые 녹색
серебристый, -ая, -ое, -ые 은색   золотистый, -ая, -ое, -ые 금색
голубой, -ая, -ое, -ые 하늘색

✎ идти는 '가다' 라는 뜻이외에도 다양한 뜻으로 사용된다.
1) Я иду домой. 나는 집으로 간다.
2) Идёт снег. 눈이 온다.
3) Идёт платье(причёска). 원피스(머리 모양)가 어울리다.
4) Идёт новый фильм. 새로운 영화가 상영 중이다.

✎ 러시아에서는 연령에 관계없이 상점이나 레스토랑 등에서 종업원을 대할 때 молодой человек과 девушка를 사용한다. 나이가 지긋한 종업원이라면 мужчина(남자, 아저씨), женщина(여자)를 사용할 수도 있다.

Упражнения

다음을 러시아어로 말해보세요.

01 싸이즈가 어떻게 되십니까?
02 어떤 색깔을 원하십니까?
03 정장을 보여주십시오.
04 녹색입니다.

Для тех, кто хочет знать больше

러시아에서 신발과 와이셔츠 등의 사이즈는 대체로 유럽식을 따른다. 여성복의 경우는 38, 40, 42, 44, 46, 48, 50, 52로 나뉘어져 있다. 우리 사이즈와 비교하면 38이 55, 40이 약간 작은 66 사이즈에 해당하고, 42가 77, 44가 88에 해당한다. 러시아인과 한국인 간의 사이즈가 약간 차이가 있으므로, 중간 정도에 해당하는 사이즈라면 'сороковóй и сóрок два(40과 42 중간)'이라고 말하면 된다. 정장을 살 때는 바지 길이 때문에 키를 묻기도 한다.

- Какóй у вас рост? 신장이 어떻게 되십니까?
- Трéтий рост. 세번째 사이즈입니다.

참고) Вторóй рост(158~173cm)
　　　Трéтий рост(173~182cm)
　　　Четвёртый рост(182~203cm)

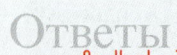

01: Какóй у вас размéр? 02: Какóй цвет вы хотѝте?
03: Покажѝте, пожáлуйста, костю́м. 04: Зелёный.

○•Запомните!

От себя́ 미시오	К себе́ 당기시오
Вход 입구	Не кури́ть 금연
Ремо́нт 수리 중	Реконстру́кция 개조 중, 리모델링, 재건축

Русская культура | 모스크바(го́род Москва́)

러시아의 수도로 모스크바 강을 끼고 있으며 인구는 850만, 면적은 880㎢이다. '모스크바'라는 명칭의 기원은 모스크바 강 가에 암소(коро́ва) 한 마리가 와서 물을 먹음으로써 그 자리에 도시가 생겨났다는 설과 모스크바 강을 끼고 형성되었기 때문에 강의 이름에서 기원했다는 두 갈래의 이설이 있다.

모스크바는 키예프 루시(Ки́евская Русь)의 공국 가운데 하나인 수즈달 공국의 유리 돌고루키(Ю́рий Долгору́кий) 대공에 의해 1147년에 창건되었으며, 15세기부터 1712년까지, 그리고 1918년부터 현재까지 러시아 수도의 자리를 지켜왔다. 페테르부르크와 더불어 러시아 문화의 양대 산맥을 지켜온 도시이다. 러시아인들에게 있어 모스크바는 페테르부르크의 화려함과 웅장함에 대비되는 어머니와 같은 도시이자 러시아인들의 심장을 상징한다.

혁명의 역사가 살아 숨쉬는 도시 모스크바에는 레닌, 스탈린, 차이콥스키, 푸시킨, 톨스토이, 마야콥스키 등 세계사와 문학. 예술사를 뒤흔든 인물들의 동상이 곳곳에 세워져 있고 스탈린식 건물과 역사적 건물들의 장엄함이 도시를 압도하고 있다. 도시 곳곳에 극장, 콘서트홀, 박물관, 미술관이 있는 예술의 도시이며, 시내의 크레믈린과 붉은 광장은 정치와 관광의 중심지로 잘 알려져 있다. 모스크바 도로는 방사선처럼 뻗어 있다. 모스크바는 러시아의 정치, 문화, 경제, 과학, 산업의 중심지이며 러시아 건축과 도시계획, 그리고 과거와 현재를 한눈에 볼 수 있는 산 역사의 현장이기도 하다.

모자가 마음에 들어요. Мне нравится эта шапка.
므녜 느라비짜 에따 샤쁘까

Урок 23

상점에서 물건을 고를 때 마음에 드는지, 어울리는지 등을 묻고 대답해야 할 때가 있다. 이런 상황에 필요한 표현들을 살펴본다.

🎧 Диалог

A : Мне нравится эта шапка. Сколько она стоит?
  므녜 느라비짜   에따 샤쁘까   스꼴까 아나 스또이트

B : 3220(Три тысячи двести двадцать) рублей.
    뜨리 띄샤치 드베스찌 드바짜찌   루블레이

A : Как вы думаете, она мне идёт?
  까크 븨 두마예쩨   아나 므녜 이죠트

B : Да, идёт. И хорошо сидит.
  다 이죠트 이 하라쇼   씨지트

A : Я возьму её.
  야 바지무 이요

A : Вам нравятся эти туфли? Очень модные.
  밤 느라뱌짜 에찌 뚜플리   오친 모드늬예

B : Нет, не очень. Хотелось бы что-нибудь попроще.
  니예트 니 오친   하쩰러씨 븨 슈또 니부찌 빠쁘로쉐

⭕ Новые слова

шапка 털모자
двести 이백, 200
думать(Ⅰ, НСВ) 생각하다
туфли(pl.) 구두
модный 유행의, 최신의
не очень 그다지 ~하지 않다
хотелось(НСВ) 원하다(여격 주어와 함께)

что-нибудь 뭔가
попроще 더 단순하게, 더 평이하게
идёт идти(가다, 오다, 어울리다)의 3인칭 단수
возьму взять(Ⅰ, СВ, 잡다, 취하다)의 1인칭 단수
нравится, нравятся(Ⅱ, НСВ) ~이 마음에 들다
сидит сидеть(Ⅱ, НСВ, 앉아 있다, 몸에 맞다)의 3인칭 단수

A : 이 모자가 마음에 듭니다. 얼마입니까?

B : 3220루블입니다.

A : 저한테 어울리는 것 같습니까?

B : 예, 어울려요. 그리고 사이즈도 잘 맞습니다.

A : 이것으로 하겠습니다.

A : 이 구두가 마음에 드십니까? 아주 최신 모델입니다.

B : 아니오. 그다지 마음에 들지 않습니다. 좀 더 단순한 것이었으면 합니다.

Грамматика

📝 'Комý нрáвится ~' 구문

'마음에 들다, 좋아하다'의 의미로, 호감을 갖는 주체가 여격으로 표현되고 그 대상은 주격으로 쓰인다. 동사는 기본적으로 표현되는 명사에 성과 수를 일치시킨다. 즉, 주격명사가 단수이면 현재시제에서는 нрáвится를 쓰고, 복수이면 нрáвятся를 쓴다.

Мне нрáвится э́та сýмка. 나는 이 가방이 마음에 든다.

Мне нрáвятся москóвские ýлицы. 나는 모스크바의 거리들이 좋다.

📝 хотéться(~원하다)의 의미상 주어는 여격으로 표현된다. хотéть가 의지의 표현인 반면, хотéться는 생리적 욕구에 의해 저절로 원하게 되는 것을 나타낸다.

Мне хóчется спать. 졸음이 쏟아진다. (졸려서) 자고 싶다.

Я хочý спáть. 자고 싶다.

📝 비교급

접미사 –ее를 첨가	-е를 첨가, д/ж, к/ш, ст/щ, х/ш, к/ч의 자음교체가 일어남	특수한 경우
холóдный - холоднée ýмн-ый - умнée дóбр-ый - добрée длúнн-ый - длинée	молод-óй - молóже тúх-ий - тúше мя́гк-ий - мя́гче прост-óй - прóще	плохóй - хýже хорóший - лýчше мáленький - мéньше

📝 'по-'는 비교급에 붙어 '약간', '좀더', '조금'의 뜻을 지닌다. попрóще는 по-прóще로 '좀 더 단순하고 간단한 것'을 의미한다.

Упражнения

밑줄 친 부분에 동사 нравиться를 알맞은 형태로 바꾸어 넣으시오.

01 Вам _____ э́ти брю́ки?
02 Мне _____ Росси́я.
03 Нам _____ ру́сские сувени́ры.
04 Им _____ э́тот фильм.

Для тех, кто хочет знать больше

숫자(100~5,000,000)

100 сто	200 две́сти	300 три́ста
400 четы́реста	500 пятьсо́т	600 шестьсо́т
700 семьсо́т	800 восемьсо́т	900 девятьсо́т
1000 ты́сяча	2000 две ты́сячи	3000 три ты́сячи
4000 четы́ре ты́сячи	5000 пять ты́сяч	1,000,000 миллио́н
3,0000,000 три миллио́на	5,000,000 пять миллио́нов	

сиде́ть(Ⅱ)

сижу́, сиди́шь, сиди́т, сиди́м, сиди́те, сидя́т

Ⅱ식 변화 동사들은 1인칭 단수에서 자음교체가 일어나는 경우가 있다. 동사어간에 자음 д, з, с, т, ст가 있으면 다음의 상응하는 음으로 바뀐다

д, з → ж
с → ш
т → ч
ст → щ

(예 : ви́деть → ви́жу, ви́дишь, ви́дят / плати́ть → плачу́, пла́тишь, пла́тят)

Отве́ты

01: нра́вятся   02: нра́вится   03: нра́вятся   04: нра́вится

⊙ Запомните!

Вопро́сы	Отве́ты
- Вам нра́вится э́та су́мка?	- Да, нра́вится.
- Вам нра́вятся э́ти часы́?	- Нет, мне не о́чень нра́вятся.

Ру́сская культу́ра | 볼쇼이 극장(Большо́й теа́тр)

　볼쇼이 극장은 모스크바에 있는 오페라 및 발레극장으로 페테르부르크의 마린스키 극장과 더불어 러시아 음악 및 예술 발전에 중심적인 역할을 해왔으며, 정식 명칭은 '러시아국립아카데미 대극장'이다. 1770년대 중반 모스크바에서 몇 개의 소규모 공연단이 합쳐져 조직되었고, 이들은 독립적인 공간을 갖지 못한 채 주로 보론초프(Р. И. Воро́нцов) 백작의 저택에서 공연을 했다. 이들은 1780년 모스크바의 최초의 상설 극장을 자신들의 본거지로 삼아 활동하였다. 이들의 근거지가 된 볼쇼이 극장은 원래 예카테리나 2세의 명으로 1776년 건립되었지만, 1805년 화재로 소실되었다. 이듬해에 볼쇼이 극장은 정부기관이 되었고, 1825년 안드레이 미하일로프(Андре́й Миха́йлов)와 오시프 보베(О́сип Бове́)가 현재의 위치에 극장을 건립했다. 건물의 외벽 상단에는 아폴론 신이 말 4필이 끄는 로마식 전차를 타고 달려가는 모습의 조형물이 세워져 있다. 1853년 화재가 다시 발생했지만, 1856년에 더 크게 지어져서 2,500좌석의 새로운 극장으로 거듭났다. 19세기말이 되자 볼쇼이의 러시아 및 유럽의 오페라와 발레 작품 공연은 서유럽 세계 전역의 공연예술에 영향을 미쳤다. 1924년 볼쇼이 종합 극장에 소규모 강당이 추가되었고, 1961년에는 6,000명을 수용할 수 있는 크렘린 궁 대회장이 대규모 공연을 위한 3번째 공연장소로 사용하게 되었다. 볼쇼이 극단은 1917년 혁명기간과 2차례의 세계대전 기간에도 그대로 유지되었을 뿐 아니라, 볼세비키 혁명 이후 수도를 모스크바로 옮기면서 소련 당국의 막대한 재정적 지원을 받게 되었고 세계 최고의 극장으로서 명성을 쌓게 되었다. 볼쇼이 극장에는 전속 관현악단, 합창단, 발레단, 실내악단, 독창가수, 무대 장식 전문가 등 수천 명의 예술인이 소속되어 있다. 1950년대 중반부터 오페라단과 발레단이 해외 순회공연을 하고 있다. 여름에는 단원들이 해외공연을 주로 하기 때문에 모스크바에서 보려면 다른 시즌을 택하는 것이 좋다.

케이크 이름이 뭐죠? Как называется этот торт?
까크 나즤바예짜 에떠트 또르트

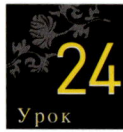

물건의 정확한 이름을 묻는 표현은 러시아어 어휘를 늘려나가는 데도 도움을 준다. 러시아어의 수사는 특별한 격을 동반한다. 사고자 하는 물건의 개수에 따라 변화하는 수량생격에 대해 배운다.

🎧 Диалог

A : Скажи́те, пожа́луйста, как называ́ется э́тот торт?
스까쥐쩨 빠좔루스따 까크 나즤바예짜 에떠트 또르트

B : «Пти́чье молоко́». О́чень вку́сный. Сове́тую попро́бовать.
쁘찌치예 말라꼬 오친 프꾸스늬 싸볘뚜유 빠쁘로버바찌

A : Да́йте, пожа́луйста, буты́лку воды́ «Свято́й исто́чник» без га́за
다이쩨 빠좔루스따 부띨꾸 바듸 스비또이 이스또츠닉 베즈 가자
и две ба́нки пи́ва.
이 드볘 반끼 삐바

B : Что ещё?
슈또 이쑈

A : Два паке́та со́ка.
드바 빠께따 쏘까

B : Како́й вам сок?
까꼬이 밤 쏙

A : Я́блочный и апельси́новый.
야블러츠늬 이 아뼬씨노븨

⭕ Но́вые слова́

называ́ется(НСВ) 명명되다, 불리워지다
торт 케이크
вку́сный 맛있는
сове́товать(Ⅰ, НСВ) 조언하다
попро́бовать(Ⅰ, СВ) 맛을 보다, 시도하다
буты́лка 병
вода́ 물
газ 탄산, 가스
ба́нка 단지, 캔
пи́во 맥주

ещё 더, 다시 한번
паке́т 비닐 봉투, 꾸러미, 팩
сок 주스
я́блочный 사과의
апельси́новый 오렌지의
Свято́й исто́чник '성스러운 샘물'이란 뜻의 생수
Пти́чье молоко́ '새의 우유'라는 뜻의 수플레 케이크

A : 이 케이크 이름이 무엇입니까?

B : 《새의 우유》입니다. 아주 맛있는 케이크입니다. 맛보시길 권합니다.

A : 탄산이 들지 않은 《스뱌토이 이스토츠닉》 물 한 병과 맥주 두 캔 주십시오.

B : 무엇을 더 드릴까요?

A : 주스 두 팩 주십시오.

B : 어떤 주스로 드릴까요?

A : 사과 주스와 오렌지 주스로 주십시오.

Грамматика

- 사물의 이름을 물을 때 :
  Как называ́ется ~? ~의 명칭이 어떻게 됩니까?

- овать로 끝나는 동사의 현재형은 접미사 -ова-를 떼고 –у를 붙인 후에, I식 변화 동사의 어미를 부가한다.

сове́товать (조언하다)	попро́бовать (시도하다, 맛보다)
сове́тую	попро́бую
сове́туешь	попро́буешь
сове́тует	попро́бует
сове́туем	попро́буем
сове́туете	попро́буете
сове́туют	попро́буют
(명령형)сове́туйте	попро́буйте

- 숫자에 따라 뒤에 오는 명사의 격이 바뀐다. 우리말의 어순과 달리 수사가 명사 앞에서 수식한다.
  (예 : две ру́чки 볼펜 두 자루. три сту́ла 의자 세 개)

Упражнения

다음을 러시아어로 말해보세요.

01 맥주 3캔 주십시오.
02 햄버거(гáмбургер) 2개 주십시오.
03 물 2병 주십시오.
04 사과주스 주십시오.

Для тех, кто хочет знать больше

1	품목(모두 생격형태임)	2-3-4	5-20
пакéт(팩)	молокá(우유), сóка(주스)	пакéта	пакéтов
пáчка(봉지)	мáсла(버터), сáхара(설탕)	пáчка	пáчек
упакóвка(포장)	сосúсок(소시지)	упакóвки	упакóвок
батóн(긴 덩어리)	бéлого хлéба(흰빵), колбасы́(콜바사, 소시지)	батóна	батóнов
буты́лка(병)	воды́(물), сóка(주스), пи́ва(맥주), расти́тельного мáсла(식용유)	буты́лки	буты́лок
бáнка(캔, 병)	пи́ва(맥주), огурцóв(피클)	бáнки	бáнок
корóбка(곽)	конфéт(사탕)	корóбки	корóбок
киллогрáмм(킬로그램) 100-900грамм(그램)	я́блок(사과), огруцóв(오이), картóшки(감자), ри́са(쌀)	киллогрáмма грáмма	киллогрáммов грáммов 또는 грáмм(구어)
килó, полкилó(구어체표현)	ветчи́ны(햄), колбáсы(소시지), сы́ра(치즈)		

Ответы Q.U.I.Z

01: Дáйте, пожáлуйста, три бáнки пи́ва.
02: Два гáмбургера, пожáлуйста.
03: Дáйте, пожáлуйста, две буты́лки воды́.
04: Я́блочный сок, пожáлуйста.

Запомните!

Вопросы	Ответы
- Как называется это? 이것의 이름이 뭡니까?	- Кефир. 케피르(발효유)입니다.
- Где здесь касса? 계산대가 어딥니까? - Где можно платить? 어디서 계산하나요?	- В центре зала. 홀 중앙에서 합니다. - В углу 코너에서 합니다.
- Сколько стоит йогурт? 요구르트가 얼마입니까?	- 24(двадцать четые) рубля. 24 루블입니다.

Русская культура | 모스크바 대학교(МГУ)

정식명칭은 M.V.로모노소프 기념 국립모스크바대학(Московский государственный университет имени М. Б. Ломоносову)'으로 1755년에 설립되었다. 원래 대학 건물은 크렘린 북쪽에 있었으나, 1953년 스탈린 양식의 새 캠퍼스가 완성되면서 지금 장소로 이전하였다. 본관 건물은 높이가 240m이고 정면의 길이가 450m나 되는 32층 건물로, 4500개의 강의실이 있다. 건물의 중앙에는 대학관리부가 있고, 17층으로 된 좌, 우 양 날개 부분은 학생 기숙사로 사용하고 있다. 이 건물은 스탈린 양식의 건축물 가운데 가장 큰 것으로, 다 둘러보려면 145km를 걸어야 한다. 이 대학이 배출시킨 유명한 인물로는 혁명적 사상가 라지셰프, 게르첸, 역사가 그라놉스키, 평론가 벨린스키, 교육사상가 우신스키 등이 있다. 1911년 학생운동의 고조로 대학을 폐쇄하기도 하였으나 10월 혁명 이후 1918년에 국립대학으로 되어 노동자계급에게도 문호를 개방하였다. 창설 당시 철학, 법학, 의학 등의 3개 학부에서 혁명 후 대폭 증설하였다. 1987년에 공학, 수학, 컴퓨터 수학 및 사이버네틱스, 아시아, 아프리카 국제연구소를 비롯하여 각종 부속 연구소와 도서관을 갖게 되었다. 참새언덕으로 불리는 본관 앞에서는 모스크바 시내를 한눈에 내려다볼 수 있으며, 8~9월이면 주변의 사과나무에 사과가 주렁주렁 달려 또 하나의 장관을 연출한다.

입에서 톡(talk) 러시아어

얼마를 지불해야 합니까? Сколько с меня?
스꼴까 스 미냐

25 Урок

대형 마트들의 등장으로 물건을 직접 골라 담고 계산하는 것이 보편화되었지만, 일반 러시아 상점에서는 구입한 물건 값이 얼마인지 값을 어디서 지불하는지를 물어야 한다.

🎧 Диалог

A: Так, ско́лько с меня́?
  딱 스꼴까 스 미냐

B: 85(во́семьдесят пять) рубле́й.
  보씸지샤트 빠찌 루블레이

A: Вот, пожа́луйста.
  보트 빠좔루스따

B: Возьми́те сда́чу, пожа́луйста.
  바지미쩨 즈다추 빠좔루스따

A: Где я могу́ заплати́ть?
  그제 야 마구 자쁠라찌찌

B: Ка́сса в це́нтре за́ла.
  까싸 프 쩬뜨레 잘라

A: Да́йте без сда́чи, е́сли мо́жно.
  다이쩨 베즈 즈다치 예슬리 모쥬너

B: У меня́ как раз есть ме́лочь. Пожа́луйста.
  우 미냐 까크 라쓰 예스찌 멜러치 빠좔루스따

🔵 Но́вые слова́

с ~로부터(생격과 함께)
меня́ я의 생격
сда́ча 거스름돈
могу́ мочь(Ⅰ, HCB, ~할 수 있다)의 1인칭 단수
ка́сса 현금출납구, 계산대
центр 중심, 시내

зал 홀, 응접실
возьми́те взять(잡다)의 명령형
заплати́ть(Ⅱ, CB) 지불하다
без ~없이(생격과 함께)
как раз 때마침
ме́лочь (ж.) 잔돈
так 그러면, 그런고로

A : 그러면, 제가 얼마를 내야 합니까?
B : 85루블입니다.
A : 여기 있습니다.
B : 거스름돈을 받으십시오.

A : 어디서 지불해야 합니까?
B : 홀 중앙에 계산대가 있습니다.

A : 가능하시면 거스름돈 없이 주십시오.
B : 마침 잔돈이 있습니다. 여기 있습니다.

Грамматика

전치사 용법
전치사 с가 생격과 결합할 때는 '~로부터'라는 뜻을 갖게 되며 동작의 기점에서 이탈하는 의미를 지닌다.
- Скóлько с меня́? (나로부터) 얼마를 내야 합니까?
- С вас 57 рубле́й. (당신으로부터) 57루블입니다.

без는 생격과 결합하며 사람이나 사물의 부재를 의미하며 '~ 없이'라는 뜻을 지닌다.
без сда́чи(잔돈 없이), без са́хара(설탕 없이)

동사 взять(Ⅰ)의 변화
возьму́, возьмёшь, возьмёт, возьмём, возьмёте, возьму́т

조건 관계
éсли мóжно 가능하면
éсли нельзя́ 안된다면
éсли хоти́те 원한다면

● Упражнения

다음을 러시아어로 말해보세요.

01 제가 얼마를 내야 합니까?
02 43 루블입니다.
03 잔돈을 받으십시오.
04 거스름돈 없이 주십시오.
05 어디서 계산해야 합니까?

● Для тех, кто хочет знать больше

상점의 명칭	대형 식료품 점의 코너(отде́л)
Универса́льный магази́н(Универма́г) 백화점	Моло́чный отде́л 유제품 코너
Ры́нок 시장	Конди́терский отде́л 과자류 코너
Бу́лочная 빵집	Ви́нный отде́л 포도주 코너
Пти́ца(Ку́рица) 닭고기 판매점	Колба́сы 소시지 류 코너
Гастроно́м 가공식료품점	Фрукто́вый отде́л 과일 코너
Продово́льственный магази́н 식료품점	Ры́бный отде́л 생선 코너
Промтова́рный магази́н 일상용품점(공산품점)	Мясно́й отде́л 육류 코너
Парфюме́рия 화장품점	Гастрономи́ческий отде́л 가공식품 코너
Галанте́рея 잡화	Хле́бный отде́л 빵 코너
Канцеля́рские това́ры 사무용품점	Овощно́й отде́л 야채 코너
Оде́жда 옷 가게	Бакале́я 식료품 코너
О́бувь 신발 가게	
Трикота́ж 편물 가게(뜨개질 용품)	
Хозя́йственные това́ры 가정용품(주방용품)	
Де́тский мир 어린이용품점(완구점)	

01: Ско́лько с меня́? 02: Со́рок три рубля́.
03: Возьми́те сда́чу, пожа́луйста 04: Да́йте без сда́чи.
05: Где я могу́ заплати́ть?

Запомните!

Ва́ша сда́ча, пожа́луйста. 거스름돈이 여기 있습니다.
Ско́лько сто́ит килогра́мм я́блок? 사과 1킬로그램이 얼마입니까?

🖌 타동사의 목적어가 전체가 아닌 일부를 표현하는 경우에는 생격을 쓴다. 이 경우 대격과 생격 모두 사용할 수 있다.

Да́йте, пожа́луйста, **во́ду(воды́)**. 물을 (좀) 주십시오.
Да́йте, пожа́луйста, **колбасу́(колбасы́)**. 소시지를 (좀) 주십시오.
Я вы́пил **молока́**. 나는 우유를 조금 마셨다.
Она́ купи́ла **фру́ктов**. 그녀는 과일을 조금 샀다.

Ру́сская культу́ра | 전승기념관(Парк Побе́ды)

1985년부터 10년간 건설하여 1995년 5월 전승 50주년을 기해 완공했다. 이 곳은 과거 러시아 군대의 출정식과 승리 후 귀환시 기념행사를 하던 곳으로, 나폴레옹 전쟁 후 쿠투조프 장군이 여기에서 기념식을 가졌다. 기념관 앞의 탑에는 승리의 성자 게오르기(Гео́ргий)와 2차 세계대전 당시의 격전지 이름이 조각되어 있다. 탑의 높이는 141.7m. 전승기념관은 지하와 지상1, 2층으로 되어 있으며, 1층에는 나치 독일의 침공으로 숨진 수많은 영혼들이 흘리는 눈물을 형상화한 비가 쏟아지는 듯한 모습의 조형물을 설치해 놓았다. 또한 1층에는 '승리의 방'으로 불리는 디오라마(диора́ма) 방이 여러 홀로 나뉘어 각종 전쟁 상황을 그린 배경 화면을 입체 화면과 실물을 축소한 모형으로 만들어놓았다. 2층에는 전승 50주년을 기념하여 정부에서 제작한 칼과 방패가 있다. 39년 독소 불가침 조약부터 일본의 항복문서에 이르기까지 2차 세계대전의 역사적 유품들을 전시하고 있다. 2층 중앙 홀은 지름이 50m, 높이가 25m이며, 11만 7천명의 훈장 수여자들의 명단이 각인되어 있다.

입 에 서 톡(talk) 러 시 아 어

MP3를 교환해 주세요.
Можно поменять МП-3 на другой?
모쥬너 　　빠메냐찌 　　엠뻬　뜨리 나　드루고이

Урок 26

구입한 물건에 이상이 있을 때는 교환이나 반품을 요구해야 한다. 이 경우는 반드시 영수증을 지참하고 가야 한다. 이런 상황에서 필요한 표현들을 익혀본다.

🎧 Диалог

A : Простите, вчера я купил у вас МП-3, можно поменять его на другой?
　　쁘라스찌쩨　프체라 야 꾸삘　우 바쓰 엠뻬 뜨리 모쥬너　빠메냐찌　　이보 나 드루고이

B : А в чём дело?
　　아 프 촘　젤라

A : Он плохо работает.
　　온　쁠로허　라보따예트

B : У вас есть чек? Я поменяю вам на новый.
　　우 바쓰 예스찌 첵　야 빠메나유　　밤　나 노븨

A : Я хочу возвратить товар и получить деньги.
　　야 하추　바즈브라찌찌　따바르 이 빨루치찌　　젠기

B : Извините, этот товар возврату не подлежит.
　　이즈비니쩨　에떠트 따바르　바즈브라뚜　니 빠들레쥐트

🔵 Новые слова

простите 죄송합니다. 실례합니다.
поменять(Ⅰ, СВ) 교환하다
вчера 어제
купил купить(Ⅱ, НСВ, 사다)의 남성 과거
МП-3 МР-3
его 그것을
другой 다른

в чём дело? 무슨 일인가?
чек 영수증
вам 당신에게
возвратить(Ⅱ, СВ) 되돌리다, 반환하다
получить(Ⅱ, СВ) 받다
подлежит 해당하다(+여격과 함께)
возврат 반환, 반품

130 | EBS

A : 죄송합니다만, 제가 어제 여기서 MP-3를 구입했는데 다른 것으로 교환해주실 수 있습니까?
B : 왜 그러시죠?
A : 작동이 제대로 되지 않습니다.
B : 영수증을 갖고 계십니까? 새 것으로 교환해드리겠습니다.

A : 반품하고 돈을 돌려받고 싶습니다.
B : 죄송합니다만, 이 상품은 반품이 안됩니다.

Грамматика

동사의 과거 시제

동사의 현재 시제는 인칭과 수에 따라 변화하지만, 과거 시제는 성과 수에 의해서 나타내어진다. 단수에서는 동사 부정형의 어간에 부정형 어미 ть를 떼고 남성은 -л, 여성은 -ла, 중성은 -ло를 첨가한다. 복수의 경우에는 성에 관계없이 -ли를 첨가한다.

	단수	복수
남성	(он) купи́л	
여성	(она́) купи́ла	(они́) купи́ли
중성	(оно́) купи́ло	

Ⅱ식 변화 동사 중 현재 시제에서 어간이 б, в, м, п, ф로 끝나는 동사는 1인칭 단수에서 자음 -л이 삽입된다.

купи́ть(사다)	люби́ть(사랑하다)
куплю́	люблю́
ку́пишь	лю́бишь
ку́пит	лю́бит
ку́пим	лю́бим
ку́пите	лю́бите

명사의 여격 변화

남, 중성 단수 여격	여성 단수 여격	복수 여격
-у(-ю)	-е(-и)	-ам(-ям)

Упражнения

다음을 러시아어로 말해보세요.

01 어제 여기서(당신에게서) 털모자를 샀습니다.
02 엘리베이터가 작동을 하지 않습니다.
03 새것으로 교환해 드리겠습니다.
04 물건을 반환하고 돈을 돌려받고 싶습니다.
05 무슨 일입니까?

Для тех, кто хочет знать больше

подлежа́ть의 변화

подлежу́, подлежи́шь, подлежи́т, подлежи́м, подлежи́те, подлежа́т

자음 ж, ш, ч, щ는 이중모음 ю, я와 결합하지 않는다. ю, я 대신에 у, а가 사용된다. 그러므로 인칭 변화 시 подлежу́, подлежа́т가 된다.

동사의 상(вид)

1) 불완료상(НСВ) – 현재, 과거, 미래시제를 가진다. 경험적 행위나 과정으로서의 행위, 반복성의 행위에 사용한다.

Я чита́л кни́гу. 나는 책을 읽었다. / 읽고 있는 중이었다. (과거)

Я чита́ю кни́гу. 나는 책을 읽는다. / 읽는 중이다. (현재)

Я бу́ду чита́ть кни́гу. 나는 책을 읽을 것이다.(미래) - быть의 변화형＋동사원형

2) 완료상(СВ) – 과거, 미래시제를 가진다. 결과를 수반하는 1회성 행위.

Я уже́ прочита́л э́ту кни́гу. 나는 이 책을 다 읽었다.(과거)

Я прочита́ю э́ту кни́гу. 나는 이 책을 읽을 것이다.(미래) - прочита́ть의 인칭변화, 미래에 종결시키고자 하는 의지가 강할 때 사용.

01: Вчера́ я купи́л(а) у вас ша́пку.
02: Лифт не рабо́тает.
03: Я поменя́ю вам на но́вый.
04: Я хочу́ возврати́ть това́р и получи́ть де́ньги.
05: В чём де́ло?

● Запомните!

Вопро́сы	Отве́ты
- Э́тот электро́нный слова́рь не рабо́тает. 이 전자 사전이 전혀 작동을 하지 않습니다.	- Я поменя́ю вам на но́вый. 새것으로 교환해 드리겠습니다.
- Моби́льник слома́лся. Мо́жно поменя́ть? 휴대전화기가 부서졌습니다. 교환이 가능한가요?	- Извини́те, нельзя́. 죄송합니다만, 안됩니다.

Русская культура | 페테르부르크(Санкт-Петербу́рг)

모스크바가 '러시아의 심장'이라면 페테르부르크는 '러시아의 머리'이다. 1703년 표트르 대제는 스웨덴으로부터 페테르부르크를 탈환한 뒤 러시아 절대왕정의 새로운 수도, 즉 '유럽으로 열린 창(窓)'을 건설을 위해 페트로파블롭스크 요새를 세운다. 이어 삼림과 해안으로 둘러싸인 101개의 섬들을 500개의 다리들로 연결해 아름다운 유럽형의 일류 도시 페테르부르크를 건설하였다. 페테르부르크는 '표트르의 도시'라는 뜻이고 표트르라는 이름은 성 베드로의 러시아식 표기이자 황제 표트르 대제의 이름이기도 하다. 도시 명칭은 1914년 페트로그라드로 바뀌었다가, 1924년 레닌의 서거 이후 레닌그라드로 개칭되고 1992년 다시 페테르부르크라는 이름을 회복하였다. 도시의 명칭은 곧 러시아 역사의 일면을 보여주는 사건이었다. '~부르그'라는 독일식 표현대신 러시아식 '그라드('도시'라는 뜻)'으로 바뀌었다가 다시 레닌에 대한 숭배로 한번 더 바뀌었고, 마침내 소비에트 붕괴이후 과거의 전통과 위상을 회복하려는 시민들의 열망이 투표로 이어져 옛 이름을 회복했다.

1712년 표트르 대제가 이곳으로 수도를 옮기면서 페테르부르크는 200동안 러시아의 수도로서 서구문화를 받아들이는 창구로서 서구주의(西歐主義) 운동의 선두에 서 있었다. 그 결과 학술·문학·음악·연극·발레 등에서도 자국 내의 지도적 지위를 차지하였다.

18세기 후반에는 러시아 최대의 무역항으로서 무기·금속·조선·섬유 등 공업의 중심지가 되었다. 1851년에는 모스크바와의 사이에 러시아 최초의 철도가 부설되었고, 이에 힘입어 인구도 급속도로 증가하였다. 18세기 말에 22만이었던 인구가 1880년에는 84만, 1910년에는 190만, 1917년에는 230만으로 비약적인 증가추세를 보였다.

정치면에서도 1825년 데카브리스트(Декабри́сты)의 난 이래 절대왕정에 대한 혁명운동의 온상이 되었다. 또 20세기에 들어서는 노동운동 및 공산혁명운동의 무대가 되었다. 1905년 '피의 일요일' 사건으로 시작되는 러시아 제1혁명과, 1917년의 2월혁명 10월 혁명이 결행됨으로써, 세계 최초의 공산주의혁명이 성공을 거두었다. 제2차 세계대전 중인 1941년 8월부터 29개월 동안 독일군의 포위 속에서 40만 명이 아사(餓死)하면서도 도시를 지켜냈다. 이로써 '영웅도시'라는 칭호를 받았다. 전후 피해를 복구한 후에는 1959년 시 창설 20년 기념 축제를 개최하였으며, 현재 모스크바에 다음 가는 공업·문화·학술의 도시로 서구적 색채가 짙다. 이 도시는 세계유산목록에 등록되어 있다.

ТЕМА 10

예수 승천 사원
(Храм Вознесения Господня)

모스크바 콜로멘스코예 소재. 콜로멘스코예 박물관(музей-Заповедник Коломенское)은 크렘린 남동쪽 10km의 공원으로, 이반 1세가 아들에게 물려준 영지이다. 아치에 둘러싸인 높이 63m의 이 사원은 1532에 건축된 것이다. 비잔틴 전통의 반구형 건물이 아니라 십자가 모양의 기본틀 위에 벽돌과 석회석을 기둥처럼 쌓아 만든 최초의 뾰족한 텐트형 지붕의 교회로 러시아 교회건축 양식에 큰 영향을 주었다.

러시아연방박람회(ВВЦ)의 중앙관

모스크바 소재. 국민경제성과박람회장(ВДНХ)이란 명칭이 현재는 러시아연방박람회장(ВВЦ, Всероссийский Выставочный Центр)로 바뀌었다. 1937년에 조성된 곳으로 과학, 경제, 문화적 성과들을 전시하고 홍보하던 곳이었지만 현재는 전자제품을 파는 곳으로 바뀌었다. 이 건물은 1954년 시코(Ю. Щуко)와 스톨랴로프(Е. Столяров)의 설계에 따라 지어진 것이다.

전시관과 회의장
(Павильон и конференцзал)

러시아연방박람회장 내부에 있는 것으로, 독특한 양식이 돋보인다. 러시아연방박람회장(ВВЦ)의 근처에는 오스탄키노(Останкино) 송신탑과 최초의 인공위성 발사를 기념한 오벨리스크 등이 있다.

TEMA 10

공연 관람

27 | 몇 시입니까?
28 | 극장에서 무슨 공연을 하나요?
29 | 언제 음악회가 시작하나요?
30 | 매점에 들릅시다

러시아의 공연예술 수준이 매우 높은 만큼, 여행 중에 공연을 관람하고 박물관 등을 방문하는 것은 매우 권장할 만한 일이다. 공연이나 박물관 등에 대한 정보는 여행 안내 책자나 숙소의 공연 프로그램 광고지, 극장들(теáтры)이라고 쓰여진 거리의 가판대(киóск)를 통해서 얻을 수 있다.

러시아인들은 명분과 형식을 중요시 여기므로 공연을 관람할 때는 필히 정장차림을 해야 한다. 대극장에 들어서는 순간, 화려한 무대를 보기에 앞서 사람들의 옷차림에서부터 축제분위기를 느낄 수 있을 것이다. 극장이나 대 공연장의 1층 혹은 지하에는 외투 보관실(гардерóб)이 있어 반드시 겉옷과 모자 등을 맡기고 들어가게 되어 있다. 여름에는 맡길 겉옷이 없어 폐쇄시켜 놓지만, 겨울에는 두꺼운 외투 차림으로 공연장을 돌아다니거나 맡기는 것이 귀찮아 외투를 들고 다니는 것은 실례이므로 꼭 들러 맡기도록 한다. 외투를 맡기면 담당자가 번호표(номерóк)를 준다. 번호표를 잘 보관했다가 공연이 끝난 후 외투보관실에 가서 넘겨주고 외투를 건네받으면 된다.

박물관은 개관시간이 정해져 있으므로, 개관시간을 알고 가야하고, 관람시간을 충분히 가지려면 너무 늦지 않게 찾아가는 것이 좋다. 박물관이나 공연장 내에서 허락없이 사진촬영하는 것은 금지되어 있다. 사진촬영이 아예 금지된 곳도 있지만, 선불을 내고 촬영을 허락하는 곳도 있으니 미리 물어보고 양해를 구한 다음 찍는 것이 좋다.

연주회 등은 공연시간이 길 경우 중간 휴식(антрáкт)이 있으며, 중간에 음료 등을 마시면서 같이 간 일행과 담소를 나눌 수도 있다.

몇 시입니까? Сколько сейчас времени?
스꼴까 씨차스 브레메니

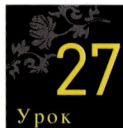
Урок 27

일상생활에서 시간은 매우 중요한 역할을 한다. 시간은 스스로 알 수 없어서 물을 수도 있지만, 대화 중 먼저 자리를 떠야 할 때도 적절히 양해를 구하기 위해서 물을 수도 있다. 시간을 묻고 대답하는 기본표현을 살펴본다.

🎧 Диалог

A : Сколько сейчас времени?
스꼴까 씨차스 브레메니

B : 5 часов 20 минут.
빠찌 치쏘프 드바짜찌 미누트

A : Правда?! Мне пора идти.
쁘라브다 므녜 빠라 이찌

B : Вы спешите?
븨 스뻬쉬쩨

A : Да, я иду в кино. Фильм начинается в шесть.
다 야 이두 프 끼노 필름 나치나예짜 프 쉐스찌

A : Который час?
까또리 차쓰

B : Сейчас половина восьмого.
씨차스 빨라비나 바씨모버

◉• Новые слова

правда 정말, 진리
минута 분, 잠깐, 순간
пора 때, 시기
спешить(НСВ) 서두르다
фильм 영화
кино(불변) 영화, 영화관(=кинотеатр)
начинается(НСВ) 시작하다
который 몇 번째의
половина 절반, 중앙
восьмой 여덟번 째의

A : 지금 몇 시입니까?
B : 5시 20분입니다.
A : 정말이요?! 가야 할 시간입니다.
B : 서두르셔야 합니까?
A : 예, 극장에 갑니다. 6시에 영화가 시작합니다.

A : 몇 시입니까?
B : 지금은 7시 30분입니다.

Грамматика

1) 기수에 의한 시간표현 :

   시간과 분을 모두 기수를 써서 나타내며, '몇시 몇분' 이라는 표현을 '전치사 в+ 대격' 의 형태로 나타낸다.

   - Кото́рый час? (= Ско́лько сейча́с вре́мени?)
   - Два пятна́дцать. (= 2 часа́ 15 мину́т)

   - В кото́ром часу́? (= Во ско́лько?)
   - В семь три́дцать.

1	час	мину́та
2~4	часа́	мину́ты
5~20 мно́го, ма́ло, ско́лько	часо́в	мину́т

2) 서수에 의한 시간 표현:

   기수와 달리 пе́рвый час(제1시)는 12시 ~1시 사이를 가리키므로 혼동해서는 안된다. 서수로 시간을 표현할 때는 분이 먼저 나오고 시간이 뒤에서 꾸며주는 생격 형태가 된다.

   Два́дцать пе́рвого. 12시 20분입니다.
   Де́сять мину́т тре́тьего. 2시 10분입니다.
   Полови́на деся́того. 9시 30분입니다.

Упражнения

Кото́рый час?

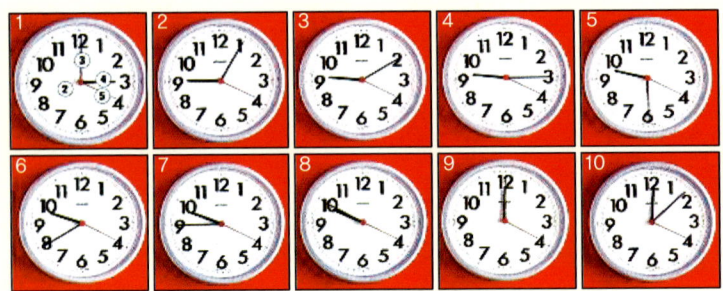

Для тех, кто хо́чет знать бо́льше

- '몇시 몇분 전'은 '전치사 без + 생격'으로 표현한다.

  1: 40 без два́дцати два.   3: 45 без че́тверти четы́ре.

  5: 55 без пяти́ шесть.

- 대략적인 시간을 표현하고자 할때는 도치법을 사용한다.

  в семь часо́в 7시   часо́в в семь 7시쯤

- 서수(1~10까지는 제13과 참조)

  11 оди́ннадцатый   12 двена́дцатый

01: Три часа́.   02: Де́вять (часо́в) пять (мину́т).
03: Де́вять (часо́в) де́сять (мину́т).
04: Де́вять (часо́в) пятна́дцать (мину́т). 또는 Че́тверть деся́того.
05: Де́вять (часо́в) три́дцать (мину́т). 또는 Полови́на деся́того.
06: Де́вять (часо́в) со́рок (мину́т). 또는 Без два́дцать деся́того.
07: Де́вять (часо́в) со́рок пять (мину́т). 또는 Без че́тверти деся́того.
08: Де́вять (часо́в) пятьдеся́т (мину́т). 또는 Без десяти́ деся́того.
09: Двена́дцать часо́в. 또는 Пе́рвый час
10: Двена́дцать (часо́в) во́семь (мину́т).

⊙ Запомните!

Вопро́сы	Отве́ты
- Кото́рый час?	- Три два́дцать.(3:20)
	- Без че́тверти второ́го. (1:45)
- Ско́лько сейчас вре́мени?	- Полови́на четвёртого. (3:30)

Ру́сская культу́ра

바실리 블라젠니 사원
(Храм Васи́лия Бла́женного 또는 Покро́вский собо́р)

붉은 광장의 남쪽에 위치한 사원으로, 원래의 명칭은 포크로프 사원(Покро́вский собо́р)이었다. 러시아의 사원들에 자주 붙여지는 성모 마리아 포크로프 사원이란 명칭은 '보호막, 덮개(покро́в)'라는 데서 기원한다. 바실리 블라젠니 사원은 이반 뇌제(Ива́н Гро́зный)가 1552~1554년에 카잔 왕국과 아스트라한 왕국을 정복한 것을 기념하여 지은 사원으로, 건축가 바르마(Ба́рма)와 수도사 야코블레프(Я́ковлев)에 의해 1555~1560년에 걸쳐 완성되었다. 그러나 이 두 사람이 사실은 이반 야코블레비치 바르마(Ива́н Я́ковлевич Ба́рма)라는 이름의 동일인물이었다는 학설이 존재한다. 당시 무역중심지였던 붉은 광장에 누더기를 걸치고 항상 맨발로 걸어 다니는 바실리 블라젠니라는 성자바보(юро́дивый)가 있었다. 편력자인 이 사람에게는 치료자이며 혜안을 가졌다는 명성이 늘 뒤따라 다녔다. 이반 뇌제에 이르기까지 모두가 그의 존재를 알고 있었다. 이반 뇌제는 그를 자신의 궁정을 불러들여 그의 환상과 조언에 귀를 기울였을 뿐 아니라 그가 임종할 때 왕비와 왕자들을 대동하고 방문할 정도였다. 1552년 여름 바실리는 죽고 삼위일체 교회에 안장되었다. 몇 년 뒤 포크로프 사원이 준공되었고, 바실리의 무덤은 바로 사원의 벽 옆에 놓이게 되었다. 30년 뒤 표도르 이오아노비치(Фе́дор Иоа́ннович) 황제의 명령에 따라 바실리 블라젠니의 무덤 위에 새로운 부제단(副祭檀)이 등장했다. 그 때부터 성모 마리아 포크로프 사원이라는 원래의 명칭을 기억하는 사람들은 거의 없고, 대신 바실리 블라젠니 사원으로 불리게 되었다.

바실리 블라젠니 사원은 집중식 플랜에, 외관은 높은 8각형의 첨탑을 중심으로 예배당부가 형성하는 4개의 다각탑 및 그 사이에 서 있는 4개의 원탑 등 9개의 탑이 임립(林立)한 모양의 독특한 건축이다. 주위의 탑에는 저마다 다른 의장(意匠)으로 된 양파 모양의 쿠폴(ку́пол)이 붙어 있고 외면은 다채롭게 채색되어 있다. 그 일부는 17세기에 완성된 것이나 16세기의 러시아 집중식 사원건축의 귀결을 보여주는 예이다. 사원에 매료된 황제가 또 다른 곳에 이렇게 아름다운 사원이 지어질 것이 두려워 건축가의 눈을 뽑아버렸다는 전설과, 또는 건축물이 완성되자마자 그를 사원 앞에서 교수형에 처했다는 전설이 전해내려 온다. 바실리 블라젠니 사원은 황제의 칙령을 선포하던 곳이었으며, 농민 반란 등 극악무도한 죄를 범한 죄수들을 사형하는 장소였다.

극장에서 무슨 공연을 하나요? Что идёт в театре?
슈또 이죠트 프 찌아뜨레

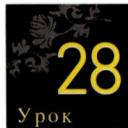

28 Урок

러시아의 수많은 공연장과 대극장, 콘서트홀에서 다양한 문화공연이 열리기 때문에 언제 어디서 어떤 공연이 하는지를 물을 수 있어야 한다. 러시아 극장은 고유한 자리 표시 방법이 있으므로, 표를 구할 때 염두에 두어야 한다.

🎧 Диалог

A: Давáй пойдём в суббóту в Большóй теáтр.
다바이 빠이죰 프 쑤보뚜 브 발쇼이 찌아뜨르

B: С удовóльствием. Что идёт в суббóту?
쓰 우다볼스트비엠 슈또 이죠트 프 쑤보뚜

A: Балéт 《Лебедúное óзеро》.
발레트 레베지너예 오제러

B: А билéты у тебя́ есть?
아 빌례띄 우 찌뱌 예스찌

A: Да, у меня́ есть два билéта. Прáвда, не в партéр, а в бельэтáж.
다 우 미냐 예스찌 드바 빌례따 쁘라브다 니 프 빠르쩨르 아 브 벨에따슈
Это неплохúе местá: пéрвый ряд, середúна.
에따 니쁠라히예 미스따 뻬르븨 랴트 쎄레지나

🔵 Нóвые словá

пойдём 갑시다
суббóта 토요일
Большóй теáтр 볼쇼이 극장
С удовóльствием 기꺼이
идёт(НСВ) 상영 중이다
балéт 발레
Лебедúное óзеро 백조의 호수
не A, а Б A가 아니라 B이다

партéр 아래층 보통석
бельэтáж 2층석
неплохóй 나쁘지 않은
мéсто 자리, 장소
пéрвый 첫번째
ряд 열, 줄
середúна 중앙, 한가운데

A : 토요일에 볼쇼이 극장에 가자.
B : 좋아. 토요일에 어떤 공연이 있는데?
A : 발레《백조의 호수》공연이 있어.
B : 그런데 너한테 표가 있는 거야?
A : 응, 나한테 표 두 장이 있어. 참, 1층 자리가 아니라 2층 자리야. 제법 좋은 자리야. 첫번째 줄 중앙이거든.

Грамматика

요일 표현

Какой день?	Когда?	Когда?
понеде́льник 월	в понеде́льник	на э́той неде́ле 이번 주에
вто́рник 화	во вто́рник	на про́шлой неде́ле 지난 주에
среда́ 수	в сре́ду	на бу́дущей неде́ле 다음 주에
четве́рг 목	в четве́рг	в том году́ 그 해에
пя́тница 금	в пя́тницу	в э́том году́ 올 해에
суббо́та 토	в суббо́ту	
воскресе́нье 일	в воскресе́нье	

동작 동사에는 정태동사(예 : идти́, е́хать)와 부정태 동사(예 : ходи́ть, е́здить)가 있다. 정태동사는 정해진 한 방향으로 동작이 진행되는 동사이고, 부정태 동사는 여러 방향으로 동작이 연속으로 이루어지는 동사이다.

идти́(걸어서)가다	ходи́ть 다니다	е́хать(타고)가다	е́здить 자주가다
иду́	хожу́	е́ду	е́зжу
идёшь	хо́дишь	е́дешь	е́здишь
идёт	хо́дит	е́дет	е́здит
идём	хо́дим	е́дем	е́здим
идёте	хо́дите	е́дете	е́здите
иду́т	хо́дят	е́дут	е́здят

예) Он **идёт** в библиоте́ку. 그는 도서관에 간다.(정해진 방향)

Она́ **хо́дит** в шко́лу. 그녀는 학교에 다닌다.(연속)

Он **е́дет** на да́чу. 그는 다차로 간다.(정해진 방향)

Она́ **е́здит** в шко́лу на метро́. 그녀는 지하철을 타고 학교에 다닌다.(연속)

● Упражнения

다음을 러시아어로 말해보세요.

01 화요일에 영화관에 가자.
02 월요일에 무엇이 상영하지?
03 너한테 표가 있니?
04 제법 괜찮은 자리야.
05 나에게 표가 두 장 있어.

● Для тех, кто хочет знать больше

большо́й зал 홀	ме́сто 좌석(번호)
после́дние ряды́ 마지막 열	ряд 열
боковы́е места́ 측면 자리들	ло́жа 특별석, 지정석
контролёр 검사원	бельэта́ж 2층 좌석
контро́ль 통제(입장 시 표의 잘라내는 옆 부분)	парте́р 아래층 보통석
	экра́н 무대, 스크린
ле́вая сторона́ 왼편	балко́н 위층 정면관람석
пра́вая сторона́ 오른편	я́рус 각 층
антра́кт 막간, 중간휴식시간	фойе́ 로비
аплодисме́нты 박수갈채	бис 앙코르
	сеа́нс 상영시간

01: Дава́й пойдём во вто́рник в кино́.
02: Что идёт в понеде́льник?
03: У тебя́ есть биле́ты?
04: Это неплохи́е места́.
05: У меня́ есть два биле́та.

• Запомните!

Вопросы	Ответы

- Давай пойдём в театр.(극장에 가자)
           на выставку.(전시회에)
           в цирк.(서커스에)
	- Хорошая идея. 좋은 생각이야.
	- С удовольствием. 좋아.

Вопросы	Ответы
- Что идёт сегодня в Большом театре?	- 《Борис Годунов》.
- В каком театре идёт эта пьеса?	- В Мариинском театре.
- Кто играет роль Гамлета?	- Шаляпин.
- Где наши места?	- Ряд 3 места 15-16.
- У вас есть лишний билет?	- Да, есть.

Русская культура | 백야(белые ночи)와 네바 강의 다리(мосты)

한여름에 고위도 지방에서 태양이 지평선 아래 18° 이하로 내려가지 않기 때문에 생기는 백야는 페테르부르크의 아름다움을 한껏 발휘하는 또 하나의 자연환경이 되고 있다. 페테르부르크는 5월부터 8월까지 백야가 한창이어서 대낮같이 밝은 밤과 네바 강변을 따라 반사되는 빛이 어우러져 장관을 연출한다. 도시 전체가 박물관인 페테르부르크에는 많은 볼거리가 있지만, 그 중에서 가장 독특한 것으로는 밤 1시 40분부터 2시 10분까지 네바 강의 200여개 다리 중 13개의 개폐식 다리가 선박이 운행되도록 열리는 경관이다. 이 때 바실리 섬과 넵스키를 오가는 차량들은 모두 통행이 통행이 중지되며 Мост Лейтенанта Шмита, Дворцовый мост, Биржевой мост, Тучков мост 등이 제 시간에 맞추어 하나씩 올라간다.

언제 음악회가 시작하나요?
Когда начинается концерт?
까그다 나치나예짜 깐쩨르트

Урок 29

여가 시간이나 여행 중에 공연장이나 박물관을 찾을 수 있다. 이 경우 공연 시간과 박물관 관람 시간을 아는 것이 무엇보다 중요하다. 공연 시간과 박물관 관람이 가능한 시간을 묻는 표현을 살펴본다.

🎧 Диалог

A : Когда́ начина́ется конце́рт?
 까그다 나치나예짜 깐쩨르트

B : В семь три́дцать.
 프 쎔 뜨리짜찌

A : О! Уже́ семь пятна́дцать. Мы не опозда́ем?
 오 우줴 쎔 삐뜨나짜찌 믜 니 아빠즈다옘

B : Нет, не волну́йтесь. Конце́ртный зал совсе́м ря́дом.
 니예트 니 발누이쩨씨 깐쩨르뜨늬 잘 쌉쎔 랴돔

A : Когда́ зака́нчивается спекта́кль?
 까그다 자깐치바예짜 스뻭따끌

B : Не зна́ю. На́до посмотре́ть програ́мму.
 니 즈나유 나다 빠스마뜨레찌 쁘라그라무

A : Когда́ открыва́ется Истори́ческий музе́й?
 까그다 아트끄리바예짜 이스따리체스끼 무제이

B : В 11 часо́в.
 브 아진나짜찌 치쏘프

A : А когда́ закрыва́ется?
 아 까그다 자끄리바예짜

B : В 5 часо́в.
 프 빠찌 치쏘프

🔵 Новые слова

когда́ 언제
три́дцать 삼십, 30
опозда́ть(СВ) 늦다
не волну́йтесь 걱정하지 마세요, 불안해하지 마세요
конце́ртный зал 콘서트 홀

совсе́м 완전히, 전혀
ря́дом 옆에, 아주 가까이에
зака́нчивается(НСВ) 끝나다
конце́рт 콘서트
спекта́кль (м.) 공연
програ́мма 프로그램 책자

открыва́ется(НСВ) 열다
истори́ческий 역사의
музе́й 박물관
закрыва́ется(НСВ) 닫다

A : 음악회가 언제 시작합니까?
B : 7시 30분입니다.
A : 어머! 벌써 7시 15분입니다. 늦지 않을까요?
B : 아니오. 걱정마십시오. 콘서트 홀은 바로 옆입니다.

A : 공연이 언제 끝납니까?
B : 모릅니다. 프로그램지를 봐야겠습니다.

A : 역사박물관이 언제 문을 엽니까?
B : 11시에 엽니다.
A : 그럼 언제 닫습니까?
B : 5시에 닫습니다.

Грамматика

러시아어에는 단어 끝에 –ся(-сь)를 가진 동사들이 있다. -ся는 재귀대명사 себя(자기자신)에서 유래된 것으로, 자음으로 끝나는 동사 뒤에서는 -ся, 모음으로 끝나는 동사 뒤에서는 -сь로 쓰인다. 이 동사들은 항상 자동사이다.

1) открывать (НСВ) / открыть(СВ)   открываться (НСВ) / открыться(СВ)
   Сергей открыл окно. 세르게이는 창문을 열었다.
   Окно открылось. 창문이 열렸다.

2) начинать(НСВ) / начать(СВ)   начинаться(НСВ) / начаться(СВ)
   Он начал работу. 그는 일을 시작했다.
   Работа началась ровно в 9 часов. 일은 9시 정각에 시작되었다.

что		когда?
Концерт	начался	в 7 часов вечера.
Лекция	началась	в 9 часов утра.
Собрание	началось	в 12 часов дня.
Уроки	начались	2 часа назад.
Вечер	начнётся	через 2 часа.

Преподаватель **начал** урок в 11 часов. 선생님은 11시에 수업을 시작했다.
Урок **начался** в 11 часов. 수업은 11시에 시작된다.

Упражнения

다음을 러시아어로 말해보세요.

01 음악회가 언제 시작됩니까?
02 역사 박물관이 언제 문을 엽니까?
03 언제 영화가 끝납니까?
04 콘서트 홀은 바로 옆에 있습니다.
05 프로그램을 봐야겠습니다.

Для тех, кто хочет знать больше

спекта́кль для дете́й 어린이용 공연
теа́тр о́перы и бале́та 오페라 발레극장
драмати́ческий теа́тр 드라마 극장
наро́дный теа́тр 민중 극장
худо́жественный фильм 예술 영화
мультфи́льм 만화 영화
чёрно-бе́лый фильм 흑백영화
короткометра́жный фильм 단편 영화
карти́ны 그림들

спекта́кль для взро́слых 성인용 공연
музыка́льный теа́тр 음악극장
де́тский теа́тр 어린이 극장
профессиона́льный теа́тр 전문 극장
документа́льный фильм 기록 영화
цветно́й фильм 컬러 영화
полнометра́жный фильм 장편 영화
па́мятник 기념비
ру́сская жи́вопись 러시아 회화

01: Когда́ начина́ется конце́рт?
02: Когда́ открыва́ется Истори́ческий музе́й?
03: Когда́ зака́нчивается фильм?
04: Конце́ртный зал совсе́м ря́дом.
05: На́до посмотре́ть програ́мму.

● Запомните!

Вопро́сы	Отве́ты
- Когда́ начина́ется спекта́кль? - Когда́ зака́нчивается конце́рт? - Когда́ открыва́ется музе́й? - Когда́ закрыва́ется теа́тр?	- В четы́ре часа́ дня. - В де́сять часо́в ве́чера.

Ру́сская культу́ра | 아르바트 거리(У́лица Арба́т)

아르바트는 러시아의 신구 문화의 조화와 자유 분방함을 보여주는 거리이다. 15세기 경에 만들어진 이 거리는 다양한 볼거리와 흥미로움이 공존한다. 러시아 기념품을 살 수 있는 상점들과 거리의 노점상들이 가득하고 한편에는 초상화를 그리고 그림을 파는 자그마한 화랑들이 있으며, 작은 카페들이 성업 중이다. Арба́т라는 이름의 출처에 대해서는 의견이 분분하다. 이 명칭이 최초로 드러나는 공식적 문서는 1493년의 연대기이다. 당시 온 도시를 뒤덮었던 끔찍한 화재가 있었는데, 이 화재의 시작이 아르바트 교회(арба́тская це́рковь)의 양초에서 시작되었다고 적고 있다. 한 푼도 안 되는 양초가 모스크바 전체를 불태운 셈이었다. 그 이후로 이 이름이 왜 모스크바의 중심 거리에 붙여지게 되었는지는 알려지지 않았다. 또 다른 이설로는 그 때 당시 울퉁불퉁한 지역이라는 뜻을 의미했던 슬라브어 'горба́т(곱사등)'이란 단어에서 온 것으로 보고 있다. 또는 '시외의', '부속지의'라는 뜻의 아랍어 'арбад'에서 왔다고 보는 견해도 있는데, 당시의 개념에 비추어볼 때 크렘린(Кре́мль)만이 도시로 인정되었기 때문이었다.

초기에는 아르바트 거리에 많은 마을들이 생겨났지만, 18세기 중반 이후부터 극히 고상한, 도시의 가장 귀족적인 영역, 즉 '모스크바 생제르망'으로 탈바꿈하기 시작했다. 모스크바의 지식인들이 이곳으로 이주했고 공장이나 일꾼들을 위한 임시숙소, 장터나 술집들은 세워질 수 없었다. 모스크바에서 공공연히 말하기를, '돈을 벌려면 모스크바 시 남부로 갈 것이고, 관료가 되고자 하면 페테르부르크로 갈 것이며, 지식과 추억을 얻으려면 아르바트로 가라'고 하였다. 19세기에는 이곳으로 더욱 많은 지식인들이 몰려 들어, 아르바트 거리와 그 주변의 골목길은 러시아 문화계의 많은 인물들과 관계가 깊다. 알렉산드르 푸시킨이 결혼 직후 53번지에 살았고, 거기서 멀지 않은 곳에 시인 미하일 레르몬토프가 모스크바 대학에 다니는 동안 살았다. 작가 미하일 불가코프, 마리나 츠베타예바, 그리고 작가이자 시인인 불라트 오쿠자바(Була́т Окуджа́ва: 1924~1997) 등도 모두 한 때 아르바트 거리에 살았다. 아르바트 거리의 가옥들은 발코니와 여인상의 기둥, 아틀라스 상, 소상 등으로 독특한 건축양식을 뽐낸다.

매점에 들릅시다. Зайдём в буфет.
자이좀 브 부페트

러시아 극장에는 옷을 맡기는 독특한 문화가 있다. 표를 끊고 들어가서 옷을 맡긴 다음, 필요하다면 오페라 글라스를 빌리고 여유있게 로비에 전시된 사진 등도 구경할 수 있다. 또한 공연 시작 전이나 중간 휴식 시간(антра́кт)에는 로비에서 간단한 차와 아이스크림을 즐길 수 있다.

🎧 Диалог

A : Биле́ты у тебя́? Покажи́ их контролёру.
빌레띄 우 찌뱌 빠까쥐 이흐 깐뜨랄료루

B : Вот, пожа́луйста.
보트 빠좔루스따

A : Дава́й сдади́м пальто́ в гардеро́б.
다바이 즈다짐 빨또 브 가르제로쁘

B : На́до взять ещё бино́кль и програ́мму.
나다 브쟈찌 이쑈 비노끌 이 쁘라그라무

A : Обяза́тельно. Я то́же хочу́ посмотре́ть, кто исполня́ет гла́вные ро́ли.
아뱌자쩰리너 야 또줴 하추 빠스마뜨레찌 크또 이스빨냐예트 글라브늬예 롤리

B : В фойе́ есть вы́ставка. Дава́й посмо́трим фотогра́фии арти́стов,
프 파이예 예스찌 븨스따프까 다바이 빠스모뜨림 파따그라피이 아르찌스떠프

режиссёров, музыка́нтов теа́тра.
레쥐쑈러프 무지깐떠프 찌아뜨라

A : Хорошо́. Зайдём то́лько на мину́тку в буфе́т. Съеди́м по моро́женому.
하라쇼 자이좀 똘까 나 미누트꾸 브 부페트 스예짐 빠 마로줘너무

B : Ла́дно, пошли́.
라드너 빠슐리

🔵 Но́вые слова́

три́дцать 서른, 30
контролёр 검표원
сдади́м 인도하다, 건네주다
пальто́ 외투
гардеро́б 외투보관실
бино́кль(м.) 오페라 글라스
обяза́тельно 반드시, 꼭
исполня́ть(Ⅰ, НСВ) 연기하다, 연주하다

гла́вный 주된, 주요한
роль(ж.) 역할, 배역
фойе́ 로비
вы́стака 전시회
фотогра́фия 사진
арти́ст 배우
режиссёр 무대감독, 영화감독
зайдём зайти́(Ⅰ, НСВ, 들르다)의 1인칭 복수

мину́тку 잠시만
буфе́т 매점, 스낵바
съеди́м съесть(СВ, 먹다)의 1인칭 복수
моро́женое 아이스크림
ла́дно 좋다
то́же 또한, 역시
пошли́ 가자(구어체)
музыка́нт 음악가

A : 표 갖고 있지? 검표원에게 보여줘.
B : 여기 있습니다.
A : 자, 이제 외투를 보관실에 맡기자.
B : 하나 더, 오페라 글라스와 프로그램 책자를 챙겨야 해.
A : 당연하지. 나도 누가 주요 배역을 맡았는지 보고 싶어.
B : 로비에 전시회가 있어. 배우와 감독, 극장의 음악가들의 사진을 보자.
A : 좋아, 다만 매점에 잠깐 들르자. 아이스크림 하나씩 먹고 가자.
B : 좋아, 가자.

Грамматика

- 동사 показа́ть의 인칭 변화

  покажу́, пока́жешь, пока́жет, пока́жем, пока́жете, пока́жут

  (명령형) покажи́те

  동사 показа́ть 뒤에는 여격 형태가 뒤따라 온다.

- 동사 дава́ть / дать, сдава́ть / сдать, 변화

дава́ть(НСВ)	дать(СВ)	сдва́ть(СВ)	сдать(НСВ)
даю́	дам	сдаю́	сдам
даёшь	дашь	сдаёшь	сдашь
даёт	даст	сдаёт	сдаст
даём	дади́м	сдаём	сдади́м
даёте	дади́те	сдаёте	сдади́те
даю́т	даду́т	сдаю́т	сдаду́т

- 전치사 по+여격은 '씩(할당)' 을 나타낸다.

  Дава́й, по де́сяти рубля́м с ка́ждого. (각 사람 당 10루블씩 내자.)

- 청유형 : дава́й(те)+СВ 1인칭 복수 또는 НСВ 동사원형

  Дава́й пойдём в теа́тр!   Дава́й идти́ в теа́тр!

- зайти́ в+대격

  Дава́й зайдём в магази́н. 상점에 들르자.

Упражнения

다음을 러시아어로 말해보세요.

01 외투를 보관실에 맡기자.
02 오페라 글라스와 프로그램 책자를 챙겨야 해.
03 배우들의 사진을 보자.
04 로비에 전시회가 있어.
05 잠깐 매점에 들르자.

Для тех, кто хочет знать больше

러시아의 박물관이나 화랑 등은 내국인, 외국인, 학생 요금을 나누어 받고 있다. 학생요금은 상대적으로 가격이 저렴하므로, 항상 학생증을 제시하도록 요구한다. 극장에 들어가기전 복도나 입구에는 광고판과 상연목록이 적힌 게시판이 있으므로 시간과 내용을 살펴보고 들어가는 것이 좋다. 사진 촬영 여부는 안내문을 참조하여 벌금을 무는 일이 없도록 한다. 박물관, 화랑, 묘지 등에서는 대부분 사진촬영료를 따로 받고 있다. 장소에 따라 사진 한 컷 당 가격을 요구하는 곳도 있고 자유롭게 찍고 싶은 만큼 찍을 수 있게 하는 곳도 있으므로 잘 알아보고 행동해야 한다.

цéны на фóто и вúдео съёмку 사진과 비디오 촬영 가격
съёмки на 5 кáдров 5장 촬영
Не фотографúровать 사진 촬영 금지
Нельзя́ со вспы́шкой 플래시 사용 금지
студéнческий билéт 학생증
афи́ша 음악회 광고판, 연극 프로그램.
вы́ставка 박람회
репертуáр 상연목록

- Мóжно фотографúровать? 사진을 찍어도 됩니까?
- Фотографúруйте. 사진을 찍으십시오.

Ответы Q.U.I.Z

01: Давáй сдади́м пальтó в гардерóб.
02: Нáдо взять бинóкль и прогрáмму.
03: Давáй посмóтрим фотогрáфии арти́стов.
04: В фойé есть вы́ставка.
05: Зайдём тóлько на минýтку в буфéт.

• Запомните!

Вопросы	Ответы
- Вам понра́вился э́тот спекта́кль? 공연이 마음에 드셨습니까?	- Да. 예. - Не о́чень. 별로였습니다.
- Что ты ду́маешь об э́том фи́льме? 이 영화에 대해서 어떻게 생각하십니까?	- Хоро́ший, замеча́тельный, интере́сный фильм. 아주 탁월하고 재미있는 영화였습니다.
- Ну, как тебе́ вы́ставка? Понра́вилась? 전시회가 어땠습니까? 마음에 드셨습니까?	- Не зна́ю, что и сказа́ть. 무슨 말을 해야 할지조차 모르겠습니다.
- Что вам понра́вилось бо́льше всего́? 무엇이 가장 마음에 드셨습니까?	- Бо́льше всего́ мне понра́вилась колле́кция стари́нных моне́т. 무엇보다도 옛날 화폐들을 수집해놓은 것이 마음에 들었습니다.

Ру́сская культу́ра | 이삭 성당(Исаа́киевский собо́р)

페테르부르크에 있는 이삭 성당은 1819년 착공되어 무려 40년에 걸쳐 완공된 거대한 규모의 성당으로 프랑스 건축가 몽페랑의 작품이다. 높이가 101.52m, 총 면적 1ha, 사원의 둥근 천장이 21.83m인 이 성당은 64~114톤에 이르는 72개의 거대한 원형의 돌들로 둘러싸여 있다. 112개의 기둥과 수많은 조각과 금을 입힌 쿠폴, 내부에는 남동광, 공작석, 반암, 회화, 모자이크, 청동으로 꾸며져 있다. 건축에 들어간 황금이 400kg, 공작석(малахи́т)이 16톤에 달하며, 이 작업에 참여했던 인부의 숫자만도 13,000여명에 이른다. 흔히 이삭 성당으로만 알려져 있지만, 공식 명칭은 Исаа́киевский собо́р로 비잔틴의 수도사였던 이삭키 달마츠키(Исаа́кий Далма́тский)의 이름에서 따왔다. 이삭키 달마츠키는 5월 30일에 태어났는데, 이 날은 마침 표트르 대제가 태어난 날이기도 했다. 표트르 대제는 이 성인을 기리기 위해 1710년 네바 강 부근의 해군성 옆에 이삭 성당을 나무로 건축하고 1717년에 돌로 쌓아 올렸다가 이내 허물어버린다. 허물기 전인 1712년, 이 성당에서 표트르와 예카테리나(후에 예카테리나 I 가 됨)의 결혼식이 치러지기도 했다. 그 후 무려 40년의 시간이 흐른 뒤에 지금의 이삭 성당이 완성될 수 있었다. 성당 내부의 수용인원은 12,000여명에 달하며, 원추형의 계단을 따라 천장까지 올라갈 수 있어서 도시를 한눈에 내려다볼 수 있다. 이삭 성당은 푸시킨과 고골, 레르몬토프, 투르게네프, 도스토옙스키의 작품 속에 자주 등장한다.

TEMA 11

프레오브라젠스카야 교회
(Преображенская церковь)

수즈달(Суздаль)의 목조건축박물관(Музей деревянного зодчества и крестьянского быта) 내 소재. 고대 건축양식은 못을 사용하지 않고 나무의 이음새만을 사용했다. 목조 장식과 계단이 돋보이는 이 교회는 신비로운 영감을 준다. 러시아 목조건물의 현관은 눈이 많이 쌓일 경우를 대비해 계단을 올라서서 들어가도록 높이 위치해있다.

라자렙스카야 교회와 안티피옙스카야 교회
(Лазаревская и Антипиевская церкви)

수즈달 소재. 1667년에 지은 라자렙스카야 교회(사진 오른쪽)는 수즈달의 외곽 건축양식에 있어 쿠폴 5개의 시대를 연 것이었다. 횡목에 타일을 최초로 사용하였으며 전면에서 보면 각기 다른 현관 양식을 취하고 있다. 1745년에 지은 안티피옙스카야 교회(왼쪽에서 두번째)는 가느다란 바라반에 쿠폴이 하나 얹혀있는, 수즈달의 전형적인 '겨울' 교회 양식으로 옆의 화려한 종루에 가려져 거의 눈에 띄지 않으면서도 상당히 이채로운 조화를 이루고 있다.

성모마리아의 카잔 이콘 교회
(Церковь Казанской иконы Божией Матери)

모스크바 콜로멘스코예 소재. 1612년 폴란드 리투아니아의 간섭으로부터 벗어나게 된 것을 기념하기 위해 로마노프 왕조의 최초의 왕 미하일 표도로비치에 의해 구상되었지만, 그의 아들인 알렉세이 미하일로비치 치세 때인 1653년, 왕세자 드미트리의 탄생에 맞춰 건축되었다. 정교회에서 파란색은 하늘의 정신을 불어넣어주고 성스러운 삶의 신비를 나타내며 비 실재적 세계의 환상을 보여주는 잔잔함과 평온함의 상징이다.

TEMA 11

안부 및 가족관계 묻기

31 어떻게 지내십니까?
32 가족이 어떻게 되십니까?

친분이 있는 사람을 만나면 안부를 묻는 것이 상례이다. 특히 한동안 못 보았을 경우에는 안부 인사와 더불어 최근 소식들을 주고 받는다.

처음 만났을 때 나이나 가족 관계 등에 대해서는 잘 묻지 않는 것이 예의이다. 개인 생활에 대한 질문이 상대를 불편하게 할 수도 있기 때문이다. 그래서 오랫동안 알고 지내는 사람의 나이를 모르는 경우도 많다. 혼인 여부 등도 직접적인 질문을 통해서보다는 상대가 스스로 해주는 자신의 주변 생활 이야기를 통해서 짐작하게 되는 경우가 많다. 그러나 상대방이 언급하는 가족이나 주변 사람들에 대한 나이는 비교적 자연스럽게 물을 수 있다.

마찬가지로 상대방의 수입이나 재산 상태 등을 묻는 것도 지나치게 사적인 것으로 간주되므로 삼가야 한다. 또한 상대방이 가지고 있는 물건에 대한 가격을 물을 때도 상황을 고려하면서 해야 하고, 이 경우에도 완곡한 표현을 사용하는 것이 좋다.

어떻게 지내십니까? Как дела?
까크 젤라

Урок 31

알고 지내는 사람을 만나면 가벼운 인사와 함께 최근 근황 등을 포함한 안부를 묻게 된다. 또한 다른 사람에게 안부를 전해달라는 주문을 할 때도 있다. 이와 같은 일상적 표현을 살펴본다.

🎧 Диалог

A : Добрый день, Нина Петровна! Как ваши дела?
　　도브리　젠　　니나　뻬뜨로브나　까크　바쉬　젤라

B : Спасибо, хорошо. А ваши?
　　스빠씨바　하라쇼　아 바쉬

A : Тоже нормально
　　또줴　나르말리너

A : Дима, привет! Что нового?
　　지마　쁘리베트　슈또　노버버

B : Ничего особенного. Всё по-прежнему. А у тебя?
　　니치버　아쏘벤너버　프쑈 빠 쁘레쥬네무　아 우 찌뱌

A : Всё в порядке. Как всегда. А как твоя мама?
　　프쑈 프 빠랴트께　까크 프씨그다 아 까크 뜨바야 마마

B : Спасибо, у неё всё нормально.
　　스빠씨바　우 네요 프쑈 나르말리너

A : Передай ей привет.
　　뻬레다이　예이 쁘리베트

🔵 Новые слова

дело 일　　　　　　　　　　　　всё 모든 것
нормально 보통으로, 정상적으로　　по-прежнему 예전처럼
что нового 뭔가 새로운 것　　　　мама 엄마
всегда 항상, 늘　　　　　　　　передай передать(СВ 전하다)의 2인칭 단수 명령형
ничто 없다　　　　　　　　　　большой 큰, 커다란
особенный 특별한　　　　　　　привет 안부

A : 좋은 날입니다. 니나 페트로브나! 어떻게 지내십니까?
B : 고맙습니다. 잘 지냅니다. 당신은요?
A : 저도 괜찮습니다.

A : 디마, 안녕! 새로운 소식이 있니?
B : 특별한 것이 없어. 모든 것이 예전 그대로야. 그런데 넌 어때?
A : 다 좋아. 늘 그렇듯이. 그런데 너의 엄마는 어떠시니?
B : 고마워. 엄마는 다 좋으셔.
A : 안부 전해드리렴.

● Грамматика

- Как (ва́ши) дела́? 또는 Как (у вас) дела́?는 '(하는) 일이 어떤지'를 묻는 질문으로 일상생활에서 안부를 물을 때 사용한다.
- 부사어는 대부분 형용사로부터 만들어진다. 부사어는 형용사를 수식하며, 상태나 기분을 나타낼 때에는 여격 주어와 함께 쓰인다.

интере́сн-ый(재미있는) 　интере́сн-о	жа́рк-ий(더운) 　жа́рк-о
молод-о́й(젊은) 　мо́лод-о	ре́дк-ий(드문) 　ре́дк-о
хоро́ш-ий(좋은) 　хорош-о́	плохо́й(나쁜) 　пло́х-о
больш-о́й(많은) 　мно́г-о	ма́леньк-ий(적은) 　ма́л-о
дорог-о́й(값이 비싼) 　до́рог-о	дешёв-ый(값이 싼) 　дёшев-о
счастли́в-ый(행복한) 　сча́стлив-о	пра́вильн-ый(옳은) 　пра́вильн-о
тру́дн-ый(어려운, 힘든) 　тру́дн-о	лёгк-ий(쉬운, 가벼운) 　легк-о́

예) 1) 동사의 수식
　　 Я немно́го говорю́ по-ру́сски. 나는 러시아어를 조금 한다.
　 2) 상태와 기분
　　 Мне оби́дно. 나는 화가 난다.

Упражнения

다음을 러시아어로 말해보세요.

01 어떻게 지내십니까?
02 고맙습니다, 잘 지냅니다.
03 새로운 소식이 있습니까?
04 특별한 소식이 없습니다.
05 어머니께 안부 전해주세요.

Для тех, кто хочет знать больше

Обраще́ния	Отве́тные ре́плики
- Как дела́? 하시는 일이 어떻습니까?	- Отли́чно. 아주 좋습니다.
- Как пожива́ете? 어떻게 지내십니까?	- Всё хорошо́. 모두 좋습니다.
- Каки́е но́вости? 새로운 소식이 있습니까?	- Ничего́. 별 일 없습니다.
- Как жизнь? 사는 게 어떠십니까?	- Ничего́ хоро́шего.
- Как ва́ше здоро́вье? 건강이 어떠십니까?	- Помале́ньку. 그럭저럭 지냅니다.
	- Так себе́. 그저 그렇습니다
	- Нева́жно.(= Пло́хо.) 별로입니다.
	- Ху́же не́куда. 더 이상 나쁠 수가 없습니다.
	- Переда́йте приве́т ва́шей жене́. 당신의 아내에게 안부 전해주십시오.
	- Переда́йте большо́й приве́т семье́. 가족들에게 심심한 안부를 전해주십시오.

01: Как дела́? 02: Спаси́бо, хорошо́. 03: Что но́вого?
04: Ничего́ осо́бенного. 05: Переда́йте ма́ме приве́т.

Запомните!

Вопросы	Ответы
- Как (ва́ши) дела́?	- Спаси́бо, хорошо́.
- Как (у вас) дела́?	- Спаси́бо, ничего́.
- Как вы пожива́ете?	

Ру́сская культу́ра

사모바르(самова́р)

러시아 문학책을 읽다 보면 '사모바르'라는 차 주전자가 자주 등장하는 것을 볼 수 있다. 사모바르는 차가 보급되면서 발달한 것으로, 문자 그대로 '자가 보일러'를 뜻하며, 진한 차액을 끓이는 작은 차 주전자와 뜨거운 물을 보관하는 두 부분으로 이루어져 있다. 연관식(煙管式) 보일러의 원리로 물을 끓이며, 위에서 물을 넣고 끓으면 바깥 아래쪽에 달려 있는 꼭지로 물을 따른다. 과거에는 숯, 솔방울, 장작, 석탄을 연료로 사용했는데, 요즘에는 전기나 가스를 사용하는 것이 대부분이다.

모양은 일정하지 않으나 대개 둥근 화병 모양을 한 것이 많다. 밑부분에 꼭지가 달려 있으며 대개 놋쇠로 만든다. 중심에 가열부가 있고 연통 위에 티포트 받침이 있는데, 가열부 주위가 수조(水槽)로 되어 있어 열효율이 뛰어나다. 전통적으로 사모바르로 물을 끓일 때에는 중심에 있는 수직의 통에 달군 숯을 넣어 가열한다. 차를 넣은 후 찻주전자를 '굴뚝' 위에 놓아 우려내는데, 보다 옅은 맛을 내기 위해서는 꼭지를 통해 찻잔에 물을 더 따라 붓는다.

18세기 중반 러시아인이 처음 개발한 사모바르는 현대에 오면서 하나의 예술품으로 평가 받게 되었다. 최초의 사모바르 공장은 금속 장인이던 이반 리시친(Ива́н Лисы́цин)이 툴라(Ту́ла)에 세운 것이었다. 19세기 후반에는 적동(赤銅), 황동, 청동, 은, 철과 툴라 産 강철 등의 재료를 써서 여러 형태의 제품을 생산했으며, 종류로는 커피를 끓일 때 사용하는 굴뚝이 없는 사모바르, 커피와 차를 끓일 수 있도록 2중으로 고안된 사모바르, 4각형의 몸체 가까이에서 손잡이와 받침 다리를 나사로 죄게 되어 있는 여행용 사모바르, 설탕그릇·컵·집게·스푼 등과 은제 사모바르가 1벌 있다. 손잡이, 물을 따르는 주둥이, 받침대 등에는 제조업자의 상표·기장·상징과 꽃·동물·식물 문양을 새겼다. 나중에 나온 것은 온도조절을 위해 등유 연료를 사용하도록 되어 있으며, 전기로 끓이는 것도 있다. 가열부는 보통 철제이고 외부는 은, 구리, 주석 등으로 만든다. 상류가정에서는 은제로 된 것을 선조 대대로 물려받아 사용하는데, 오늘날에는 골동품이나 예술품으로 취급되는 것이 많다. 일부 지역에서는 사모바르의 연기 통을 굴뚝에 연결하여 보조 난방 기능을 하기도 한다.

가족이 어떻게 되십니까? Какая у вас семья?
까까야 우 바쓰 씨미야

초면에 가족 관계 등을 묻는 것이 실례가 될 수 있으나, 적절한 상황에서 상대방의 가족에 대해서 묻는 것은 우호적인 관심의 표명이 될 수도 있고, 서로 친숙해지는 계기가 될 수도 있다. 가족관계를 묻는 보편적 표현을 살펴본다.

🎧 Диалог

A : Сергей Петрович, вы женаты?
　　세르게이 뻬뜨로비치 　 븨 쥐나띄

B : Да, я женат. У нас есть сын.
　　다 　 야 쥐나트 　 우 나쓰 예스찌 씬

A : Сколько вашему сыну лет?
　　스꼴까 　 　 바쉐무 　 　 씨누 레트

B : Ему семь лет.
　　예무 쎔 레트

A : А на кого он похож? На вас или на вашу жену?
　　아 나 까보 온 빠호쉬 　 나 바쓰 일리 나 바슈 쥐누

B : На меня.
　　나 미냐

A : Галя, твоя сестра замужем?
　　갈랴 　 뜨바야 씨스뜨라 자무쥄

B : Нет. Она не замужем, она живёт с родителями.
　　니예트 아나 니 자무쥄 　 아나 쥐뵤트 쓰 라지쪨랴미

A : Ваши родители ещё работают?
　　바쉬 라지쪨리 　 이쑈 라보따유트

B : Нет, они уже на пенсии.
　　니예트 아니 우쥐 나 뻰씨이

A : Какая у вас семья? Большая?
　　까까야 우 바쓰 씨미야 　 　 발샤야

B : Нет, у меня небольшая семья: жена и дочь.
　　니예트 우 미냐 니발샤야 　 　 씨미야 쥐나 이 도치

🔵 Новые слова

женатый 아내가 있는, 결혼한
жена 아내
сын 아들
дочь (ж.) 딸
сестра 여동생, 언니

родители (pl.) 부모님
лет 해, 년
ему 그에게(의 여격)
кого 누구를
похожий 닮은, 유사한 (전치사 на + 대격과 함께)

замужем 남편이 있다
пенсия 연금
семья 가족
небольшой 크지 않은

A : 세르게이 페트로비치, 결혼하셨습니까?
B : 예. 결혼했습니다. 우리는 아들이 있습니다.
A : 아들이 몇 살입니까?
B : 일곱 살입니다.
A : 누구를 닮았나요? 당신인가요 아니면 당신의 아내를 닮았나요?
B : 저를 닮았습니다.

A : 갈랴, 당신의 여동생이 결혼을 했습니까?
B : 아니오. 그녀는 결혼을 하지 않고 부모님과 함께 살고 있습니다.
A : 당신의 부모님들은 아직도 일을 하십니까?
B : 아니오. 그 분들은 이미 연금을 받고 계십니다.

A : 당신은 가족이 어떻게 되십니까? 대가족이십니까?
B : 아니오. 저희 가족은 식구가 많지 않습니다. 아내와 딸이 있습니다.

Грамматика

- 나이 표현 : 대상이 되는 사람은 여격으로 표현하고, 나이에 해당하는 수를 주격으로 표현한다. 이 때 год의 복수생격이 лет이라는 점을 주의해야 한다.
  - Ско́лько вам лет?
  - Мне | 21(два́дцать оди́н) год.
          | 23(два́дцать три) го́да.
          | 27(два́дцать семь) лет.

- 대상들 간의 유사성('닮은, 유사한, 비슷한')을 표현하기 위해 형용사 похо́жий(похо́ж)를 사용한다. 러시아어에서 성질 형용사는 장어미 형태와 단어미 형태를 갖는다. 장어미 형태는 수식적, 술어적으로 쓰이는 반면, 단어미 형태는 술어적으로만 쓰인다. 장어미 형태가 일반적이고 포괄적인 의미를 나타내는 데 비해 단어미 형태는 특정한 상태를 나타낸다. 단어미 형태는 장어미 형태에서 어미를 떼고 #, -а, -о, -ы를 붙여서 만든다.
  예) но́в-ый → нов, но́ва, но́во, но́вы
        похо́ж-ий → похо́ж, похо́жа, похо́же, похо́жи

Упражнения

가족 관계 퍼즐(кроссво́рд) – 글자겹침에 상관없이 칸수에 글자수만 맞추세요.

По горизонта́ли(가로 열쇠) :

02 Ребёнок-ма́льчик

05 Оте́ц мое́й ма́тери.

04 Муж мое́й ма́тери.

07 Жена́ моего́ отца́.

По вертика́ли(세로 열쇠) :

01 Ребёнок - де́вочка

03 Мать моего́ отца́

02 Дочь мои́х роди́телей

06 Родно́й брат мое́й ма́тери.

Для тех, кто хочет знать больше

- Вы жена́ты? 결혼하셨습니까?(남자에게)
- У меня́ нет жены́. 저는 아내가 없습니다.

- Вы за́мужем? 결혼하셨습니까?(여자에게)
- У меня́ нет му́жа. 저는 남편이 없습니다.

'결혼하다' 라는 뜻을 가진 동사는 남, 녀를 구분하여 사용한다.
(남자가) 결혼하다 жени́ться на + 전치격
- Он жени́лся на Ната́ше. 그는 나타샤와 결혼했다.

(여자가) 결혼하다 выходи́ть/вы́йти за́муж за + 대격
- Она́ вы́шла за́муж за Па́вла. 그녀는 파벨에게 시집갔다.

예외적인 복수명사
брат(형제) - бра́тья   друг(친구) - друзья́   сестра́(누이) - сёстры
челове́к(사람) - лю́ди   ребёнок(어린이) - де́ти

Отве́ты Q.U.I.Z 01: дочь 02: сын/сестра́ 03: ба́бушка 04: оте́ц 05: де́душка 06: дя́дя 07: мать

⦿ Запомните!

Вопро́сы	Отве́ты
- Вы жена́ты?	- Да, я жена́т. / Нет, не жена́т.
- Вы за́мужем?	- Да, я за́мужем. / Нет, не за́мужем.
- У вас есть брат(сестра́, сын, дочь)?	- Да, есть. - Нет, у меня́ нет бра́та(сестры́, сы́на, до́чери).
- На кого́ он похо́ж?	- Он похо́ж на отца́. / Он ко́пия отца́.

де́душка 할아버지   ба́бушка 할머니   дя́дя 아저씨, 삼촌   тётя 아주머니, 이모, 고모
внук 손자   вну́чка 손녀   свёкор 시아버지   свекро́вь (ж.) 시어머니
тесть 장인   тёща 장모   муж 남편   жена́ 아내
жени́х 약혼자, 신랑   неве́ста 약혼녀, 신부   зять 사위   неве́стка 며느리

Ру́сская культу́ра | 루즈니키 경기장 (стадио́н Лужники́)

이 경기장은 모스크바의 아름다운 장소 가운데 하나로, 명칭은 '초원(луг)'이라는 단어에서 유래했다. 예전에 이곳은 군주의 목초지(госуда́ревы луга́)가 펼쳐져 있었다. 이곳은 레닌 언덕을 형상화한 거대한 찻잔 모양을 하고 있다. 주변의 자연은 스포츠 도시를 위한 최적의 환경을 만들어주고 있다. 1955년에서 1956년에 이르는 시기 이곳에 레닌의 이름을 딴 스포츠 복합경기장이 건설되었다. 1980년 모스크바 올림픽의 메인 경기장이었다. 현재 145헥타르(지상과 주차장 180헥타르 포함)에 이르는 대지면적에 3만 5천명을 수용할 수 있으며, 140개의 각기 다른 경기장과 복합시설을 자랑한다. 매일 천여명의 인원들이 수영장과 헬스 시설을 이용하고 있으며, 해외 가수의 공연장으로도 활용되고 있다.

TEMA 12

쿠스코보의 저택박물관
(Музей-усадьба Кусково)

모스크바 소재. 크렘린 남동쪽 12km 지점에 위치한 쿠스코보 공원은 표트르 대제의 개혁을 실행한 세르메테프(Б. П. Шереметев) 가문의 여름 궁전 별장이 있던 곳이다. 1918년 소비에트 정부 소유의 박물관으로 용도가 변경된 이후 '18세기 시각 예술의 보고(건축, 회화, 가구)'로 통하고 있다.

알렉산드로 넵스카야 수도원
(Александро-Невская Лавра)

페테르부르크 소재. 1240년 노브고로드의 알렉산드르 공이 스웨덴과 전투를 벌인 곳에 세웠다. 1797년 페테르부르크의 정교회를 총괄하는 최고 수도원으로 승격했고 수도원 건물의 바깥 묘지에는 도스토옙스키, 차이콥스키 등이 잠들어 있다.

리조폴로젠스키 수도원의 성스러운 문
(Святые ворота Ризоположенского монастыря)

수즈달 소재. 수녀 예브프로시니야(Евфросиния)의 영적 체험으로 잘 알려진 리조폴로젠스키 수도원은 수즈달의 가장 높은 장소에 있다. 이 수도원은 세 개의 쿠폴로 이루어진 당시의 건축양식을 엄격하게 따르고 있다. 수도원에서 가장 흥미로운 것은 예식이 베풀어질 때 통과하던 텐트형 지붕의 정문이다. 1688년 수즈달의 장인이던 마민(И. Мамин), 슈마코프(А. Шмаков), 그랴즈노프(И. Грязнов)가 지은 것으로, 지붕 모서리가 꽃그림의 타일조각으로 장식되어 있는 점이 특이하다.

ТЕМА 12

초대하기

33 | 안톤과 통화하고 싶습니다.
34 | 우리 집에 놀러오렴.
35 | 이 시간이 괜찮은가요?

사람을 초대하고자 할 때는 직접 만나서 그 의사를 전할 수도 있지만, 그럴 수 없을 때는 전화, 우편, 이메일 등을 사용한다.

사람을 초청할 때는 우선 초청의 이유를 밝혀야 한다. 초청을 받아 오는 사람도 어떤 행사인지를 미리 알아야, 선물이나 의복 등을 그에 맞게 준비할 수 있기 때문이다. 러시아인들은 축제 차림에 민감하다. 극장에 갈 때뿐 아니라 명절이나 축하할 일이 있을 때, 심지어는 학교생활에서도 이러한 예의가 필요하다. 러시아 대학에서의 시험은 구두로 진행되기 때문에 선생님께 격식을 차리기 위해 갖추어진 옷차림을 하므로, 마치 축제 분위기를 연상시킨다.

러시아인들은 주로 전화를 통해 초대를 한다. 초청장을 보냈더라도 전화를 걸어 올 수 있는지를 확인하는 것이 좋다. 러시아 가정에 초대받았을 때는 꽃을 사가지고 가는 것이 기본이다. 이 때 꽃은 조화여서는 안 되며 개수는 홀수여야 한다. 짝수의 꽃과 조화는 죽은 사람에게만 바칠 수 있다. 값비싼 제품은 부담이 되므로 피하는 것이 좋고, 어린이가 있는 가정이라면 초콜릿이나 케이크, 인형, 완구 정도가 좋다. 가까운 사람이라면 그 사람의 취미나 관심사에 알맞은, 부담스럽지 않은 선물이 좋다.

안톤과 통화하고 싶습니다.
Позови́те, пожа́луйста, Анто́на.
빠자비쩨   빠좔루스따   안또나

일상생활에서도 전화통화를 하는 일이 자주 있다. 전화통화를 시작할 때 사용하는 표현을 중심으로 살펴본다. 통화하고 싶은 사람을 바꿔달라는 표현과 그에 대한 응답 표현도 함께 알아본다.

🎧 Диало́г

A : Алло́.
       알로

B : Да, я вас слу́шаю.
       다 야 바쓰 슬루샤유

A : Э́то говори́т Воло́дя. Позови́те, пожа́луйста, Анто́на.
       예따 가바리트   발로쟈   빠자비쩨   빠좔루스따   안또나

B : Мину́тку.
       미누트꾸

A : Алло́! Позови́те, пожа́луйста, Серге́я Миха́йловича.
       알로   빠자비쩨   빠좔루스따   세르게야   미하일로비차

B : Сейча́с он за́нят.
       씨차쓰 온 자냐트

A : А когда́ он освободи́тся?
       아 까그다 온 아쓰바바지짜

B : Мину́т че́рез два́дцать.
       미누트 체레쓰   드바짜찌

A : Спаси́бо, я перезвоню́.
       스빠씨바   야 뻬레즈바뉴

📀 Но́вые слова́

слу́шать (I , НСВ) 듣다
э́то говори́т 저는 ~입니다.(전화 대화 시)
позови́те 바꿔주십시오
мину́тку 잠깐만(=мину́ту)
за́нятый 바쁘다
освободи́ться (II , СВ) 한가해지다. 자유로워지다
че́рез ~를 지나(대격과 함께)
перезвони́ть (II , СВ) 다시 전화하다

A : 여보세요.

B : 예, 말씀하십시오. (직역하면, 듣고 있습니다.)

A : 발로쟈입니다. 안톤을 바꿔주세요.

B : 잠시만요.

A : 여보세요. 세르게이 미하일로비치를 바꿔주십시오.

B : 그는 지금 바쁩니다.

A : 그럼 그가 어제 한가해집니까?

B : 이십 분 정도 뒤에요.

A : 고맙습니다. 다시 전화드리겠습니다.

Грамматика

📝 Позови́те + 대격 (~를 바꿔주세요)

　　Позови́те, пожа́луйста, Анто́на.
　　　　　　　　　　　　Серге́я.
　　　　　　　　　　　　Пе́тю.
　　　　　　　　　　　　А́нну.
　　　　　　　　　　　　Со́ню.
　　　　　　　　　　　　дире́ктора.

📝 형용사 단어미

　　за́нят-ый (바쁜, 점유되어 있는) → за́нят, занята́, за́нято, за́няты

　　свобо́дн-ый (한가로운, 자유로운) → свобо́ден, свобо́дна, свобо́дно, свобо́дны

📝 освободи́ться (II) освобожу́сь, освободи́шься, освободи́тся, освободи́мся, освободи́тесь, освободя́тся

Упражнения

다음을 러시아어로 말해보세요.

01 안톤을 바꿔주세요.
02 안나를 바꿔주세요.
03 잠시만요.
04 그녀는 지금 바쁩니다.
05 삼십분 뒤에 다시 전화드리겠습니다.

Для тех, кто хочет знать больше

유용한 표현

- Вас беспокóит Лéна. 번거롭게 해드려 죄송합니다. 레나입니다.
- Это (говорит) Инна. 인나입니다.
- Он вернётся чéрез 10 минýт. 그는 10분 뒤에 돌아옵니다.
- Тебé звонил Миша. Сказáл, что позвонит в 6 часóв. 미샤가 너에게 전화했었어. 6시에 다시 전화하겠다고 말했어.
- Плóхо слышу. Говорите грóмче. 잘 들리지 않습니다. 크게 말씀해주세요.
- Вы ошиблись. 잘못 거셨습니다.
- Вы не тудá попáли. 잘못 거셨습니다.
- Вы непрáвильно набрáли нóмер. 번호를 잘못 누르셨습니다.
- Не отвечáет. 받지 않습니다.
- Зáнято. 통화 중입니다.
- Позвоните, пожáлуйста, попóзже. 좀 더 늦게 전화주십시오.

01: Позовите, пожáлуйста, Антóна.
02: Позовите, пожáлуйста, Áнну.
03: Минýтку.
04: Сейчáс онá занятá.
05: Я перезвоню чéрез тридцать минýт.

•Запомните!

Обращения	Ответные реплики
- Позовите, пожалуйста, Максима?	- Его сейчас нет. 지금 그가 없어요. - Он вышел. Что ему передать? 나갔어요. 뭐라고 전해드릴까요?
- Позовите, пожалуйста, Маргариту?	- Её нет. 그녀가 없습니다. - Нас разъединили.(Нас прервали.) 전화가 끊겼네요.
- Договорились. 동의한 겁니다. 약속한 겁니다. (전화대화 마무리 시)	Простите, я расслышал(-а). 죄송합니다만, 잘 못 알아들었습니다.

Русская культура

이반 대제의 종루
(Колокольня Ивана Великого)

크렘린의 사보르나야 광장(соборная площадь) 중앙에는 높이 100m 높이의 종루가 세워져 있다. 1505~1508년 이반 대제의 명에 따라 이탈리아 건축가 본 프랴진(Бон Фрязин)이 당시 모스크바의 정중앙에 해당하는 장소에 흰색 돌로 세운 것을 1534~1543년에 8면체의 종루로 완성하였다. 종루 꼭대기의 3층 돔과 쿠폴은 보리스 고두노프 시대인 1600년에 완공되었다. 이반 대제 당시 모스크바의 가장 높은 건물(81m)로 21개의 크고 작은 종들이 조화를 이루는 소리가 25~30km까지 전달되어 도시의 화재나 외적의 침입 등을 감시하던 파수대의 통신 시설을 대신해주었고, 국경일과 축하 행사가 있을 때에도 타종을 하였다. 나폴레옹이 모스크바에서 퇴각하면서 이 종루를 파괴하라는 명령을 내렸지만 아직까지도 건재하고 있다.

우리 집에 놀러오렴. Приходи ко мне в гости.
쁘리하지 까 므녜 브 고스찌

사람을 초대하고 싶을 때에는 보통 시간이 있는지를 묻고, 상황이 되면 초대하겠다는 말을 한다. 이 경우 상대방이 상황을 이해할 수 있도록 어디로 어떤 자리에 초대하는지를 밝혀야 한다. 이때 사용할 수 있는 기본표현을 살펴본다.

🎧 Диалог

A : Алло́. Здра́вствуй, Ива́н!
알로 즈드라스뜨부이 이반

B : Э́то ты, Та́ня! Приве́т, как дела́?
에따 띄 따냐 쁘리베트 까크 젤라

A : Спаси́бо, хорошо́. Я хочу́ пригласи́ть тебя́ на свой день рожде́ния.
스빠씨바 하라쇼 야 하추 쁘리글라씨찌 찌뱌 나 스보이 젠 라쥬제니야
Приходи́, пожа́луйста.
쁘리하지 빠좔루스따

B : День рожде́ния? Ведь у тебя́ день рожде́ния за́втра.
젠 라쥬제니야 베찌 우 찌뱌 젠 라쥬제니야 자프뜨라

A : Да, да, за́втра. Приходи́ ко мне в го́сти ве́чером. Придёшь?
다 다 자프뜨라 쁘리하지 까 므녜 브 고스찌 베체람 쁘리죠쉬

B : Спаси́бо за приглаше́ние. Обяза́тельно приду́.
스빠씨바 자 쁘리글라셰니예 아뱌자쩰리너 쁘리두

A : Ты по́мнишь, сего́дня у А́нны день рожде́ния.
띄 뽐니쉬 씨보드냐 우 안니 젠 라쥬제니야

B : Коне́чно, по́мню. Что ей подари́ть?
까녜슈너 뽐뉴 슈또 예이 빠다리찌

A : По-мо́ему лу́чше всего́ музыка́льный диск. Она́ о́чень лю́бит му́зыку.
빠 모예무 루치셰 프씨보 무직깔리늬 지스크 아나 오친 류비트 무직꾸

⭕ Но́вые слова́

пригласи́ть(Ⅱ, СВ) 초대하다
день (м.) 날
рожде́ние 탄생
прийти́(Ⅰ, СВ)/приходи́ть
　(Ⅱ, НСВ) 오다, 도착하다
ко мне 나에게로(우리집으로)
гость (м.) 손님

идти́ в го́сти 방문하다
ве́чером 저녁에
приглаше́ние 초대
по́мнить(Ⅱ, НСВ) 기억하다
подари́ть(Ⅱ, СВ) 선물하다
ей 그녀에게(она́의 여격)
по-мо́ему 내 생각에는

музыка́льный 음악의
диск 디스크
люби́ть(Ⅱ, НСВ) 좋아하다
му́зыка 음악
ведь 바로, ~이 아닌가
свой 자기의

A : 여보세요. 안녕, 이반!
B : 타냐, 너니? 안녕, 어떻게 지내?
A : 고마워, 잘 지내. 내 생일에 너를 초대하고 싶어. 와 주렴
B : 생일이라고? 네 생일은 내일이잖아.
A : 그래, 맞아. 내일이야. 저녁에 우리집으로 오렴. 올 수 있니?
B : 초대해줘 고마워. 꼭 갈게.

A : 오늘이 안나의 생일인 것을 기억하니?
B : 물론이지. 그 애에게 무엇을 선물하며 좋겠니? 책이 어떨까?
A : 내 생각엔 음반이 가장 좋을 것 같아. 그 애는 음악을 아주 좋아하거든.

◉• Грамматика

приглашáть когó?(대격) пригласи́ть	гостéй друзéй кудá?(в, на + 대격) знакóмых
- Я хочý пригласи́ть тебя́ на у́жин. (나는 널 저녁식사에 초대하고 싶어)	
дари́ть что?(대격) подари́ть	подáрок комý(여격)
- Я подари́ла сýмку Óльге. (나는 올가에게 가방을 선물했다.)	
приходи́ть кудá?(в, на + 대격) прийти́	в гóсти на прáздник
- Приходи́те к нам в гóсти. (우리집에 놀러 오세요.)	
поздравля́ть с чем?(с + 조격) поздрáвить	с днём рождéния с Нóвым гóдом с Рождествóм
- Поздрявля́ем тебя́ с днём рождéния. (생일을 축하해.)	
отмечáть что?(대격) отмéтить	Рождествó Пáсху
- Мы отмéтили Рождествó дóма. (우리는 집에서 성탄절을 기념했다.)	

● Упражнения

다음을 러시아어로 말해보세요.

01 내 생일에 너를 초대하고 싶어.
02 내일 저녁 우리집에 놀러오세요.
03 초대해줘 고마워.
04 그에게 무엇을 선물할까?
05 그녀는 인형(ку́кла)을 좋아해.

● Для тех, кто хочет знать больше

 축하의 인사말과 카드 내용

> Дорога́я Све́та!
> Серде́чно поздравля́ю тебя́ с днём рожде́ния. Жела́ю тебе́ большо́го сча́стья!
> 소중한 스베타, 진심으로 너의 생일을 축하하고 큰 행복을 기원해.
> 　　　　　С наилу́чшими пожела́ниями! Мари́на. 진심으로 기원하며, 마리나.

> Уважа́емый Влади́мир Гена́диевич!
> Поздравля́ю Вас с пра́здником! Жела́ю Вам успе́хов в рабо́те и сча́стья в жи́зни.
> 존경하는 블라디미르 겐나디예비치,
> 명절을 축하드립니다. 하시는 일이 잘 되시고 행복하시길 빕니다.
> 　　　　　С уваже́нием, Алекса́ндр. 존경하는 마음을 담아, 알렉산드르.

감사의 표현

Спаси́бо за ва́ше внима́ние. 신경 써 주셔서 감사합니다.
Спаси́бо за по́мощь. 도와주셔서 감사합니다.
Спаси́бо за сове́т. 조언해주셔서 감사합니다.

01: Я хочу́ пригласи́ть тебя́ на мой день рожде́ния.
02: Приходи́те ко мне в го́сти за́втра ве́чером.
03: Спаси́бо за приглаше́ние.
04: Что ему́ подари́ть?
05: Она́ о́чень лю́бит ку́клу.

◉ Запомните!

Поздравления	Пожелания
Поздравляю тебя! 축하해	Желаю вам успехов! 좋은 결과를 빕니다.
С Новым годом! 새해를 축하합니다.	счастья! 행복을 빕니다.
С днём рождения! 생일을 축하합니다.	здоровья! 건강을 빕니다.
С праздником! 명절을 축하합니다	удачи! 성공을 빕니다.

Русская культура

크렘린의 사보르나야 광장
(Соборная площадь Кремля)-1

크렘린 안에는 우스펜스키(Успенский), 아르한겔스키(Архангельский), 블라고베센스키(Благовещенский) 등 여러 사원(собор)들로 이루어진 광장이 있다. 광장 안에는 사원뿐 아니라 이반 대제의 종루 등 역사적으로 유명한 문화 유적들이 많다. 광장 안의 건축들은 몽골의 압제에서 벗어나 처음으로 자신을 차르라고 칭한 이반 3세 이루어진 건축물들이 많다. 몽골에 의해 불탄 목조건물 대신, 15세기 모스크바에는 이탈리아 건축가들이 세운 하얀 석조 건물들이 늘어나기 시작한다. 이반 3세 이후 바실리 3세 시대에 필로페이에 의해 '모스크바 제3로마' 설이 대두되면서 민족적 자긍심이 한층 고취되었고, 예루살렘, 콘스탄티노플, 로마에 버금가는 역사적 도시, 중앙집권화되는 러시아로의 성장 계기가 마련되었다.

우스펜스키 사원(Успенский собор, 성모승천 사원)은 이반 3세의 명에 의해 이탈리아 건축가 아리스토텔 피오라반티(Аристотел Фиораванти)가 짓기 시작하여 1585년 완성되었다. 이 사원은 15세기 건축의 기념비이자 고대 루시의 중요 사원이며, 국교 사원으로 지정되어 차르(царь)의 대관식이 치러지기도 했다. 다섯 개의 쿠폴은 비례가 정확하고 엄밀하며, 사원 안으로 들어서면 높은 아치와 정교의 양식을 벗어난 궁정의 홀 같은 독특한 공간, 빛과 공기의 풍부함을 느낄 수 있다. 피오라반티는 다섯개의 쿠폴과 정문만 러시아건축에서 빌어오고 나머지는 전형적인 정교의 건축양식을 탈피하여 만들었다. 사원의 벽과 지붕은 이콘화로 장식되어 있는데, 그 중에서 12세기의 성 게오르기상과 13~14세기의 삼위일체상이 유명하다. 현재는 많은 성상들이 훼손되고 마모되어 17세기에 복원한 것들만이 남아있다. 이곳의 이콘을 그린 화가의 수만 해도 무려 천 여 명에 달한다. 벽화, 성상화, 목재건축물, 보석으로 된 장식도구, 자수용품들이 멋스러움을 더하고 있다. 서쪽을 향한 제단 위에는 대주교의 좌석이, 중앙 오른쪽에는 총주교 좌석이, 왼쪽에는 목공 조각의 걸작인 이반 대제의 옥좌가 자리하고 있다. 러시아 정교는 서서 예배를 드리지만, 황제의 경우는 예외라 하여 옥좌를 놓아 앉아서 예배드리도록 했다고 한다. 그 외에 나폴레옹이 퇴각할 때 훔친 300kg의 금과 은을 되찾아서 만든 은 샹들리에와, 검은색 도료를 입힌 동판 위에 금으로 새긴 성서의 20장면이 있다.

이 시간이 괜찮은가요? Вам это удобно?
밤 에따 우도브너

35 Урок

약속이나 초대를 할 때는 시간을 정해야 한다. 이럴 때 상대방이 언제 시간이 가능한지를 물어야 한다. 이럴 때 사용하는 표현을 살펴본다.

🎧 Диалог

A: Здравствуйте, Алексей Фёдорович! Как вы поживаете?
즈드라스뜨부이쩨 알렉세이 표도로비치 까크 비 빠쥐바예쩨

B: Спасибо, ничего. Завтра у нас новоселье.
스빠씨바 니치보 자프뜨라 우 나스 나바쎌리예

A: О-о-о-о! Поздравляю.
오 오 오 오 빠즈드라블랴유

B: Я хотел бы пригласить вас. Сможете прийти?
야 하쪨 비 쁘리글라씨찌 바쓰 스모줴쩨 쁘리찌

Буду очень рад, если вы придёте.
부두 오친 라트 예슬리 비 쁘리죠쩨

A: Я с удовольствием приду.
야 쓰 우다볼스트비옘 쁘리두

B: Гости будут в пять. Вам это удобно?
고스찌 부두트 프 빠찌 밤 에따 우도브너

A: Да. Спасибо за приглашение. Всего хорошего.
다 스빠씨바 자 쁘리글라쉐니예 프씨버 하로쉐버

B: Буду ждать вас. До завтра.
부두 쥬다찌 바쓰 다 자프뜨라

🔵 Новые слова

поживать (Ⅰ, НСВ) 지내다, 날을 보내다
новоселье 집들이
смочь (Ⅰ, СВ) ~할 수 있다, 가능하게 되다
рад 기쁘다
приглашение 초대

поздравлять (Ⅰ, НСВ) 축하하다
если 만일 ~라면
удобный 알맞은, 편리한
ждать (Ⅰ, НСВ) 기다리다

A : 안녕하세요. 알렉세이 표도로비치. 어떻게 지내십니까?

B : 고맙습니다. 별일 없습니다. 내일 제가 집들이를 합니다.

A : 와! 축하드려요.

B : 당신을 초대하고 싶은데, 오실 수 있으십니까? 오신다면, 더없이 기쁘겠습니다.

A : 기꺼이 가겠습니다.

B : 초대한 손님들이 5시에 올 것입니다. 이 시간이 괜찮으십니까?

A : 예. 초대해주셔서 감사합니다. 안녕히 계십시오.

B : 기다리고 있겠습니다. 내일 뵙겠습니다.

● Грамматика

동사 ждать의 인칭변화

жду, ждёшь, ждёт, ждём, ждёте, ждут

동사 ждать는 구체적인 대상을 기다릴 때는 대격과 결합하고, 불특정한 대상을 의미할 때는 생격 명사와 결합한다.

Я жду мою́ подру́гу. 여자 친구를 기다리고 있습니다. (구체적 대상)

Конце́ртов Ри́хтера ждут повсю́ду, во всех стра́нах ми́ра. 세계의 모든 나라에서 리히터의 콘서트를 기다리고 있다. (막연한 바람)

приглаша́ть/пригласи́ть + 명사의 대격 + куда́(в, на + 대격)

Мы приглаша́ем Вас на рабо́ту. 일자리에 여러분을 초대합니다. (구인광고)

Я приглаша́ю тебя́ на день рожде́ния. 너를 내 생일에 초대하려고 해.

смочь + инф.

За́втра я не смогу́ пойти́ в кино́. 나는 내일 영화관에 갈 수가 없습니다.

형용사 단어미

рад, ра́да, ра́ды는 장어미 형태가 없이 단어미만 있는 형용사임.

стро́г-ий(엄격한) → строг, строга́, стро́го, стро́ги

тала́нтлив-ый(재능있는) → тала́нтлив, тала́нтлива, тала́нтливо, тала́нтливы

че́стн-ый(정직한, 성실한) → че́стен, честна́, че́стно, че́стны

Упражнения

다음을 러시아어로 말해보세요.

01 이 시간이 괜찮으십니까?
02 기다리고 있겠습니다.
03 오실 수 있으시겠습니까?
04 오신다면 기쁘겠습니다.
05 기꺼이 가겠습니다.

Для тех, кто хочет знать больше

🖋 초대에 응할 수 없을 때 :
- Вы придёте? 오실 수 있습니까?
- К сожалению, не могу. Может быть, как-нибудь в другой раз.
안타깝지만, 안 되겠네요. 다음 번에는 어떻게든 가보도록 하겠습니다.

🖋 идти, ехать, ходить, ездить와 같은 이동 동사들은 접두어를 붙여 완료상 동사로 만들 수 있다. 접두어가 붙으면 동사의 원래 뜻에 어휘적 의미가 첨가되고 행위의 완료를 나타내는 완료상 동사가 된다. 완료상 동사들은 과거와 미래 시제만 표현할 수 있으며, 완료상 동사의 인칭변화는 미래를 나타낸다. 접두어가 가진 보충적 의미는 다음과 같다.

в- (안으로의 움직임), вы-(밖으로의 움직임), по-(출발, 시작), при-(도착), за-(행위의 시작, 옆길로 빠짐), у-(떠남), до-(어느 지점까지의 수행), пере-(이동), про-(통과), от-(비켜섬, 물러섬), под-(접근), с-(하강, 내려옴), раз-(흩어짐, 나눔)을 뜻한다. 동사변화는 идти를 변화시킨 다음, 앞에 접두어만 붙이면 된다.

예) иду, идёшь : во-йду, во-йдёшь

войти 들어가다	выйти 나가다	пойти 출발하다	прийти 도착하다	уйти 떠나다
отойти 비키다	дойти 다다르다	перейти 이동하다	зайти 들르다	пройти 통과하다
подойти 접근하다	сойти 내려오다	разойтись 헤어지다		

01: Вам это удобно? 02: Жду вас. 03: Сможете прийти?
04: Буду очень рад, если вы придёте. 05: Я с удовольствием приду.

⦿ Запомните!

🖊 손님 맞이 시 유용한 표현 :

Приходи́те к нам в го́сти. 우리집에 놀러오십시오.

Заходи́те к нам. 우리집에 들르십시오.

Проходи́те, пожа́луйста, в ко́мнату. 방으로 들어오십시오.

Сади́тесь, пожа́луйста. 앉으십시오.

Чу́вствуйте себя́ как до́ма. 집에서처럼 편하게 있으십시오.

На здоро́вье! 마음껏 드십시오.

Русская культура

크렘린의 사보르나야 광장
(Собо́рная пло́щадь Кремля́)-2

블라고베쎈스키 사원(Благове́щенский, 성모수태고지 사원)은 황실의 가족과 자녀들이 예배를 드리던 곳으로 이반 3세의 명령에 따라 1484~1489년에 걸쳐 세워졌다. 모스크바와 프스코프의 명장들이 세운 이 사원은 규모는 작지만, 페오판 그렉(Феофа́н Грек)과 안드레이 루블료프(Андре́й Рублёв)의 프레스코화와 이콘화 등으로 유명하며, 그리스의 철학자 아리스토텔레스, 플라톤과 모스크바 대공들의 초상화가 주랑 기둥 벽에 장식되어 있다. 1547년의 대화재로 전소되었다가 이반 대제 때 현재의 모습으로 복원되었다. 1508년 페오도시(Феодо́сий)가 그린 작품은 몇 번이나 덧칠해졌다가 1947년에 복원되었다.

아르한겔스키 사원(Арха́нгельский собо́р, 대천사 미하일 사원)은 이탈리아 건축가인 알레비즈 노비(Але́виз Но́вый)에 의해 지어졌고 다른 건축들과 달리 이탈리아 르네상스 건축양식의 영향을 가장 많이 받았다. 사원의 외부 벽면은 2층으로 나뉘어져 당대 이탈리아 르네상스의 유행하던 기둥양식으로 지어졌고, 서쪽 정문에는 러시아정교 건축에서 최초로 이층에 발코니가 만들어지고 둥근 모양의 창이 뚫렸다. 이러한 건축양식은 이후 러시아 전역에 큰 영향을 미쳤다. 아르한겔스키 사원은 역대 귀족의 시체 안치소로 이용되었고 사원 내에는 모두 48개의 관이 놓여있다. 이중에는 드미트리 돈스코이, 이반 3세, 그리고 이반 대제와 그의 아들 이반의 묘와 표트르의 관이 있으며 가장 오래된 것은 1340년에 죽은 이반 칼리타의 것이다. 이반 대제의 머리는 인류학자 미하일 게라시모프(Михаи́л Гера́симов)에 의해 두개골 형태에 플라스틱으로 살을 붙인 모습으로 복원되어 있다. 하얀 벽돌의 관은 1903년 동과 유리로 만들어진 관으로 덮어지게 되었다. 그 밖에도 안드레이 루블료프의 작품인 대천사 미하일(арха́нгел Михаи́л)을 볼 수 있으며, 60명의 귀족들의 초상화와 전쟁과 관련된 사건과 러시아 성립 과정의 내용이 그려있다.

ТЕМА 13

알렉산드로 넵스키 사원
(Александро-Невский собор)

니즈니 노브고로드(Нижний Новгород) 소재. 모스크바 북서부 530km 거리에 있는 중세와 현대의 결합체의 도시인 노브고로드의 대표적 사원 중 하나이다. 사원은 역이 있는 신시가지와 오카 강을 왼쪽에 끼고 있으며, 그 윗편으로는 볼가강이 흐르고 오른쪽으로는 성채를 마주하고 있다.

보고야블렌스키 교회의 종탑
(Колокольня Богоявленской церкви)

카잔 소재. '볼가 지역의 진주', '러시아의 로마'로 통하는 카잔의 중심에 위치해 있으며, 옆으로는 녹색의 카잔 호텔이 위치하고 있다.

성채의 군부대 시설
(Батальон Кремля)

니즈니 노브고로드 소재. 864년 최초의 성채(Кремль)가 노르만 공인 유리니프에 의해 볼보프 강변 작은 언덕에 건축된다. 이 성채는 무려 1385m에 이른다. 이곳은 경찰들과 무명 용사의 묘, 꺼지지 않는 불을 지키는 군사들이 머무는 곳이다. 지붕의 윗부분에는 니즈니 노브고로드의 상징인 사슴 문양이 달려 있다.

ТЕМА 13

식당 및 카페에서

36 | 예약 인원수는?
37 | 빈 자리입니까?
38 | 메뉴판을 갖다 주십시오.
39 | 음료
40 | 계산해 주십시오.

여행 중에 가장 자주 반복되면서 흥미롭게 즐길 수 있는 일 중의 하나가 음식점에 들어가 식사하는 것이다. 특별한 식당에서 좋은 음식과 분위기를 즐기고 싶을 때에는 미리 예약을 하는 것이 좋다.

비스트로(Бистро) 등과 같은 간이식당에서는 저렴한 가격으로 많은 사람들이 즐기는 음식을 맛볼 수 있다. 일반식당에 들어서면 종업원이 자리로 안내해주면서 우선 차림표를 건네준다. 이와 동시에 우선 마실 음료수를 주문하겠냐는 질문을 받게 된다. 러시아에서는 물도 별도로 주문해야 하며, 맥주나 주스도 많이 시키는 음료수이다.

차림표에는 보통 코스 당 제공되는 음식 순으로 나와있고, 해당 레스토랑에서 추천하는 요리인 'фи́рменное блю́до'가 제시되어 있다. 그러나 스스로 음식을 고르기가 힘들 때에는 종업원에게 추천을 요청할 수도 있다.

식사가 끝나면 종업원이 다가와서 식사를 잘 했는지 묻고 후식은 어떻게 하겠냐는 질문을 한다. 러시아인들이 즐겨 찾는 후식으로는 아이스크림이나 잼을 곁들이거나 레몬을 넣은 홍차등이 있다.

계산은 종업원에게 계산서를 요청한 뒤 식사한 테이블에 한다. 러시아는 다른 서양과 달리 팁을 주는 기준이 정해져 있지 않다. 외국계 레스토랑이나 합작 레스토랑에서는 계산서에 이미 팁이 포함되어 있으며, 계산서나 메뉴 판에 지불한 돈을 넣은 다음, 미리 고맙다는 인사를 하면 잔돈을 팁으로 주겠다는 의사표현이 된다. 그렇지 않을 경우, 20~30루블 정도의 작은 액수로 성의표시를 할 수 있고, 고가의 레스토랑이 아니라면 굳이 주지 않아도 된다.

입 에 서 톡(talk) 러 시 아 어

예약 인원수는? На сколько человк?
나 스꼴까 첼라벡

Урок 36

식당에 가기 전에 미리 자리를 예약할 수 있으면 편리할 때가 있다. 이 경우에는 전화 또는 방문해서 예약 의사를 표명하고, 시간과 인원을 말해야 한다. 또 원하는 자리를 말할 수 있으면 더욱 좋을 것이다. 여기에 필요한 러시아어 표현을 살펴본다.

🎧 Диалог

A : У вас мо́жно заказа́ть обе́д?
우 바쓰 모쥬너 자까자찌 아베트

B : Коне́чно, пожа́луйста. На ско́лько челове́к?
까녜슈너 빠좔루스따 나 스꼴까 첼라벡

A : На четы́ре челове́ка.
나 체띄레 첼라베까

B : На како́е число́?
나 까꼬예 치슬로

A : На послеза́втра... Э́то бу́дет шестна́дцатое.
나 뻐슬레자프뜨라 에따 부지트 쉐스나짜떠예

B : В како́е вре́мя вы хоте́ли бы?
프 까꼬예 브레먀 븨 하쩰리 븨

A : В час дня. Кста́ти, я хочу́ сто́лик у окна́.
프 차쓰 드냐 끄스따찌 야 하추 스똘릭 우 아끄나

B : Хорошо́. Ждём вас послеза́втра.
하라쇼 즈죰 바쓰 뻐슬레자프뜨라

○• Новые слова

обе́д 식사, 점심
челове́к 사람
число́ 숫자, 일자
послеза́втра 내일 모레

кста́ти 때마침
сто́лик 식탁, (식당의) 테이블
у ~옆에, ~부근에(생격과 함께)
окно́ 창문

178 | EBS

A : 점심 예약을 할 수 있습니까?
B : 물론입니다. 몇 명이십니까?
A : 네 명입니다.
B : 어느 날짜에 원하십니까?
A : 내일 모레니까... 16일이 되겠네요.
B : 어느 시간에 하시겠습니까?
A : 낮 한 시입니다. 참, 창가쪽 자리를 원합니다.
B : 알겠습니다. 내일 모레 기다리고 있겠습니다.

Грамматика

✐ 전치사 на가 대격과 결합하여 사용될 때에는 용량이나 범위의 한계, 분할을 나타낸다.

- На скóлько человéк?
  1 человéк
  2, 3, 4 человéка
  5~20 человéк(복수 생격 형태가 단수 주격과 동일)

✐ - Какóе сегóдня числó?
  - Двадцáть четвёртое октября́.

수사(1-10까지는 13과 참고, 11-12는 27과 참조.)

13 тринáдцатый   14 четы́рнадцатый   15 пятнáдцатый
16 шестнáдцатый   17 семнáдцатый   18 восемьнáдцатый
19 девятнáдцатый 20 двáдцатый   21 двáдцать пéрвый
30 тридцáтый   31 три́дцать пéрвый

cf) - Какóй сегóдня день? 무슨 요일입니까?
   - Сегóдня суббóта. 토요일입니다.

✐ 희망이나 바람을 나타내는 소사 бы는 동사의 과거형과 결합하여 정중함을 나타낸다.

✐ у + 생격(~의 옆에, ~의 부근에)
  동작이 일어나는 장소를 나타내거나 사물의 위치를 나타낼 때 사용한다.
  Стол стои́т у окнá. 책상은 창 가에 있다.

Упражнения

다음을 러시아어로 말해보세요.

01 점심 예약을 할 수 있습니까?
02 몇 분이십니까?
03 어느 날짜에 원하십니까?
04 어느 시간에 하시겠습니까?
05 저는 창가 쪽 자리를 원합니다.

Для тех, кто хочет знать больше

🖊 시간 표현

그제 позавчера́   어제 вчера́   오늘 сего́дня
내일 за́втра   모레 послеза́втра

🖊 전화 예약시 식사 값을 언제 지불해야 하는 지 물어볼 수 있다. 그럴 경우에는 다음의 표현을 사용한다.
- Когда́ я до́лжен заплати́ть за обе́д? 식사비는 언제 지불해야 합니까?
- В день обе́да, за полчаса́ до нача́ла обе́да.
  식사하시는 당일, 식사 시작 30분 전에 해주시면 됩니다.

🖊 вид(경치, 조망)를 사용해서도 원하는 자리를 표현할 수 있다.
  сто́лик с ви́дом на о́зеро 호수가 보이는 테이블
  сто́лик с ви́дом на ре́ку 강이 보이는 테이블
  сто́лик с ви́дом на мо́ре 바다가 보이는 테이블
  сто́лик с ви́дом на у́лицу 거리가 보이는 테이블

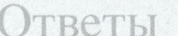

01: У вас мо́жно заказа́ть обе́д? 02: На ско́лько челове́к?
03: На како́е число́? 04: Како́е вре́мя вы хоте́ли бы?
05: Я хочу́ сто́лик у окна́?

⊙ Запомните!

러시아인들은 영어의 A.M. 이나 P.M.이란 표현을 사용하지 않는다. 라디오나 TV 프로그램, 극장 공연, 기차와 비행기 시간표 및 공식적인 시간은 24시간을 기준으로 표시하고 있다. 일상 생활에서는 12시간을 기준으로 하며, 명확하게 하기 위해서 때를 나타내는 у́тро, день, ве́чер, ночь의 생격 표현을 사용한다.

5 часо́в у́тра (아침 5시)
7 часо́в ве́чера (저녁 7시)
в пе́рвой полови́не дня 오전

3 часа́ дня (낮 3시)
2 часа́ но́чи (밤 2시)
во второ́й полови́не дня 오후

Русская культура

마슬레니차(Ма́сленица)와 블린(блины́)

러시아 간이 식당에서 가장 값싸고 먹을 수 있는 음식은 블린(блины́)이다. 얇은 팬케이크인 블린은 꿀에 찍어 먹거나 속에 다양한 소를 넣어 먹는 것이다. 안에 소가 들어간 것은 블린치키(бли́нчики)라고 부르며, 파이처럼 돌돌 말은 형태이다. 블린 가운데서 가장 비싼 것은 캐비어(икра́)가 든 것으로, 블린의 달콤한 맛과 캐비어의 짭짤한 맛이 잘 어우러져 있다. 이처럼 길에서 쉽게 먹을 수 있는 블린이지만, 이것은 단순한 먹거리라기보다는 민간신앙과 종교적 의미가 가득 담겨있는 상징이기도 하며, 오늘날에는 러시아의 민족적 자존심을 드러내는 음식이기도 하다.

988년 정교를 수용하기 전까지 러시아는 다양한 민간신앙이 존재하는 나라였다. 정교 수용 이후, 민간신앙은 러시아인들의 생활양식에 변형되어 나타나면서 이중 신앙 체계를 형성하게 된다. 마슬레니차(Ма́сленица)은 원래 겨울이 지나는 것을 기념하는 고대 이교도의 축제일이던 것이, 러시아가 기독교를 도입한 후에는 러시아 정교회의 교회 명절로 수용되었다. 마슬레니차 기간에는 겨울과 죽음의 상징인 '추칠라'라고 하는 짚인형을 만들어 산 위에서 썰매에 태운 다음 아래로 미끄러뜨리고, 이 짚 인형을 불에 태운 다음, 재를 강에 뿌려 액운을 쫓아버리는 순서로 일주일간 진행된다.

이 기간에는 해를 상징하는 블린을 만들어 기름(또는 버터 ма́сло)에 듬뿍 발라 먹는다. 마슬레니차(Ма́сленица)는 바로 이 기름에서 유래한 단어이다. 둥근 모양의 블린은 뜨겁고 아름다운 태양, 좋은 날, 풍작, 화목, 건강한 아이들을 상징한다. 사람들은 태양을 자신들의 손바닥 위에서 직접 만지고 뛰놀게 하고 싶어했다. 이것이 블린을 통해 구현되면서 태양을 잡아 뜯고 꿀꺽 삼키면서 봄의 생명력을 얻는 것이었다. 오늘날에도 대도시에서는 추칠라의 화형 같은 의식은 찾아볼 수 없지만, 여전히 블린을 통해 봄맞이 축제의 열기를 만나볼 수 있다.

현대에 들어서면서 블린은 서구의 패스트푸드에 대항하는 러시아인들의 자존심이기도 하다. 블린은 각자의 취향에 따라 다양한 소를 넣어 먹을 수 있기 때문에 선택의 폭이 넓은 장점을 갖고 있다. 게다가 1990년대 말부터 소비자들의 눈앞에서 직접 블린을 만들어 파는 기계가 보급되면서 볼거리까지 제공할 뿐 아니라 빠른 공급 또한 가능해져 그 인기는 식을 줄을 모르고 있다.

빈 자리입니까? Этот столик свободен?
에떠트   스똘릭   스바보젠

Урок 37

레스토랑에 들어가 자리를 안내받지 않았을 때에는 원하는 자리에 앉아도 되는지를 종업원에게 먼저 묻는 것이 순서이다. 자리에 착석한 다음, 메뉴판을 요청하고 음식을 주문해야 한다.

🎧 Диалог

A: Извините, этот столик свободен?
이즈비니쩨   에떠트 스똘릭   스바보젠

B: К сожалению, занят. Садитесь, пожалуйста, сюда.
끄 싸좔레니유   자냐트 싸지쩨씨   빠좔루스따   쓔다

A: Здесь не занято?
즈제씨 니 자냐떠

B: Нет, свободно. Садитесь, пожалуйста. Вот меню. (пауза)
니예트 스바보드너 싸지쩨씨   빠좔루스따   보트 메뉴
Выбрали? Что вы хотите заказать?
븨블랄리   슈또 븨 하찌쩨 자까자찌

A: Я не знаю, что взять. Вы не поможете мне?
야 니 즈나유 슈또 브쟈찌 븨 니 빠모줴쩨   므녜

B: Я вам советую взять борщ. И ещё у нас сегодня прекрасное мясо.
야 밤 싸베뚜유 브쟈찌 보르쉬 이 이쑈 우 나쓰 씨보드냐 쁘리끄라쓰너예 먀써

A: Тогда пожалуйста, борщ и мясо.
따그다 빠좔루스따   보르쉬 이 먀써

🔊 Новые слова

сюда 이리로
меню 메뉴
пауза 휴지, 정지, 잠깐 멈추어 있는 것
выбрали выбрать(СВ, 고르다)의 과거 복수
помочь(Ⅰ, СВ) 돕다
борщ 보르시(사탕무우가 들어간 붉은 색을 띤 수프)
мясо 고기
прекрасный 매우 아름다운, 매우 훌륭한, 좋은

A : 죄송합니다, 이 테이블은 비어 있습니까?

B : 죄송합니다만 예약된 자리입니다. 이리로 앉으십시오.

A : 여기는 예약되지 않은 자리입니까?

B : 예, 빈 자리입니다. 앉으십시오. 메뉴판이 여기 있습니다. (잠시 후) 고르셨습니까? 무엇을 주문하시겠습니다.

A : 무엇을 시켜야 할지 모르겠습니다. 도와주시겠습니까?

B : 보르시를 권해드리고 싶습니다. 게다가 오늘 저희집 고기가 아주 좋습니다.

A : 그럼 보르시와 고기를 주십시오.

Грамматика

형용사 단어미 свобо́ден, свобо́дна, свобо́дно, свобо́дны / за́нят, занята́, за́нято, за́няты는 주어의 성과 수에 일치시킨다.

Э́тот сто́лик свобо́ден? Э́тот сто́лик за́нят.
(э́то ме́сто) Свобо́дно? (э́то ме́сто) За́нято?

여격을 취하는 동사들

сове́товать(변화는 35과 참조), помога́ть / помо́чь + 여격

помога́ть (I , НСВ)	помо́чь (I , СВ)
помога́ю, помога́ешь, помога́ет	помогу́, помо́жешь, помо́жет
помога́ем, помога́ете, помога́ют	помо́жем, помо́жете, помо́гут
	명령형 : помоги́те

예) Я помога́ю ма́ме. 나는 엄마를 돕는다.

지소형

러시아어에는 지소형이라는 독특한 형태가 있다. 이것은 형용사와 명사의 형태에서 나타나는데, 실제로 크기가 작은 것을 의미하거나 애정, 친밀함 등을 표현하기 위해 사용된다. 이러한 형태들은 사전에 나오지 않는 대신, -ик, -ка, -чка, -нок 등의 어미들이 붙는 일정한 형태이며, 어느 정도 유추가 가능하므로 자주 듣고 익혀두는 것이 좋다.

стол(식탁) → сто́лик (작은 식탁)   дом (집) → до́мик (작은 집)
мину́та(1분) → мину́тка, мину́точка (감정적으로 짧은 순간)
соба́ка(개) → соба́чка (작고 사랑스러운 개, 강아지)

Упражнения

다음을 러시아어로 말해보세요.

01 빈 자리입니까?

02 이리로 앉으십시오.

03 저를 도와주실 수 있습니까?

04 보르시를 권해드리고 싶습니다.

05 무엇을 시켜야 할지 모르겠습니다.

Для тех, кто хочет знать больше

заќазывать / заказа́ть + 대격
Что мы бу́дем зака́зывать? (우리는) 무엇을 주문할까요?

брать / взять + 대격
Я возьму́ сала́т, пельме́ни и како́й-нибудь сок. 난 샐러드와 고기 만두, 아무 주스나 할게요.

официа́нт(ка) 종업원(여종업원)

сто́лик на двои́х(на трои́х, на четверы́х) 2인용(3인용, 4인용) 테이블

по́рция + 생격
по́рция су́па 수프 1인분
по́рция блино́в 블린 한 접시(1인분)
по́рция моро́женого 아이스크림 하나

육류 별 명칭과 생선
говя́дина 쇠고기
свини́на 돼지고기
бара́нина 양고기
ку́рица 닭고기
ры́ба 생선

Выходно́й день 휴일(휴업 중)
Закры́то 닫힘, 영업 안함

Ответы Q.U.I.Z

01: Э́тот сто́лик свобо́ден?

02: Сади́тесь, пожа́луйста, сюда́.

03: Вы не помо́жете мне?

04: Я вам сове́тую взять борщ.

05: Я не зна́ю, что взять.

Запомните!

패스트푸드점이나 화장실, 상점, 간이 식당과 같은 공공장소에서 줄을 섰을 때 누가 마지막 사람인지를 묻는 것이 좋다. 막연하게 서 있다보면 뒤에서 중간을 비집고 들어올 수도 있고, 정작 줄을 섰다고 생각한 곳이 잘못된 자리일 수도 있기 때문이다. 그러므로 확인차 누가 마지막 사람인지 물으면, 자신이 서 있다는 것을 다른 사람들에게 간접적으로 알리는 것이 된다.

Кто послéдний? Вы? Я за вáми. 누가 제일 마지막이십니까? 당신입니까? 제가 당신 뒤입니다.

Русская культура | 러시아의 음식(Рýсская кýхня)

러시아인의 주식은 빵, 감자, 그리고 육류를 들 수 있다. 빵(хлеб)은 러시아인들의 식생활에서 가장 중요한 자리를 차지한다. 멀리서 손님이 오면 문 앞에서 빵과 소금(соль)을 들고 손님을 맞이하는데, 손님환대(хлебосóльство)라는 말은 바로 여기에서 유래한 것이다. 둥근 모양의 큰 빵 위에 소금을 한줌 얹어 내면 손님은 한 조각을 뜯어 입에 넣는 것이 예의이다. 흑빵(чёрный хлеб)은 호밀을 발효시켜 만든 것으로 찰지고 신맛이 나는 것이 특징이다. 감자가 러시아인의 식단에 들어온 것은 표트르 대제 이후 독일인으로부터 감자 재배법을 전수받으면서부터였다. 육류로는 소고기, 돼지고기, 양고기, 닭고기를 즐겨먹으며, 중앙아시아와 카프카즈에서 유래한 꼬치구이 샤슬릭(шашлы́к)에는 양고기를 사용한다. 최근 들어 생선 요리도 많이 먹는 편인데, 러시아는 내륙 지방이 대부분인지라 민물 생선을 주로 먹는다. 시베리아 지역의 러시아인은 생선을 얼린 뒤 얇게 저민 스트로가니나(строгани́на)와 말고기(кони́на)를 즐긴다.

러시아인의 식사는 일반적으로 정찬은 수프, 주 요리, 디저트 등 세 부분으로 구성되며, 특별한 식사 대접인 경우 샐러드와 에피타이저를 곁들이기도 한다. 전채 요리 중에서 가장 보편적인 것은 훈제 육류와 생선, 야채 샐러드 등이며, 소금에 절인 청어와 오이 절임도 자주 식탁에 오른다. 그 가운데서도 최고로 치는 것은 흑해산(икрá) 캐비어(икрá)이다.

수프는 양배추를 원료로 한 야채 수프(щи)와, 여기에 토마토와 붉은 무로 색을 낸 보르시(борщ), 잘게 저민 고기와 야채를 듬뿍 넣은 살랸카(соля́нка), 생선을 우려낸 우하(ухá) 등의 뜨거운 종류와 여름에 먹는 차가운 스프 오크로시카(окро́шка)가 있다. 수프에 스메타나(смета́на)라는 사워크림을 넣어서 먹기도 한다. 후식으로는 여러 종류의 산딸기 열매가 들어 있는 케이크나 아이스크림에 차와 커피를 곁들인다. 때로는 설탕에 절인 과일 콤포트(компóт)와 건조 처리한 과일을 뜨거운 물에 우려낸 과일차를 즐기기도 한다. 러시아인과 식사를 할 때는 천천히 시간을 가지면서 여유있게 하는 것이 좋다. 뜨거운 음식을 빨리 먹는 우리의 식습관과는 달리 러시아인들은 위에 부담이 가지 않도록 식혀먹을 뿐 아니라 식사 중의 담소도 중요하게 생각하기 때문이다.

메뉴판을 갖다 주십시오. Меню, пожалуйста.
메뉴   빠좔루스따

러시아 정식 요리는 대체로 수프류, 주요리, 후식 등의 순서로 주문한다. 이 세 가지 이외에도 입맛을 돋구기 위한 전채요리가 있다. 음식을 순서대로 고르는 방법에 대해 알아본다.

A : Меню, пожалуйста.
   메뉴   빠좔루스따

B : Вот меню. (пауза) Вы уже решили, что будете заказывать?
   보트 메뉴   비 우줴 레쉴리   슈또 부제쩨   자까즤바찌

A : Да, мы уже выбрали. Принесите, пожалуйста на закуску - рыбный салат
   다 믜 우줴 븨블랄리   쁘리녜씨쩨   빠좔루스따 나 자꾸스꾸 르브늬 쌀라트
   и маринованные грибы, на второе - бифштекс с яйцом, две порции.
   이 마리노반늬예   그리븨   나 프따로예   비프슈떽쓰 쓰 이쫌 드베 뽀르찌이

B : Первое будете заказывать? У нас сегодня прекрасный борщ.
   뻬르보예 부지쩨 자까즤바찌   우 나쓰 씨보드냐 쁘리끄라쓰늬 보르쉬

A : Борщ? Тогда принесите.
   보르쉬 따그다 쁘리녜씨쩨

B : Что ещё?
   슈또 이쑈

A : Я бы ещё хотел попробовать блины? У вас какие блины есть?
   야 븨 이쑈 하쩰   빠쁘로버바찌   블리늬 우 바쓰 까끼예 블리늬 예스찌

B : С икрой, с вареньем, с мясом.
   쓰 이끄로이 쓰 바레니엠   쓰 먀쏨

A : Я буду блины с икрой.
   야 부두 블리늬 쓰 이끄로이

Новые слова

закуска 전채요리
рыбный 생선의
гриб 버섯
бифштекс 비프 스테이크
яйцо 계란
порция 1인분 요리
блин 블린
с ~와 함께

икра 캐비어
варенье 잼
решили решить(Ⅱ, СВ, 결정하다)의 2인칭 존칭 과거
принесите принести(Ⅰ, СВ) 가져다 주세요
маринованный 식초에 절인, 식초에 담근

первое (блюдо) 제 1코스 요리, 수프 류의 음식
второе (блюдо) 제 2코스 요리, 주요리
решили решить(Ⅱ, СВ, 결정하다)의 과거 복수

A : 메뉴판을 가져다주세요.
B : 여기 있습니다. (잠시 후) 무엇을 주문하실지 결정하셨습니까?
A : 예. 우리는 이미 골랐습니다. 전채요리는 생선 샐러드와 식초에 절인 버섯,
2코스 요리는 계란을 곁들인 비프 스테이크를 2인분 가져다주십시오.
B : 1코스 요리를 주문하시겠습니까? 오늘 저희 레스토랑의 보르시가 아주 좋습니다.
A : 보르시요? 그럼 그것으로 가져다 주세요.
B : 그 외에 무엇을 더 하시겠습니까?
A : 블린을 맛보고 싶습니다. 어떤 블린이 있습니까?
B : 캐비어가 들어간 것, 잼이 들어간 것, 고기가 들어간 것이 있습니다.
A : 캐비어가 든 블린으로 하겠습니다.

Грамматика

хотéл бы + инф. : 바람을 나타내는 표현

Я хотéл бы заказáть билéт.

бы는 정중한 부탁이나 공식적인 업무에서 초청할 때 사용된다. 이 때 사용되는 동사는 과거형이지만, 뜻은 미래의 의미를 지닌다. 또한 мочь(~할 수 있다)의 과거형인 могли́와 бы를 결합시키면, 공동의 활동이나 모임에 초대하는 공손한 표현이거나 또는 추천을 의미한다.

Мы могли́ бы обсуди́ть э́тот вопро́с. 우리는 이 문제를 함께 토론할 수 있다.

на + 대격(목적과 방향을 나타냄)

на закýску – 전채요리로

на пéрвое (блю́до) – 제 1코스로

на второ́е (блю́до) – 제 2코스로

на трéтье (блю́до) – 제 3코스로

(주의 : 각 코스 당 어떤 요리를 주문할 것인지는 종업원이 묻는 경우가 많으므로, 식사 주문 시에는 코스라는 말은 생략하고 원하는 요리만을 말하면 된다.)

⊙ Упражнения

다음을 러시아어로 말해보세요.

01 메뉴판을 갖다주십시오.
02 무엇을 주문할지 결정하셨습니까?
03 우리는 무엇을 할지 이미 결정했습니다.
04 어떤 블린이 있습니까?
05 캐비어가 든 것으로 하겠습니다.

⊙ Для тех, кто хочет знать больше

Заку́ска
сала́т из огурцо́в 오이 샐러드
сала́т из помидо́ров 토마토 샐러드
оливье́ 싱싱한 야채의 계절 샐러드
сала́т мясно́й 고기 샐러드
винегре́т 식초와 겨자가 든 샐러드

Второ́е блю́до
котле́ты 커틀렛
бифште́кс 비프 스테이크
поросёнок 새끼 돼지 요리
шашлы́к 샤슬릭
пельме́ни 고기 만두
гуля́ш 폭찹(버섯과 감자, 안심)

Гарни́р к мя́су:
жа́реный карто́фель 튀긴 감자
макаро́ны 마카로니
карто́фель пюре́ 으깬 감자
гре́чка 메밀
рис 밥

Пе́рвое блю́до
бульо́н 맑은 고기 국물
щи 야채 수프
борщ 보르시
окро́шка 크바스에 야채와 고기를 넣은 수프
уха́ 생선수프

Тре́тье блю́до(=десе́рт, сла́дкое блю́до)
кисе́ль 젤리
компо́т 설탕에 절인 과일
моро́женое 아이스크림
чай с лимо́ном 레몬 넣은 홍차
ко́фе 커피

Хлеб:
чёрый хлеб 흑빵
бе́лый хлеб 흰빵

01: Меню́, пожа́луйста.
02: Вы уже́ реши́ли, что бу́дете зака́зывать?
03: Мы уже́ вы́брали.
04: У вас каки́е блины́ есть?
05: Я бу́ду блины́ с икро́й.

⊙ Запомните!

Я го́лоден (голодна́). 배가 고프다.　　Я проголода́лся (-лась). 시장기를 느낀다.
Я хочу́ есть. 먹고 싶다.

Русская культура | 노벨상(Но́белевская пре́мия)과 러시아

노벨상을 제정한 알프레드 노벨이 페테르부르크에서 유년시절을 보냈으며, 러시아어에 능통했다는 사실을 아는 이는 그리 많지 않을 듯 싶다. 노벨이 맺은 인연만큼이나 노벨상과 러시아와의 인연 또한 깊다. 러시아 과학은 세계 과학 발전에 항상 앞장섰으며 로모노소프(М. В. Ломоно́сов), 파블로프(И. П. Па́влов), 멘델레예프(Д. И. Меделе́ев), 찌올코프스키(К. Э. Циолко́вский) 등 위대한 과학자들을 배출해 왔다. 러시아인 최초로 노벨상을 수상한 이반 파블로프(1904년)를 포함하여 총 15명의 과학자들이 노벨상을 수상했다.

연도	수상자	부문
1904	이반 파블로프(Ива́н Па́влов)	생리의학상
1908	일리야 메츠니코프(Илья́ Ме́чников)	생리의학상
1933	이반 부닌(Ива́н Бу́нин)	문학상
1956	니콜라이 세묘노프(Никола́й Семёнов)	화학상
1958 (3인 공동수상)	파벨 А. 체렌코프(Па́вел Черенко́в)	물리학상
	일리야.М 프랑크(Илья́ Франк)	물리학상
	이고리 Y.탐(И́горь Тамм)	물리학상
1958	보리스 파스테르나크(Бори́с Пастерна́к)　- 수상거부	문학상
1962	레프 란다우(Лев Ланда́у)	물리학상
1964 (2인 공동 수상)	니콜라이 G.바소프(Никола́й Ба́сов)	물리학상
	알렉산드르 М. 프로호로프(Алекса́ндр М. Про́хоров)	물리학상
1965	미하일 숄로호프(Миха́ил Шо́лохов)	문학상
1970	알렉산드르 솔제니친(Алекса́ндр Солжени́цын)	문학상
1975	안드레이 D. 사하로프(Андре́й Са́харов)	평화상
	레오니드 V 칸트로비치(Леони́д В. Кантро́вич)	경제학상
1978	표트르 L. 카피차(Пётр Капи́ца)	물리학상
1990	미하일 고르바초프(Миха́ил С. Горбачёв)	평화상
2000	조레스 알표로프(Жоре́с Алфёров)	물리학상
2003 (2인 공동수상)	알렉세이 А. 아브리코소프(Алексе́й А. Абрико́сов)	물리학상
	비탈리 L. 긴츠부르크(Вита́лий Ги́нзбург)	물리학상

음료 Вам чай или кофе?
밤 차이 일리 꼬페

식사가 끝났을 때 종업원이 와서 후식을 무엇으로 할지를 묻는 경우가 많다. 이 경우에 사용할 수 있는 표현들을 살펴본다.

 Диалог

A: Вам чай и́ли ко́фе?
밤 차이 일리 꼬페

B: Мне чай. С са́харом и с лимо́ном.
므녜 차이 쓰 싸하럼 이 쓰 리모넘

C: Я хочу́ чёрный ко́фе. У вас есть чёрный ко́фе?
야 하추 쵸르늬   꼬페 우 바쓰 예스찌 쵸르늬   꼬페

A: А пить что бу́дете?
아 삐찌 슈또 부졔쩨

B: Что у вас есть?
슈또 우 바쓰 예스찌

A: Чай, ко́фе, лимона́д, квас, моро́женое...
차이 꼬페 리머나트 끄바쓰 마로쥐너예

B: А минера́льная вода́ есть?
아 미네랄리나야   바다 예스찌

A: Да, есть.
다 예스찌

B: Буты́лку минера́льной воды́ с га́зом.
부띨꾸   미네랄리너이   바듸 쓰 가점

◦• Новые слова

са́хар 설탕
лимо́н 레몬
чай 차(홍차)
пить (Ⅰ, НСВ) 마시다
лимона́д 레몬수
квас 곡류로 만든 청량음료
минера́льная вода́ 광천수

A : 차를 하시겠습니까? 커피를 하시겠습니까?
B : 저에겐 차를 주십시오. 설탕과 레몬을 넣어주세요.
C : 저는 블랙커피를 원합니다. 블랙 커피가 있습니까?

A : 음료는 무엇으로 하시겠습니까?
B : 무엇이 있습니까?
A : 차, 커피, 레몬수, 크바스, 아이스크림……
B : 광천수가 있습니까?
A : 예, 있습니다.
B : 탄산이 들어간 광천수 한 병 주십시오.

•Грамматика

- 동사 пить의 인칭 변화
  пью, пьёшь, пьёт, пьём, пьёте, пьют(명령형 : пе́йте)

- 동사 быть(있다, ~이다)의 미래형은 제1식 변화 동사의 현재형처럼 변화한다.
  Я бу́ду, бу́дешь, бу́дет, бу́дем, бу́дете, бу́дут
  За́втра я бу́ду в теа́тре. 내일 나는 극장에 있을 것이다.

- 동사 быть(있다, ~이다)의 과거형은 원형에서 어미 –ть를 떼고 -л, -ла́, -ло, -ли를 붙인다. 이때 이들 동사는 주어와 성, 수에 있어 일치한다.
  Я бы́л в теа́тре. 나는 극장에 있었다(갔다왔다).

- 불완료상 동사의 미래 시제 : быть동사의 미래형+инф.
  Что вы бу́дете пить? 무엇을 마시겠습니까?

- ко́фе는 남성명사이다. 그러므로 앞에서 수식하는 형용사도 남성형태이어야 한다.
  чёрный ко́фе

Упражнения

빈 칸에 동사 быть의 미래형을 넣으시오.

01 Завтра мы _____ в университете.
02 В комнате _____ новый стол.
03 Скоро в этом городе _____ хорошие магазины.

빈 칸에 동사 быть의 과거형을 넣으시오.

04 На этой улице _____ библиотека.
05 У меня _____ кошка.
06 _____ мороз.
07 На столе _____ карандаш.
08 На столе _____ книга.
09 На столе _____ молоко.
10 На столе _____ тетради.

Для тех, кто хочет знать больше

러시아의 일반 식당에서는 마음에 들었는지를 묻지 않는 편이다. 그러나 간혹 식사가 마음에 들었는지를 묻는 질문을 받을 수 있으며 식당마다 фирменное блюдо(우리 개념으로는 주방장의 추천 요리, 특선 요리, 오늘의 요리에 해당한다)라는 것이 있어 손님들로부터 평가를 받기 위해 식사가 어떠했는지를 묻는 질문을 하기도 한다.

- Вам понравилось наше фирменное блюдо? 저희 특선 요리가 마음에 드셨습니까?
- Да, очень. Спасибо. 예. 아주 좋았습니다. 고맙습니다.

음료수 주문 시에 컵과 찻잔으로 표현할 수도 있다.

Стакан воды, пожалуйста. 물 한잔 주십시오.
Чашку чая, пожалуйста. 차 한 잔 주십시오.

부분 생격
Вам чай или кофе?과 더불어 Вам чаю или кофе?, Вам чая или кофе?를 사용하기도 한다. 이 때 чаю, чая는 일부분을 의미하는 부분 생격 표현이다. чай의 생격은 чаю 또는 чая, 두 가지 형태가 있다.

Ответы Q.U.I.Z
01: будем 02: будет 03: будут 04: была 05: была 06: Был 07: был
08: была 09: было 10: были

● Запомните!

	Вопро́сы		Отве́ты
Како́й	чай? ко́фе?	- Чай - Ко́фе	с са́харом.(설탕) с лимо́ном.(레몬) с молоко́м.(우유) без са́хара. без лимо́на. без молока́.
	бутербро́д? (샌드위치)	- Бутербуро́д	с колбасо́й.(소시지) с ры́бой.(생선) с икро́й.(캐비어) с сы́ром.(치즈)
	пирожо́к? (파이)	- Пирожо́к	с мя́сом.(고기) с капу́стой.(양배추) с ри́сом.(밥) с я́блоками.(사과) с варе́ньем.(잼)

Ру́сская культу́ра — 마트료시카(Матрёшка)

러시아 전통 공예품으로 잘 알려진 마트료시카(Матрёшка)는 의외로 그 역사가 그리 길지 않다. 루시에는 마트료시카를 만들던 방식대로 부활절 계란이 제작되고 있었다. 이것이 인형제작 방식에도 영향을 미치게 되면서 농촌 소녀의 모습을 본 따 만든 것이 마트료시카가 되었다. 마트료시카는 마트료나(Матрёна)라는 이름의 애칭으로 만들어진 것이었다.

1898년 모스크바 아르바트 거리에 《어린이 교육(Де́тское воспита́ние)》이라는 장난감 가게가 문을 열었는데, 선반공 바실리 즈베도츠킨(Васи́лий Звёдочкин)과 화가 세르게이 말류틴(Серге́й Малю́тин)은 늙은 보살을 표현한 일본 인형 후쿠루마에서 얻은 모티프로 네 명의 소녀와 세 명의 소년, 그리고 강포에 싸인 아기를 넣어 만든 8개 짜리 마트료시카를 만들고 여기에 사라판과 머릿수건, 넓은 바지 등 러시아의 민속의상을 입혔다. 이들이 만든 인형은 둥글고 푸른 눈동자와 붉은 뺨을 가진 아리아족의 용모를 지녔다고 한다.

1900년 파리 세계 박람회에 출품된 마트료시카는 러시아 가정을 잘 묘사했다는 평가와 더불어 동메달을 수상했고, 그 이후 전 세계에 널리 알려져 사랑을 받게 되었다. 현대에 들어오면서 마트료시카는 설화의 내용이나 기독교의 성인을 묘사하는 것 등 전통적인 것으로부터 정치적 풍자 형태에 이르기까지 다양화되었다.

계산해 주십시오. Счёт, пожалуйста.
쇼트 빠좔루스따

러시아의 레스토랑에서는 식사한 테이블에서 음식 값을 지불한다. 그러나 학생식당(столовая)이나 간이 음식점(кафе) 등에서는 원하는 음식을 골라담은 다음 계산대에서 값을 지불하므로 각 상황에서 필요한 표현을 살펴본다.

 Диалог

В ресторане
브 레스또란네

A : Счёт, пожалуйста, сколько с нас?
쇼트 빠좔루스따 스꼴까 쓰 나쓰

B : С вас 547(пятьсот сорок семь) рублей.
쓰 바쓰 삐찌쏘트 쏘럭 쎔 루블레이

В столовой
프 쓰딸로버이

A : Посчитайте, пожалуйста, сколько с меня?
빠쉬따이쩨 빠좔루스따 스꼴까 쓰 미냐

B : Так.... Что у вас?
딱 슈또 우 바쓰

A : Сельдь с винегретом, овощной суп, котлета по-киевски,
쎌찌 쓰 비네그레떰 아바쉬노이 쑤쁘 까뜰레따 빠 끼옙스끼
чай, 2 пирожных и 2 кусочка чёрного хлеба.
차이 드바 삐로쥬니흐 이 드바 꾸쏘츠까 쵸르나버 흘레바

B : С вас 120(сто двадцать) рублей. Приятного аппетита.
쓰 바쓰 스또 드바짜찌 루블레이 쁘리야뜨나버 아뻬찌따

A : Спасибо.
스빠씨바

◎• Новые слова

сорок 마흔, 40
счёт 계산서
столовая 간이 식당, 학생 식당
овощной 야채의
пирожное 파이, 조각 케이크
приятный 즐거운, 유쾌한

ресторан 레스토랑
посчитать (Ⅰ, СВ) 세다, 계산하다
сельдь (ж.) (= селётка) 청어
котлета 커틀렛
чёрный 검은
аппетит 식욕, 기호, 흥미

레스토랑에서 :

A : 계산해주세요. 얼마인가요?

B : 547루블입니다.

간이 식당에서 :

A : 얼마인지 계산해주세요.

B : 자... 무엇을 고르셨습니까?

A : 샐러드를 곁들인 청어, 야채 수프, 키예프식 커틀렛, 차, 파이 두 개. 흑빵 두 조각입니다.

B : 120루블입니다. 맛있게 드십시오.

A : 고맙습니다.

Грамматика

* 러시아어 명사 가운데에는 형용사 어미를 지니는 것들이 있다. 사람의 성(姓)도 여기에 포함되며, 이러한 단어들은 형용사 변화를 따른다.

  учёный 학자   богáтый 부자

  рýсский 러시아인   пирóжное 파이

  морóжное 아이스크림   Чайкóвский 차이콥스키

* 2, 3, 4 + 형용사 복수생격(or 복수주격) + 명사의 단수생격

  2, 3, 4 뒤에 명사가 오면 단수 생격으로 표현한다. 2, 3, 4 뒤에 형용사가 올 때 남성과 중성인 경우는 복수 생격으로, 여성인 경우는 복수 주격을 사용한다.

  два **взрóслых** человéка 성인 두 명

  две **красúвые** дéвушки 예쁜 아가씨 두 명

* 명사의 복수생격

남성	여성, 중성
- ов(-ев)	단수 주격의 마지막 모음을 떼어냄

* 형용사의 복수생격

형용사 복수생격
- ых(-их)

•Упражнения

숫자 배우기 퍼즐 (кроссворд)

По горизонта́ли(가로 열쇠):
5) 8 + 3 = ?   7) 2 + 5 = ?
8) 12 ÷ 2 = ?   9) 3 + 2 = ?

По вертика́ли(세로 열쇠):
1) 3 × 4 = ?   2) 9 ÷ 3 = ?
3) 16 ÷ 4 = ?   4) 2 + 6 = ?
6) 3 × 3 = ?

•Для тех, кто хочет знать больше

🖊 유용한 표현

По-мо́ему,... 내 생각에는,...   Я ду́маю, что... 나는 ~라고 생각한다.
Мне ка́жется,... (난) ~라고 생각된다.   Я хочу́ сказа́ть, что... 나는 ~를 말하고 싶다.
На мой взгляд... 내 견해로는   Кста́ти, ... 말이 나온 김에,...
Зна́чит, так... 요컨대, 그러니까...   О́чень жаль. 안타깝다. 유감스럽다
Вы непра́вильно по́няли меня́. 내 말을 제대로 이해하지 못하셨습니다.

01: двена́дцать   02: три   03: четы́ре   04: во́семь   05: оди́ннадцать
06: де́вять   07: семь   08: шесть   09: пять

●•Запомните!

Прия́тного аппети́та! 맛있게 식사하십시오.

Сего́дня я Вас угоща́ю. 오늘은 제가 대접할게요.

Угоща́йтесь, пожа́луйста! 제가 대접할 테니 마음껏 드십시오.

Ско́лько с нас? 저희가 얼마를 내야 합니까?

Тост за встре́чу, за дру́жбу. 만남을 위해, 우정을 위해 건배합시다.

Ру́сская культура

러시아의 민예품
(Ру́сские наро́дные про́мыслы)

러시아 민예품의 종류는 아주 다양하며, 그 소재는 각 지방의 지리적 조건에 크게 영향을 받는다. 북부의 삼림 지대에서는 식기를 비롯한 일용품의 대부분이 나무로 만들어진 데 반해, 스텝지대인 우크라이나에서는 점토가 주원료이다. 목축업이 활발한 카르파티아 지방에서는 양털로 만든 융단, 양가죽 제품 등이 대표적 민예품이다.

가장 쉽게 볼 수 있는 것은 채색 목재 식기(Хохломы́)이다. 과거에는 목재로 식기, 숟가락, 찻잔 등을 만들었는데, 실용적이면서도 아름다움을 드러내기 위해 목재를 깎아 만든 뒤 금이나 은도금을 입혔다. 채색 목재 식기 제조의 역사는 13세기로 거슬러 올라간다. 또한 볼가 강 지역에서만 볼 수 있는 독특하고 복잡한 기술이 있었는데, 은색 배경에 붉은색, 녹색, 검은 색으로 나무열매와 꽃, 나뭇잎 등 식물 장식을 그린 호흘로마 회화가 그려지기도 했다. 장인들의 손에서 평범한 나무 소재가 축제 분위기가 물씬 풍기는 작품으로 탄생하게 된 것이다. 이 지역의 화가들은 자신만의 스타일과 좋아하는 색채, 모티프들을 갖고 있었다.

모스크바 근교의 블라디미르 수즈달(Влади́миро-Су́здаль) 지역의 팔레흐 마을(село́ Па́лех)은 오래 전부터 이콘화를 생산해내던 지역이었다. 혁명 이후 많은 교회들이 문을 닫게 되자 민속장인들은 물과 석고를 이겨 만든 종이덩어리(папье́-маше́)로 상자 곽과 보석함, 브로치를 만들어 선명한 색깔의 그림을 그리기 시작했다. 설화와 민담, 환상적인 동물의 묘사와 풍경, 역사적 장면이 생생하게 그들의 손에서 되살아났다. 그들은 독특한 예술품을 만들어내기 위해 계란의 노른자위로 물감을 만들고 아주 얇은 금판에서 금색을 얻어냈다. 보석함은 팔레흐 이외에도 므스툐라(Мстёра), 모스크바 근교의 페도스키노(Федо́скино), 홀루이(Холу́й) 마을 들이 있지만, 각기 다른 채색 방법을 사용한다는 점이 특징이다. 검은색으로 테두리만 두른 채 장식을 하거나 다채로운 색상으로 그림을 부각시키는 다른 마을의 채색 방법과 달리 팔레흐의 화가들은 검은색의 광택이 나는 바탕으로 그림을 그린다.

19세기 중반 조스토보(Жо́стово) 마을에는 금속 쟁반에 화려한 꽃그림을 그리는 장인들이 등장하기도 했다. 이들은 광택이 나는 검은색에 민속적인 상징이 담긴 크고 작은 꽃들을 인상적인 꽃다발로 엮어 그려 넣었다.

ТЕМА 14

ВВЦ의 우크라이나 전시관
(Павильон 《Украина》)

모스크바 소재. 타치야(А. Тация)와 이바첸코(К. Иваченко)에 의해 1939년 건설됨. 석고판으로 이루어진 전면은 황금이삭으로 장식되어 있고 입구의 아치는 길이가 각각 다른 묶음으로 테두리를 둘렀다. 입구 위의 장식유리는 반짝이는 꽃 플라스틱 재질로 이루어져 있다.

ВВЦ의 민족우호 분수
(Фонтан 《Дружба Народов》)

모스크바 소재. 1954년 토푸리드제(К. Топуридзе)와 콘스탄티놉스키(Г. Константиновский)가 만들었다. 분수의 중앙에는 팔각형의 찻잔 모양으로 둘러싼 붉은색 화강암의 거대한 밀 곡물단이 있고 은색의 캐스캐이드 물결을 따라 각 민족의상을 입은 아가씨들이 둘러싸고 있다. 이것은 소비에트 연맹을 형상화한 것이었다. 각 조각상들은 청동으로 만들어져 도금을 했으며, 곡물단 역시 도금을 입힌 구리를 덧입혔다.

반콥스키 다리와 그리핀 상
(Грифоны Банковского моста)

페테르부르크의 그리보예도프 운하 근처. 다리 양끝에 주조된 그린폰(사자의 몸통에 독수리의 날개가 달린 서양의 괴수)의 입에서 강철 빔이 뻗어 나와 다리를 지탱하고 있다. 트레테르(Г. Третер)가 만든 것으로 다리의 길이는 1.85m에 불과하다.

TEMA 14

취미와 여가 생활

41 | 여가 시간을 어떻게 보내십니까?
42 | 어떤 운동을 하십니까?

러시아인들이 가장 좋아하는 스포츠는 축구, 하키, 스케이트, 농구, 수영 등이다. 소련 시절 러시아인들에게 가장 인기있는 직업 가운데 하나가 운동선수였다. 감히 외국을 자유롭게 드나들 수도 없었던 시절, 운동 선수로 성공하게 되면 대도시 입성은 물론 세계선수권 대회에 참석하기 위해 외국에 드나들 수 있는 몇 안 되는 직업 가운데 속했다. 대회에서 수상이라도 하게 되면 국민적 영웅 칭호를 받으며 부와 명예를 거머쥘 수 있었기 때문에, 당시의 젊은이들은 선수권 대회에서의 1위 자리를 꿈꾸며 성장했다.

러시아인들은 여가 시간에 책읽기나 TV시청을 즐긴다. 책을 많이 읽기로 유명한 러시아인들이지만, 인터넷과 미디어가 발달하면서 독서량이 줄어들고 있다. 요즘 러시아의 젊은이들은 추리소설과 판타지 소설을 주로 읽으며, 일본 문화의 대중화로 인해 무라카미 하루키의 책도 많이 읽는다.

보도와 영화 중심이던 TV문화도 과거와는 달리 판이하게 많이 변해가고 있다. 주로 남미권에서 수입해 방영해왔던 시트콤이나 드라마를 직접 제작하기도 하고 이를 시청하는 사람들도 늘어나고 있다. 또한 흥행과 소비를 지향하는 매스미디어, 공연예술, 스포츠, 광고, 패션, 대중음악이나 연예가십 등에도 관심을 보이면서 상업 문화로의 급속한 전환에 따른 여러 변화를 감지할 수 있다. 영화계에서도 기존의 지루한 결작 형태를 벗어던지고 새로운 미학적 감수성과 디지털 상상력을 절묘하게 결합해 놓은 판타지 영화들이 인기를 끌고 있다. 취미와 여가 생활에 대한 대화는 러시아 사회의 변화와 문화의 새로운 패러다임을 알아가는 데 있어서, 그리고 러시아인들의 새로운 정신체계와 가치체계를 아는 데 있어 좋은 화제가 될 수 있다.

여가 시간을 어떻게 보내십니까?
Как вы проводите своё свободное время?
까크 비 쁘라보지쩨   스바요   스바보드너예   브례먀

상대방에게 여가시간에 무엇을 하는지, 취미가 무엇인지 묻는 표현에 대해 배운다. 또한 무엇인가를 같이 하기로 했을 때 사용할 수 있는 표현들을 살펴본다.

🎧 Диалог

A : Как вы проводите своё свободное время?
까크 비 쁘라보지쩨 스바요 스바보드너예 브례먀

B : Я обычно играю в шахматы. А у вас какое хобби?
야 아븨츠너 이그라유 프 샤흐마띄 아 우 바쓰 까꼬예 호비

A : Я люблю играть на пианино и слушать музыку.
야 류블류 이그라찌 나 삐아니노 이 슬루샤찌 무즤꾸

B : Какую?
까꾸유

A : Классическую. А вы чем интересуетесь?
끌라씨체스꾸유 아 븨 쳄 인쩨레쑤예쩨씨

B : Театром.
찌아뜨럼

A : Ира, что ты делаешь?
이라 슈또 띄 젤라예쉬

B : Ничего. Скучаю. И я смотрю телевизор.
니치보 스꾸차유 이 야 스마뜨류 쩰레비조르

A : Не хочешь пойти с нами в кино?
니 호체쉬 빠이찌 쓰 나미 프 끼노

B : Конечно, хочу.
까녜슈너 하추

● Новые слова

проводить(Ⅱ, НСВ) 보내다, 전송하다
время (с.) 시간
играть(Ⅰ, НСВ) 연주하다, 놀다
шахматы 장기, 체스
хобби 취미
пианино 피아노

классический 고전의
интересоваться(Ⅰ, НСВ) ~에 흥미, 관심을 가지다(조격과 함께)
телевизор 텔레비전
скучать(Ⅰ, НСВ) 지루하다, 무료하다
ничего 괜찮다, 나쁘지 않다

A : 여가 시간을 어떻게 보내십니까?
B : 저는 보통 체스를 합니다. 그런데 취미가 무엇이십니까?
A : 피아노를 연주하고 음악을 듣는 것을 좋아합니다.
B : 어떤 음악이요?
A : 클래식 음악입니다. 그런데 당신은 무엇에 흥미가 있으십니까?
B : 연극에 흥미가 있습니다.

A : 이라, 너 뭐하고 있니?
B : 별 일 없어. 심심해. 그래서 텔레비전을 보는 중이야.
A : 우리와 영화관에 가지 않을래?
B : 물론이지, 가고 싶어.

◎·Грамматика

✐ **проводи́ть** + 대격 (여가 시간에 대한 표현) :
Как вы провóдите своё **свобóдное врéмя**? 여가 시간을 어떻게 보내십니까?
                         суббо́ту и воскресéнье? (토요일과 일요일을)
                         о́тпуск?(휴가를)
                         кани́кулы?(방학을)

✐ **игра́ть**를 이용한 표현 :
1) **игра́ть на** + 전치격(악기) – 연주하다
    Я игра́ю **на** скри́пк**е**.(바이올린)
                  гита́р**е**.(기타)

2) **игра́ть в** + 대격(운동 종목) – 경기를 하다
    Я игра́ю **в** футбо́л.(축구)
               те́ннис.(테니스)
               ша́хматы.(체스)

Упражнения

다음을 러시아어로 말해보세요.

01 여가 시간을 어떻게 보내십니까?
02 저는 테니스를 합니다.
03 그녀는 피아노를 연주한다.
04 당신은 무엇에 흥미가 있으십니까?
05 우리와 영화관에 가지 않을래?

Для тех, кто хочет знать больше

интересовáть와 **интересовáться**의 차이

1) интересовáть + 대격(사람) + 주격(사물) : ~가 ~에 관심이 있다.
  - **Что** вас интересýет? 무엇에 관심이 있으십니까?/ 무엇이 당신의 흥미를 끕니까?
  - Меня́ интересýет **рýсская литератýра**. 러시아 문학에 관심이 있습니다.

2) интересовáться + 주격(사람) + 조격(사물) : ~가 ~에 관심이 있다.
  - **Чем** вы интересýетесь? 무엇에 관심이 있습니까?
  - Я интересýюсь **мýзыкой**. 나는 음악에 관심이 있습니다.

смотрéть по телевúзору 구체적인 TV프로그램을 시청할 때
смотрéть телевúзор TV를 켜놓고 특정 프로그램에 상관없이 시청할 때

01: Как вы провóдите свобóдное врéмя? 02: Я игрáю в тéннис.
03: Онá игрáет на пианúно. 04: Чем вы интересýетесь?
05: Не хóчешь пойтú с нáми в кинó?

⊙ Запомните!

Как вы проводите свободное время?	한가한 시간을 어떻게 보내십니까?
Что вы делаете свободное время?	한가한 시간에 무엇을 하십니까?
Я играю в футбол	Я играю на гитаре.

Русская культура | 러시아의 스포츠 산업

   소련의 붕괴 이후 독립국가연합으로 나뉘면서 러시아의 스포츠 산업은 일련의 변화를 겪게 되었다. 우수한 선수들이 각 국으로 분산되면서 세계 최고를 자랑하던 스포츠 강국의 권위는 추락했다. 그럼에도 불구하고 오랫동안 인기를 누렸왔던 스포츠 종목들은 여전히 러시아인들의 생활 속에 깊숙히 파고들어 취미와 여가 생활에서 중요한 자리를 차지하고 있다. 소련 시절부터 축구팀 스파르탁 모스크바(Спартак Москва)이 큰 인기를 누렸으며, 현재에는 키예프 디나모(Динамо), 페테르부르크의 제니트(Зенит) 등이 젊은이들이 좋아하는 축구클럽이다. 또한 90년대부터 현재까지 테니스에 대한 열풍이 식을 줄을 모르고 있다. 이것은 1974년부터 시작된 테니스 분야의 유소년 교육의 결실이자 테니스 광이었던 보리스 옐친 대통령이 반바지에 라켓을 직접 들고 코트에 나타나 대중적 인지도를 얻은 효과였다. 스포츠 전문가들은 70년대 세계 최고 기량을 가진 우수한 테니스 선수를 보유하고도 1978년~1983년 동안 해외 대회에 참석하지 못함으로써 4세대의 테니스 선수들을 잃어버렸다고 자책하며 강구책을 대비하기 시작했다. 그 결과 현재 안나 쿠르니코바(Анна Курникова), 마리야 사라포바(Мария Шарапова), 마라트 사핀(Марат Сафин), 엘레나 데멘티예바(Елена Деметьева), 아나스타시야 미스키나(Анастасия Мискина), 스베틀라나 쿠즈네초바(Светлана Кузнецова), 베라 즈보나료바(Вера Звонарёва)와 같은 걸출한 테니스 스타들이 탄생하면서 청소년들은 이들처럼 멋진 스타로 입문해 돈을 벌겠다는 꿈을 꾸고 있다.

   축구와 더불어 가장 사랑받는 스포츠는 하키이다. 2000년에는 하키 세계선수권 대회(Чемпионат мира по хоккею)가 페테르부르크에서 열렸으며, 2007년 또 다시 모스크바에서 개최되었다. 겨울 스포츠로는 스키와 스케이트가 인기이다. 2014년 소치(Сочи) 동계올림픽 유치과정에서 푸틴(Путин) 대통령은 소치에 스키를 타고 등장하여 전세계의 이목을 집중시킴과 동시에 스키 붐을 일으켰다. 동절기가 되면 모스크바 시내의 문화 공원(Парк Культуры) 전체는 인공 스케이트 장으로 바뀐다. 공원 내부의 모든 길은 스케이트 장이 되어, 사람들은 이 공원에 들어가기에 앞서 각자 준비해간 스케이트를 미리 신고 들어가는 장관을 볼 수 있다.

어떤 운동을 하십니까?
Каким видом спорта вы занимаетесь?
까낌   비덤   스뽀르따   비   자니마예쩨씨

여가 선용에는 다양한 방법이 있다. 따라서 관심사나 여가 활용 방법 등은 흔한 대화 주제 중의 하나이다. 여가생활에 대해 묻고 대답할 때 사용할 수 있는 기본 표현을 살펴본다.

🎧 Диалог

A : Каки́м ви́дом спо́рта вы занима́етесь?
까낌   비덤   스뽀르따   비   자니마예쩨씨

B : Я игра́ю в те́ннис.
야 이그라유 프 쩨니쓰

A : И у вас на э́то хвата́ет вре́мени?
이 우 바쓰 나 에따 흐바따예트 브레메니

B : Не всегда́. На те́нисный корт я хожу́ два ра́за в неде́лю.
니 프씨그다 나 쩨니스느이   꼬르트 야 하쥬 드바 라자 브 네젤류

A : А́нна Петро́вна, Вы прекра́сно вы́глядите! Я вам зави́дую.
안나 뻬뜨로브나   비 쁘리끄라스너 븨글랴지쩨   야 밤 자비두유

B : Я о́чень хорошо́ себя́ чу́вствую, потому́ что ка́ждый день
야 오친   하라쇼   씨뱌 추스뜨부유   빠따무 슈따 까쥬듸 젠
де́лаю заря́дку и занима́юсь спо́ртом.
젤라유   자랴트꾸 이 자니마유씨   스뽀르떰

◦• Но́вые слова́

спорт 스포츠
всегда́ 항상
те́нисный корт 테니스 코트
ходи́ть(Ⅱ, НСВ) 다니다
раз 1회, 1번
те́ннис 테니스
ка́ждый 각각의
заря́дка 가벼운 운동

потому́ что 왜냐하면
чу́вствовать(Ⅰ, НСВ) 느끼다
прекра́сно 훌륭하게, 멋있게, 매우 아름답게
вы́глядеть(Ⅱ, НСВ) ~처럼 보이다, 모양을 하고 있다
занима́ться(НСВ) 종사하다. 열중하다(조격과 함께)
хвата́ть(Ⅱ, НСВ) 충분하다, 넉넉하다
зави́довать(Ⅰ, НСВ) 부러워하다, 질투하다(여격과 함께)

A : 어떤 운동을 하십니까?
B : 테니스를 합니다.
A : 이것을 하실 시간이 충분하십니까?
B : 늘 그렇지는 않습니다. 일주일에 두 번 테니스 코트에 나갑니다.

A : 안나 페트로브나, 좋아보이세요. 부럽습니다.
B : 매일 가벼운 체조와 운동을 하고 있어 컨디션이 아주 좋습니다.

Грамматика

- ка́ждый는 '각각의', '각자의' 또는 '모든 사람'의 의미를 지니며, 형용사처럼 변화한다.
  Я де́лаю у́треннюю гимна́стику ка́ждый день. 나는 매일 아침체조를 한다.
  Ка́ждый челове́к зна́ют э́ту но́вость. 모든 사람이 이 소식을 다 안다.

- 정기적으로 발생하는 행위('~마다')를 표현할 때는 ка́ждый+명사의 대격을 사용한다. 이것은 по+복수 여격과 동일한 뜻을 가진다.
  ка́ждый год 매년
  ка́ждый ме́сяц 매달
  ка́ждую неде́лю 매주

  Она́ хо́дит в це́рковь **ка́ждое воскресе́нье**. 매 일요일마다 그녀는 교회를 다닌다.
  (= Она́ хо́дит в це́рковь **по воскресе́ньям**.)

- **зави́довать**+여격
  Я вам зави́дую. 나는 당신이 부럽습니다.

- (не) хвата́ть+생격(~가 충분하다, 넉넉하다(부족하다)) - 무인칭문에서 사용된다.
  У меня́ не хвата́ет де́нег. (나는) 돈이 부족하다.

- раз의 변화
  1 раз
  2, 3, 4 ра́за
  5 ~20 раз

● Упражнения

다음을 러시아어로 말해보세요.

01 어떤 운동을 하십니까?
02 그들은 축구를 한다.
03 이것을 할 시간이 충분하십니까?
04 일주일에 세 번 수영장(бассе́йн)에 간다.
05 당신은 보기 좋아 보이십니다!
06 그는 매일 가벼운 체조를 한다.

● Для тех, кто хо́чет знать бо́льше

ката́ться **на** конька́х 스케이트를 타다
　　　　　на лы́жах 스키를 타다
　　　　　на ро́лик**ах** 롤러 스케이트를 타다
　　　　　на велосипе́д**е** 자전거를 타다

- Как она́ вы́глядит? 그녀가 어떻게 생겼어요?
- Дово́льно стро́йная, высо́кая. На вид ей о́коло тридцати́. 상당히 늘씬하고 키가 크던 걸요. 외관상 서른 정도 되어보였습니다.

ве́жлив**ый**, ая, ое, ые(정중한, 예의바른)　　ве́рн**ый**, ая, ое, ые(진실한, 신뢰할 수 있는)
сме́л**ый**, ая, ое, ые(용감한, 대담한)　　интере́сн**ый**, ая, ое, ые(재미있는)
усе́рдн**ый**, ая, ое, ые(열심인, 성심성의의)　　открове́нн**ый**, ая, ое, ые(솔직한)
нахо́дчив**ый**, ая, ое, ые(기지가 있는, 재치가 있는)　　краси́в**ый**, ая, ое, ые(아름다운, 잘 생긴)
интеллиге́нтн**ый**, ая, ое, ые(지적인)　　скро́мн**ый**, ая, ое, ые(공손한, 겸손한)
высо́к**ий**, ая, ое, ие(키가 큰)　　стро́йн**ый**, ая, ое, ые(균형잡힌, 조화된)

01: Каки́м ви́дом спо́рта вы занима́етесь?　02: Они́ игра́ют в футбо́л.
03: У вас на э́то хвата́ет вре́мени?　04: Я хожу́ три ра́за в неде́лю.
05: Вы прекра́сно вы́глядите!　06: Ка́ждый день я де́лаю заря́дку.

• Запомните!

Вопро́сы	Отве́ты
- Чем вы занима́етесь?	занима́ться спо́ртом
	литерату́рой
	ру́сским языко́м
	дома́шними дела́ми

Ру́сская культу́ра

트레티야코프 미술관
(Третьяко́вская галере́я)

모스크바의 상인이었던 파벨 트레티야코프(Па́вел Третьяко́в, 1832~1898)가 니콜라이 실데르(Никола́й Ши́льдер)의 작품 《유혹(Искуше́ние)》을 처음으로 구입한 것을 시작으로 그의 나이 28세에 민족 화랑을 열기로 결심한다. 1860년대 후반 문학과 예술 등 문화 분야에서 뛰어난 업적을 낸 인물들의 초상화를 조직적으로 수집하였고, 이어 1870년 미술관을 설립, 화가들로 하여금 러시아 사람들의 일상생활, 러시아의 역사적인 사건들을 그린 사실주의 풍의 그림을 전시토록 하고 그림들을 구입하였다.

1874년경 그는 이미 동시대 러시아 미술의 수집가로 권위를 인정받게 된다. 1890년대에는 이콘을 수집하기 시작했고, 조각품의 수집에도 관심을 가졌다. 그러나 '그림들은 모두 인민에게 속해야 한다'는 신념에 따라 1892년 8월 동생인 세르게이가 수집한 서유럽의 미술품과 함께 자신의 미술관을 모스크바 시에 기증한다.

트레티야코프 미술관의 소장품은 고대 러시아 성화에서부터 현대 미술까지 약 6만점에 달할 정도로 다양하다. 트레티야코프 미술관은 러시아 미술사를 한 눈에 살펴볼 수 있는 러시아 미술품의 보고다. 루블로프의 '삼위일체' 등 16~17세기의 뛰어난 이콘화를 비롯하여 이바노프, 수리코프의 '유형지로 끌려가는 모로조바 여인', 레핀의 '이반 대제의 아들', 페로프의 '도스토옙스키' 등 18세기에서 20세기초의 화가들, 칸딘스키, 샤갈 등 현대 작가들, 옛날 러시아 미술을 대표하는 안드레이 루블로프 등 이콘 화가들의 작품이 전시되고 있다. 이들 작품은 두 건물에 분산 전시되고 있는데, 제 1관(라브루쉰스키 거리 10번지)은 11세기부터 20세기초까지의 러시아 미술품으로, 제 2관(크림스키 발 10번지)은 20세기 초 아방가르드로부터 1990년대 포스트 모던에 이르기까지 현대 미술품으로 구성되어 있다.

TEMA 15

아르한겔스코예의 유수포프 가족묘지
(Усыпальница Юсуповых в Архангельском)

크렘린 서쪽 12km 지점에 위치한 아르한겔스코예는 18, 19세기 러시아 건축 양식을 대표하는 궁전 단지이다. 고전주의 양식으로 지어진 대 지주 유수포프(Юсупов) 공작의 궁전으로, 언덕에 위치해있어 경치를 구경하기 좋고 모스크바의 유람선이 지나가는 것도 볼 수 있다. 사원인 동시에 가족묘지인 이 건물은 1910~1914년에 지어진 것이다.

쿨 샤리프 사원
(Мечеть Кул-Шарив)

카잔 소재. 카잔은 중앙아시아, 중동과 유럽을 잇는 종교문화의 완충지대인 만큼 수많은 무슬림 모스크와 회교사원들, 러시아 정교회당이 어깨를 맞대고 있다.

페트로드보레츠의 분수
(Фонтан Петродворец)

페테르부르크 소재. 그리스의 아테네 성전을 연상시키는 구조물을 따라 분수의 물줄기가 흘러내린다.

TEMA 15

우체국에서

43 우체국에서

러시아의 우체국은 과거 다양한 용도로 이용되어 왔다. 우체국은 일반 우편 업무, 즉 편지(письмо́)나 소포(бандеро́ль, посы́лка)를 부치고, 전보 (телегра́мма)를 보내거나 송금(де́нежный перево́д)을 하는 것 이외에도 팩스와 이메일 전송 등 다양한 역할을 해왔으며, 국제전화가 원활하지 않던 시절에는 중앙우체국과 일부 지정된 우체국에서만이 국제전화가 가능했다. 하지만 이러한 우체국 업무도 러시아의 빠른 현대화로 인해 많은 변화를 겪고 있다. 휴대전화와 컴퓨터의 이용이 늘어나고 항공우편 시스템이 발달하면서 국제전화, 이메일, 팩스와 소포 이용객들이 줄고 있기 때문이다.

이제는 굳이 우체국을 방문하지 않고도 백화점이나 쇼핑센터의 간이우체국 코너를 이용하거나 호텔 프론트에 부탁을 해서 편지를 부칠 수 있다. 우표도 공항과 지하철 역에서 쉽게 구입할 수 있으며 스티커 형태라 풀이 필요하지 않다. 하지만 배송시스템이 발달되어 있지 않은 관계로, 곳곳에 설치된 우체통에 직접 편지를 넣는 것은 전달되지 않을 가능성이 높으므로 중요한 편지라면 우체국을 방문하는 것이 안전하다.

특급우편(Экспре́сс-по́чта)은 이미 전세계적으로 단일화되어 우체국을 찾아가지 않아도 될만큼 간소화되고 있다. 항공우편회사인 Fedex와 EMS로 전화를 걸면 직원이 직접 찾아와 물건을 배송한다. 보통 배송기간은 2~3일 정도 소요되고, 가격은 90~200(1~5kg)달러 수준이며, EMS는 가격이 보다 저렴한 대신 배송하기까지 7일 정도 소요된다.

우체국에서 На почте
나 뽀츠쩨

Урок 43

우체국 창구는 업무가 나뉘어져 있다. 자신의 목적에 따라 필요한 창구를 찾아가 우편 업무, 거주등록 신고, 팩스와 인터넷 이용 등을 하게 된다. 이런 상황에서 필요한 표현들을 살펴본다.

Диалог

A : Простите, вы не скажете, где здесь можно отправить посылку?
쁘라스찌쩨   븨   니 스까줴쩨   그제 즈졔씨 모쥬노   아트쁘라비찌 빠씰꾸

B : Обратитесь в четвёртое окно. У нас приём ценных писем и бандеролей.
아브라찌쩨씨   프 체뜨보르떠예   아끄노   우 나쓰 쁘리욤   쩬니흐   삐쎔   이 반데롤레이

A : Сколько стоит марка для авиаписьма?
스꼴까   스또이트 마르까 들랴 아비아삐씨마

B : Куда вы отправляете?
꾸다   븨   아뜨쁘라블랴예쩨

A : В Корею.
프 까례유

B : 45(сорок пять) рублей.
쏘럭   빠찌   루블레이

A : Вот, пожалуйста. И ещё дайте, пожалуйста, авиаконверт.
보트   빠좔루스따   이 이쑈 다이쩨   빠좔루스따   아비아깐베르트

Новые слова

почта 우체국
посылка 소포
обратиться(СВ) ~쪽을 향하다
приём 접수
ценный 고가의, 귀중한, 가치가 있는
письмо 편지
бандероль (ж.) 포장한 우편물

марка 우표
для ~를 위하여
авиаписьмо 항공우편
авиаконверт 항공우편봉투
отправлять(НСВ)/отправить(СВ) 보내다, 발송하다

A : 죄송합니다만, 여기 어디서 소포를 보낼 수 있습니까?
B : 4번 창구로 가십시오. 등기우편과 소포 접수 창구가 있습니다.

A : 항공우편용 우표가 얼마입니까?
B : 어디로 보내시려고 합니까?
A : 한국으로요.
B : 45루블입니다.
A : 여기 있습니다. 그리고 항공우편봉투도 주십시오.

Грамматика

- **для** + 생격(~를 위해, 용도)
  Я купи́ла га́лстук для моего́ мла́дшего бра́та.
  나는 남동생을 위해 넥타이를 샀다.
  Покажи́те, пожа́луйста, костю́м для де́вочки.
  여아용 옷을 보여주세요.

- **отправля́ть / отпра́вить** + 대격
  отпра́вила письмо́ в Коре́ю по по́чте. 나는 우편으로 한국에 편지를 부쳤다.

- **посыла́ть / посла́ть** + 대격 + 여격(사람)
  Я посла́л ма́ме телегра́мму. 나는 엄마에게 전보를 부쳤다.

- 문장이나 단어에 보충적인 의미를 주거나 감정적인 뉘앙스를 주는 소사
  강조 – **же**(확신), **да́же, ещё, уже́** (예 : ещё раз 한 번 더)

- **обрати́тесь** + куда́(в + 대격(사물), к + 여격(사람))
  Обрати́тесь в пе́рвое окно́. 1번 창구로 가세요.
  Обрати́тесь к дежу́рному. 당직자에게 부탁해 보세요.
  Обрати́тесь к врачу́. 의사를 찾아가 보세요.

Упражнения

다음을 러시아어로 말해보세요.

01 여기 어디서 소포를 보낼 수 있습니까? 02 1번 창구로 가십시오.
03 항공우편용 우표가 얼마입니까? 04 어디로 보내십니까?
05 항공우편봉투를 주십시오.

Для тех, кто хочет знать больше

✐ 중앙전신국(Центра́льный телегра́ф)과 중앙우체국(Главпочта́мт)에는 각 창구마다 번호와 업무 내용을 간략히 적고 있다.

1. Регистра́ция и вы́дача сообще́ний. Телефа́кс 등록과 통지서 발행. 팩스
2. Эле́ктронная по́чта 전자 우편
3. Прода́жа ма́рок, конве́ртов и откры́ток 우표, 봉투, 엽서 판매
4. Приём телегра́мм 전보 접수
5. Приём це́нных(зака́зных) пи́сем и бандеро́лей 고가의(등기)우편 및 소포 접수
6. Вы́дача це́нных пи́сем, бандеро́лей и корреспонде́нции до востре́бования 등기 우편, 소포, 유치 우편물 인도(수령)

✐ бандеро́ль과 посы́лка는 부치는 물건의 성질과 무게로 구분한다. 일반적으로 1kg이하의 물건은 бандеро́ль로 부치는 것이 더 싸지만, 무게가 넘으면 추가비용을 많이 내야 한다. бандеро́ль은 인쇄물과 서적, 출판물, 원고, 사진 등으로 제한하고 있으며, посы́лка는 우리나라의 소포와 마찬가지로 20kg 미만의 생활용품으로 제한하고 있다.

✐ 최근 러시아의 우체국은 인터넷 이용을 위한 공간으로 활용되고 있다.

✐ 편지 봉투에 주소를 기입할 때에는 성, 이름, 부칭, 도로명, 번지, 우편번호, 도시 순으로 적게 되어 있으며, 우편봉투에 우편번호(и́ндекс)란이 따로 있을 경우에는 그곳에 우편번호를 적으면 된다.

Ответы Q.U.I.Z

01: Где здесь мо́жно отпра́вить посы́лку? 02: Обрати́тесь в пе́рвое окно́.
03: Ско́лько сто́ит ма́рка для авиаписьма́? 04: Куда́ вы отправля́ете?
05: Да́йте, пожа́луйста, авиаконве́рт.

📌 Запомните!

Вопро́сы	Отве́ты
- Где мо́жно отпра́вить(получи́ть) телегра́мму? 어디서 전보를 보낼(받을) 수 있나요? фа́кс?(팩스를) бандеро́ль? (소포를)	- В сосе́днем окне́. 옆 창구에서 - В сле́дующем окне́. 다음 창구에서 - В пе́рвом окне́. 1번 창구에서
- Ско́лько сто́ит час по́льзования интерне́том? 인터넷을 한 시간 이용하는 데 얼마입니까?	- 90(девяно́сто) рубле́й 90루블입니다.

Ру́сская культу́ра

빅토르 초이(Ви́ктор Цой)와 아르바트의 골목

아르바트 한쪽에는 길이가 100m가 채 안 되는 골목에 전설적인 록가수 빅토르 초이를 기념하는 벽이 있다. 이 골목은 초이가 무명가수일 때 노래를 부르던 곳이었다. 제단처럼 우묵하게 파인 곳에 빅토르 초이가 생전에 좋아하던 담배와 꽃으로 장식되어 있으며, 벽에는 초이를 기리는 글들과 그의 노래 가사 말이 적혀 있다.

빅토르 초이는 한인 3세로 1961년 페테르부르그(당시 레닌그라드)에서 교사인 어머니와 기술자인 아버지 사이에서 태어났다. 빅토르 초이는 록 밴드 '키노(кино)'를 이끌고 자유와 민주화를 갈망하는 당시 젊은이들의 시대적 열망에 부합하는 음악을 통해 저항적 메시지를 전하였다. 고르바초프 대통령조차도 그의 노래가 자신의 개혁에 영향을 미쳤다고 할 정도였다. 퇴폐적일 정도로 허무한 저음의 목소리와 이국적인 카리스마를 지닌 그는 사회성 짙은 가사와 반전의 메시지를 담은 노래로 총 4장의 앨범을 발표했다. 음악뿐 아니라 영화에도 재능이 있었던 초이는 영화를 직접 제작하고 출연까지 했으며 회화나 조각에도 조예가 깊었다고 알려져 있다. 한국 공연을  앞두고 있던 1990년 라트비아 공화국 리가의 한적한 도로에서 의문의 교통사고로 사망했다.

TEMA 16

페트로파블롭스키 사원
(Петропавловский Собор)

카잔 소재. 여러 종교가 뒤섞여 있는 카잔의 특성을 드러내 주는 독특한 양식의 정교회 사원으로, 다른 지역에서는 보기 드문 벽 장식이 돋보인다.

망루(Часовая башня)

니즈니 노브고로드 소재. 성채의 일부이다. 성채에는 대부분이 15세기에 건축된 8.5~10.6m에 이르는 다양한 모양의 탑이 있다. 성채 내부에는 사원, 이콘 박물관, 경찰시설, 무명 용사의 묘, 꺼지지 않는 불, 시의 행정시설, 오케스트라 공연 시설 등이 있다.

스몰렌스카야 교회
(Смоленская церковь)

카잔 소재. 붉은 벽돌을 사용해서 만든 독특한 양식으로 전형적인 쿠폴에서 볼 수 있는 황금색을 거의 사용하지 않았다.

ТЕМА 16

관광지에서

44 | 여행
45 | 기념품

여행에서 명승고적지 방문을 빼놓을 수 없다. 관광지를 알아보기 위해선 시내의 관광안내소(Туристи́ческое бюро́, Туристи́ческий центр, Информацио́нное бюро́)를 이용하는 것이 편리하다. 관광안내소에는 시내 지도나 버스 노선도를 무료로 얻을 수 있으며 버스 투어 예약을 비롯한 각종 서비스를 받아 여러 도시를 방문하고 유적지를 둘러볼 수도 있다. 주요 관광지로는 모스크바, 페테르부르크, 니즈니 노브고로드, 툴라, 볼로그다, 예카테린부르그, 이르쿠츠크, 하바롭스크, 블라디보스토크를 들 수 있다. 러시아 역사와 정교회의 전통, 문화 예술을 보고자 한다면 모스크바를 둘러보는 것이 좋다. 또한 유네스코가 지정한 문화유산인 페테르부르크는 도시 전체가 박물관이라 할 수 있을 만큼, 네바강변에 늘어선 궁전들과 기념비, 동상, 동물학 박물관, 인류학 박물관, 에르미타슈 박물관 등 정신적 유산이 넘쳐난다. 19세기 상업도시이자 러시아의 중세와 근대의 역사와 문화를 보려면 니즈니 노브고로드를, 그리고 성채와 성당, 지역 특산품인 마트료시카를 보려면 모스크바 외곽의 황금고리 지역(Золото́е кольцо́: Влади́мир, Су́здаль, Се́ргиев Поса́д(블라디미르, 수즈달, 세르기예프 포사드))를 가야 한다. 사모바르 제작과 무기 산업의 메카인 툴라, 경제와 산업의 중심부인 예카테린부르크와 볼로그다, 시베리아 관광의 시발점이자 바이칼호를 볼 수 있는 이르쿠츠크, 극동의 관문인 블라디보스토크와 하바롭스크 등도 제각기 특색을 지니고 있다. 도시의 매력도 특별하지만, 러시아의 농촌들의 다차를 보는 것도 흥미롭다. 도시의 높은 빌딩과 타워식 아파트에 비해 농촌의 작은 다차들은 저마다 독특한 창문 장식으로 사람들의 눈길을 끈다.

여행 Экскурсия
엑쓰꾸르씨야

 Урок 44

여행 중 미리 사전 조사가 충분하지 않은 곳에서 효과적인 관광을 하기 위해서는 그곳에 어떤 관광명소가 있는지를 물어보게 된다. 이런 상황에서 필요한 표현들을 살펴본다.

 Диалог

A : Скажи́, пожа́луйста, что сто́ит посмотре́ть в Москве́?
스까쥐 빠좔루스따 슈또 스또이트 빠스마뜨레찌 브 마스끄베

B : Коне́чно, сто́ит посмотре́ть Кремль. Ведь ты не была́ там?
까녜슈너 스또이트 빠스마뜨레찌 끄례믈 베찌 띄 니 빌라 땀

A : Нет, не была́. А что там есть?
니예트 니 빌라 아 슈또 땀 예스찌

B : Там краси́вые стари́нные зда́ния и собо́ры. Кста́ти, ты зна́ешь,
땀 끄라씨븨예 스따린늬예 즈다니야 이 싸보릐 끄스따찌 띄 즈나예쉬

что за́втра днём у нас экску́рсия?
슈또 자프뜨라 드뇸 우 나쓰 엑쓰꾸르씨야

A : Кака́я?
까까야

B : 《Моско́вский Кремль и Кра́сная пло́щадь》. Я ду́маю, что
마스꼽스끼 끄례믈 이 끄라쓰나야 쁠로쉬찌 야 두마유 슈또

э́то больша́я интере́сная экску́рсия. Дава́й пойдём!
에따 발샤야 인쩨레쓰나야 엑쓰꾸르씨야 다바이 빠이죰

A : Коне́чно, пойдём! До за́втра!
까녜슈너 빠이죰 다 자프뜨라

Но́вые слова́

сто́ит ~의 가치가 있다
ведь 정말로, 과연, 바로 ~가 아닌가
кремль (м.) 성채, 요새
была́ быть의 과거 여성형
зда́ние 건물
экску́рсия 견학, 여행, 소풍

кра́сный 빨간, 붉은
пло́щадь (ж.) 광장
интере́сный 재미있는, 흥미로운
до за́втра 내일 만납시다
стари́нный 옛날의, 고풍스런
собо́р (정교회의) 사원

A : 모스크바에서 볼만한 게 무엇이 있는지 말해주렴.
B : 물론 크렘린을 보는 게 좋지. 정말 너 그곳에 안 가보았니?
A : 응, 가보지 않았어. 근데 거기에 무엇이 있는데?
B : 그곳에는 고풍스런 아름다운 건물과 사원들이 있어. 참, 내일 낮에 우리 견학이 있는 것 아니?
A : 무슨 견학이지?
B : 《모스크바의 크렘린과 붉은 광장》이야. 내 생각엔 볼거리가 아주 많고 흥미로운 견학이 될 거야. 같이 가보자꾸나.
A : 물론 가야지. 내일 보자.

Грамматика

стóит/не стóит + инф.

стóит 뒤에는 완료상 동사의 부정형이 올 수 있지만, 불필요함과 금지를 나타내는 не стóит, не нáдо, не слéдует, не должнó, нельзя́ 뒤에는 반드시 불완료상 동사의 부정형만 올 수 있다.

가능과 불가능, 허락과 금지, 원치 않음은 нáдо, ну́жно, необходи́мо, мóжно, нельзя́ + инф. 그리고 무인칭 동사들인 (не) стóит, (не) слéдует(~해야 한다(~하지 않아야 한다)), (не) везёт(운이 좋다(나쁘다)), прихóдится(~해야 한다), удаётся(성공적이다, 잘 되다) 로 표현할 수 있다. 이러한 동사들은 의미상 주어를 항상 여격 형태로 취한다.

быть

быть는 조동사로써 불완료상 동사와 결합하여 시제를 나타내거나, 단독으로 사용할 시에는 '있다, 존재하다'를 의미한다. 후자의 경우에는 현재 시제는 불가능하며 과거 시제나 미래 시제만 표현 가능하다.

조동사로서의 기능 :
Ему́ нáдо бы́ло сходи́ть в аптéку. 그는 약국에 다녀왔어야만 했다.
Я бу́ду чита́ть кни́гу. 나는 책을 읽을 것이다.

'존재'를 의미(장소를 나타내는 전치격과 함께 사용) :
Вчерá я была́ на концéрте. 어제 나는 콘서트에 갔다왔다.(= Вчерá я ходи́ла на концéрт.)
Зáвтра я бу́ду в университéте. 내일 나는 학교에 갈 것이다.

Упражнения

다음을 러시아어로 말해보세요.

01 모스크바에서 볼만한 게 무엇이 있습니까?
02 정말 너 그곳에 안 가보았니?
03 그곳에는 고풍스런 아름다운 건물과 사원들이 있어.
04 내일 낮에 우리 견학이 있는 것 아니?
05 내 생각엔 볼거리가 아주 많고 흥미로운 견학이 될 거야.
06 같이 가보자.

Для тех, кто хочет знать больше

▸ 관광장소 추천을 위한 질문과 표현
- Что здесь достопримечательность?
  이곳에 가볼 만한 명승고적이 어디 있습니까?
- Я хотел бы получить информацию о туристических маршрутах.
  관광지를 안내받고 싶습니다.
- Можете ли вы предложить маршрут, знакомящий с русской культурой?
  러시아 전통 문화를 체험할 수 있는 곳을 추천해주실 수 있을까요?
- Посоветуйте мне, пожалуйста, однодневный маршрут.
  1일 관광 코스를 추천해주세요.

▸ памятник + 여격 :
памятник Юрию Долгорукому (Пушкину, Минину и Пожарскому)
유리 돌고루키의 동상(푸시킨 동상, 미닌과 파자르스키 동상)

01: Что стоит посмотреть в Москве?
02: Ведь ты не была там?
03: Там красивые старинные здания и соборы.
04: Ты знаешь, что завтра днём у нас экскурсия?
05: Я думаю, что это большая интересная экскурсия.
06: Давай пойдём!

⊙ Запомните!

ИНФОРМАЦИОННОЕ БЮРО 관광안내소

Да́йте, пожа́луйста, **план го́рода**. 시내 지도를 주십시오.

спи́сок гости́ниц (호텔 리스트)

путеводи́тель для тури́стов (관광안내책자)

схе́му метро́ (지하철 노선도)

ка́рту (지도)

туристи́ческий букле́т (가이드 북)

Русская культура | 이콘(ико́на, 성상화)

그리스어로 '이미지' 혹은 '초상'을 의미하는 이콘은 성서에 나타난 주제나 성자들을 묘사한 목제 이콘 뿐 아니라 모자이크, 프레스코 등에 재현된 성화를 의미한다. 이콘은 성스러운 신의 이미지를 재현하는 까닭에 '색채 신학'으로 불린다. 최초의 이콘은 그리스도 생존 시에 만들어졌으며, 그리스도의 얼굴만 묘사된 '손으로 만들어지지 않은 성상화(Нерукотво́рный Спас)'라고 불리었다. 대상을 정확하게 묘사하는 사실주의 기법보다는 원근법이 없는 단순한 초기 초상화 양식을 바탕으로 하고 있다.

8세기 경 이콘을 우상숭배로 취급하여 일어난 이콘 타파 운동이 실패로 끝나면서 슬라브 권에서의 이콘에 대한 숭배는 신성불가침으로 인식되어왔다. 이콘은 보이지 않는 것을 보이게 하는 것으로, 신의 계시를 표의적인 상형으로 나타낸다. 소리 중심의 문화보다는 시선 중심의 문화에 특징적인 현상이라 할 수 있다. 표준으로 정해진 기본적인 얼굴 모습을 반복해서 재현하는가하면, 원근법에 기초한 서구식 화풍과는 다른 원근법을 도입하여 평면 위에 서로 다른 시간과 공간을 동시에 배치함으로써 성스러운 시간과 공간을 창조한다.

러시아 가옥에서는 전통적으로 집안 내부의 성소인 '붉은 구석(Кра́сный у́гол)'에 이콘을 모셔두었다. 동슬라브인들에게 모서리 공간, 즉 구석은 집안의 불길한 기운들이 모여드는 곳으로 간주되었다. 목재들이 교차되는 공간이 구석은 십자가와 같은 상징적인 의미가 깃든 공간으로 인식되었다. '붉다'라는 말은 과거 '아름답다'라는 뜻으로 통용되던 것으로, 크렘린의 '붉은 광장'에서도 그 흔적을 찾아볼 수 있다. 러시아의 전통 가옥들은 문지방의 위쪽 가름대가 낮게 내려오도록 짓는데, 이것은 의도하지 않아도 이콘을 향해 고개를 숙여 예를 다하고 방으로 들어가도록 하기 위한 것이다.

이콘은 이제 붉은 구석에만 모셔두지 않는다. 현대화에 따라 휴대용 이콘과 자동차에 걸어두는 이콘, 여행용으로 들고 다니는 이콘 등 다양한 형태들로 만들어지고 있다.

기념품 Сувениры
쑤베니릐

Урок 45

관광 명소에서는 특산품을 판매하거나 홍보하는 경우를 흔히 볼 수 있다. 지역특산품들은 다른 곳에서는 볼 수 없는 독특한 문화를 담고 있다. 한번쯤은 지역 특산품이나 기념품을 구입하게 마련이므로, 이런 상황에서 필요한 표현들을 살펴본다.

🎧 Диалог

A : Скажи́те, пожа́луйста, где продаю́т ру́сские сувени́ры?
　　스까쥐쩨　빠좔루스따　그제 쁘라다유트 루스끼예　쑤베니릐

B : За угло́м магази́н «Сувени́ры».
　　자 우글롬　마가진　쑤베니릐

A : Скажи́те, пожа́луйста, что э́то?
　　스까쥐쩨　빠좔루스따　슈또 에따

B : Э́то традицио́нный ру́сский сувени́р – па́лехская шкату́лка.
　　에따 뜨라지찌온늬　루스끼　쑤베니르　빨레흐스까야 쉬까뚤까

A : Кака́я шкату́лка са́мая дешёвая?
　　까까야　쉬까뚤까　싸마야 제쇼바야

B : Вот э́та ма́ленькая шкату́лка са́мая дешёвая.
　　보트 에따 말렌까야　쉬까뚤까　싸마야 제쇼바야

◉ Но́вые слова́

прода́ть(СВ) 팔다, 판매하다　　магази́н 상점　　дешёвый 싼
сувени́р 기념품　　па́лехский 팔레흐 産의　　ма́ленький 작은
за ~뒤에(조격과 함께)　　шкату́лка 보석함
у́гол 모퉁이, 구석　　са́мый 가장

A : 어디서 러시아 기념품을 팝니까?
B : 모퉁이 뒤의 《기념품》점에서 팝니다.

A : 이것이 무엇인가요?
B : 이것은 러시아의 전통 기념품인 《팔레흐 산 보석함》입니다.
A : 어떤 보석함이 가장 쌉니까?
B : 여기 있는 작은 보석함이 가장 쌉니다.

Грамматика

✎ 대명사 **са́мый, са́мая, са́мое, са́мые**

1) 형용사 앞에 붙어서 강조하는 역할을 하며, 형용사의 성, 수, 격과 일치한다.
   Э́то са́мый большо́й магази́н в ми́ре. 이것은 세계에서 가장 큰 상점이다.
   Э́то са́мая больша́я библиоте́ка в Москве́. 이것은 모스크바에서 가장 큰 도서관이다.

2) 장소나 시간을 의미하는 명사와 결합할 시에는 의미의 정확성을 가리킨다.
   Мы нахо́димся в са́мой середи́не за́ла. 우리는 홀 정중앙에 위치해 있다.
   Повтори́те всё с са́мого нача́ла. 모든 것을 맨 처음부터 반복하십시오.
   Они́ рабо́тали с утра́ до са́мого ве́чера. 그들은 아침부터 저녁까지 일했다.

3) 지시 대명사 **тот, та, то, те**와 결합하여 강조의 의미를 갖는다.
   Э́то тот челове́к, о кото́ром я тебе́ говори́л. 이 사람이 내가 너에게 말한 바로 그 사람이다.

✎ **за**+조격(~ 뒤에, ~너머)
   За до́мом огоро́ды. 집 뒤에 야채밭이 있다.
   Преподава́тель стои́т за столо́м. 선생님이 책상 뒤쪽에 서 있다.

Упражнения

다음을 러시아어로 말해보세요.

01 어디서 러시아 기념품을 팝니까?
02 모퉁이 뒤의 《기념품》점에서 팝니다.
03 이것은 러시아 전통적인 기념품입니다.
04 어떤 보석함이 가장 쌉니까?
05 여기 있는 작은 보석함이 가장 쌉니다.

Для тех, кто хочет знать больше

открытки с видами городов 도시의 풍경이 그려진 엽서들
календарь 달력
книги об архитектуре 건축에 관한 책
кукла в национальном костюме 민속의상을 입은 인형
игрушки из дерева 나무(로 만든) 인형
игрушки из керамики 도자기(로 만든) 인형
балалайка 발랄라이카(3현으로 이루어진 러시아의 민속악기)
матрёшка 마트료시카
деревянные ложки, миски, чашки 나무 숟가락, 그릇, 찻잔
картина 그림 кожаный кашелёк 가죽 지갑
кожаное портмоне 가죽 가방 самовар 사모바르(차 주전자)
бусы из янтаря 호박 목걸이 бусы из агата 마노 목걸이
бусы из малахита 공작석 목걸이 кольцо 반지
браслет 팔찌 цепочка 목걸이 줄

01: Где продают русские сувениры?
02: За углом магазин 《Сувениры》.
03: Это традиционный русский сувенир.
04: Какая шкатулка самая дешёвая?
05: Вот эта маленькая шкатулка самая дешёвая.

Запомните!

유용한 표현:

Где продаю́т ру́сские сувени́ры? 어디서 러시아 기념품을 팝니까?
Ско́лько сто́ит эта матрёшка? 이 마트료시카가 얼마입니까?
Э́то ручна́я рабо́та? 수공예품입니까?
Како́й вам бо́льше нра́вится? 어떤 것이 가장 마음에 드십니까?
Что здесь нарисо́вано? 여기에 그려진 것이 무엇입니까?
Дорогова́то. 좀 비싸네요.
Подеше́вле, пожа́луйста. 값을 좀 더 싸게 해주셨으면 합니다.

Ру́сская культу́ра | 노비 루스키와 올리가르히

노비 루스키(Но́вый Ру́сский, 신 러시아인)는 소련 붕괴 이후 나타난 신흥 부유층을 일컫는 말로, 러시아 사회의 약 10%인 천5백만명 정도에 해당한다. 이들은 구 소련시절 당과 정부의 권력자들이거나 외환거래나 불법적으로 생산된 제품의 판매에 종사하던 사람들, 그리고 자신의 능력이나 노력으로 막대한 부를 쌓은 사람들이다. 노비 루스키들은 러시아의 소비 시장을 주도하며 온갖 기행으로 자신들의 부를 자랑한다.

노비 루스키와 더불어 1990년대 중반 이후 올리가르히(Олига́рхи)의 대두를 주목할 필요가 있다. 니제고로드(Нижегоро́дская о́бласть)시장 시절 넴초프(Бори́с Немцо́в)는 1997년 12월 1일자 노바야 가제타(Но́вая газе́та)誌와의 인터뷰에서 자신의 민중 자본주의를 루시코프(Ю́рий Лужко́в)의 노멘클라투라, 관료적 자본주의와 베레좁스키(Бори́с Березо́вский)의 과두 정치적(올리가르히들의) 자본주의와 대조시킨다. 그 이후부터 올리가르히라는 용어는 현재 의미로 사용되었고, 페레스트로이카 시기부터 개인의 경제활동으로 부를 축적한 신흥 자본가를 일컫게 되었다. 구 소련의 관리들 또는 이들 2세들은 소련 붕괴 이후 국가 권력이 현저하게 약화된 틈을 이용하여 자신들의 지위, 경력, 인맥, 그리고 정보력을 무기 삼아 손쉽게 더 많은 부를 얻고 권력에 접근할 수 있었다. 특히 1990년대 중반부터 국가가 소유하고 있던 기업의 매각이 본격화되는 과정에서 소수의 금융 및 산업 부문의 엘리트들이 정책 결정권을 갖고 있던 고위 국가 관리와 정치인들과의 정경 유착과 막후 거래를 통해 엄청난 부를 쌓은 뒤 이를 발판으로 직접 정계에 진출하거나 정부의 정책 결정 과정에까지 영향력을 행사하게 되었다. 특히, 선거 때마다 정치자금과 기업 특혜를 교환함으로써 이들은 공정 경쟁의 시장 질서를 무너뜨렸을 뿐만 아니라 정치권의 주요 자리를 차지하여 정치 체제의 성격까지 과두 제적 성격으로 변화시켰다.

노비 루스키에 대해 부정적 시각만 존재하는 것은 아니다. 노비 루스키들의 높은 교육열과 폭넓은 경험, 자본주의 시장경제체제에 대한 뛰어난 적응력을 유럽과 나란한 대열에 오르게 하는 원동력이라고 보는 긍정적 평가도 있다. 2004년 여론 조사 발표에 따르면 러시아 젊은이들의 우상순위는 1위가 가요계 스타, 2위가 올리가르히, 3위가 스포츠맨, 4위가 TV드라마 주인공, 5위가 푸틴 대통령이라고 하니 올리가르히의 인지도와 위상을 가히 짐작하고도 남는 부분이다.

TEMA 17

카잔의 레닌 대학교

레닌은 카잔 대학교를 졸업했다. 이후 이 대학은 레닌의 이름을 따 울리야노프-레닌 국립대학교(Государственный университет В. И. Ульянова-Ленина)로 명칭이 바뀌었다.

레닌(В. И. Ульянов-Ленин) 동상

레닌 대학교 앞에 있는 동상으로, 다른 지역의 레닌 동상과는 외관에서부터 현격한 차이를 보인다. 레닌의 집권 당시 시절을 묘사한 다른 지역의 동상과 달리 레닌의 학창시절 젊은 얼굴을 엿볼 수 있다.

고리키(М. Горький) 동상

니즈니 노브고로드 소재. 러시아의 문호 고리키는 어린 시절을 니즈니 노브고로드에서 보냈고, 이 도시에 대한 애정은 그의 작품 곳곳에서도 잘 드러난다.

TEMA 17

몸이 아플 때

- 46 | 접수 창구에서
- 47 | 의사의 진료
- 48 | 약국에서

외국에서 몸이 아프면 여러 가지로 불편할 수 있다. 더욱이 아침 저녁으로 기온 차이가 심한 러시아에서는 외출할 때 옷차림에 주의해야 한다. 몸의 상태가 좋지 않을 때는 즉시 휴식을 취하거나 의약품의 도움을 받아야 한다. 이를 위해서 여행 전에 여행자 보험 등에 가입하는 것이 좋고, 또한 간단한 구급약 등을 지참해야 한다. 입원이 필요한 경우는 현지 공관에 연락을 취해 도움을 요청하는 것이 좋다. 러시아에서 여행자 신분으로 의료 혜택을 받기란 아주 어려운 일이므로 미국인이나 유럽인이 운영하는 병원을 찾아가는 것이 좋다. 일반적으로 больни́ца, поликли́ника라고 하는 것은 종합병원으로 입원실이 있지만, кли́ника는 우리의 개인병원처럼 단순한 처방과 치료를 받을 수 있는 대신 입원실이 없다.

몸에 가벼운 상처나 이상 증상이 있을 때, 부작용이 없는 가벼운 약들은 약국이나 상점에서 쉽게 구할 수 있다. 그러나 부작용이 예상되는 약품들은 반드시 의사의 처방이 있어야만 구입이 가능하다. 현지에서는 가능한 한국인 의사가 있는 병원에 가는 것이 좋으며 심각한 질병이 발생했거나 문제가 있을 시에는 현지에서 생활을 오래한 사람의 도움을 받아 병원에 가는 것이 좋다.

입에서 톡(talk) 러시아어

접수 창구에서 B регистратуре
브 레기스뜨라뚜레

46 Урок

병원에 가면 접수창구에서 등록을 어떻게 해야 하는지 몰라 불편을 겪게 된다. 접수창구에서 등록하는 방법과 어떤 분야의 의사에게 진찰을 받고 싶은지에 대한 표현을 살펴본다.

 Диалог

A : Я хочу́ записа́ться на приём к врачу́.
야 하추 자삐싸짜 나 쁘리욤 그 브라추

B : Пожа́луйста. Вы уже́ бы́ли у врача́?
빠좔루스따 븨 우줴 빌리 우 브라차

A : Нет, я в пе́рвый раз.
니예트 야 프 뻬르븨 라쓰

B : Тогда́ вам ну́жно вы́писать ка́рту. Пожа́луйста, ваш медици́нский по́лис.
따그다 밤 누쥬너 븨삐싸찌 까르뚜 빠좔루스따 바쉬 메지찐스끼 뽈리쓰
Ваш а́дрес и фами́лия.
바쉬 아드레쓰 이 파밀리야

A : У́лица Че́хова, дом 20, кварти́ра 104. Па́влов.
울리짜 체호바 돔 드바짜찌 끄바르찌라 스또 체띄레 빠블로프

B : К како́му врачу́ вы хоти́те записа́ться?
끄 까꼬무 브라추 븨 하찌쩨 자삐싸짜

A : К терапе́вту.
끄 쩨라뻬프뚜

B : Пожа́луйста, возьми́те тало́нчик. Терапе́вт принима́ет с двух до четырёх,
빠좔루스따 바지미쩨 딸론칙 쩨라뻬프트 쁘리니마예트 쓰 두부흐 다 체띄료흐
кабине́т № 7.
까비네트 노몌르 쎔

○• Но́вые слова́

регистрату́ра 기록과, 등록소
записа́ться(Ⅰ, СВ) 등록하다
в пе́рвый раз 처음으로
медици́нский 의료의
кварти́ра 아파트의 한 가구
терапе́вт 내과 의사
тало́нчик 토큰, 접수증

кабине́т 집무실, 서재
принима́ть(Ⅰ, НСВ) 접수하다, 받아들이다
вы́писать(Ⅰ, СВ) (요점이나 필요한 부분을) 골라 쓰다, 발췌하다
по́лис 보험증서(=медици́нская страхо́вка 의료보험증)

A : 의사 선생님께 진료를 받고 싶습니다.
B : 알겠습니다. 의사 선생님한테 이미 다녀가신 적이 있습니까?
A : 아니오, 처음입니다.
B : 그럼 기록카드를 쓰셔야 합니다. 의료보험증을 주십시오. 주소와 성이 어떻게 되십니까?
A : 체홉 거리, 20동 103호입니다. 파블로프입니다.
B : 어떤 의사 선생님께 진료를 받고 싶으십니까?
A : 내과 의사입니다. 자, 여기 있습니다.
B : 접수증을 받으십시오. 내과의는 2시부터 4시까지 7호실에서 접수합니다.

Грамматика

✏ записа́ться + куда́ (к кому́)
Я хочу́ записа́ться к врачу́. 의사 선생님께 진료를 받고 싶습니다.

✏ раз가 서수와 결합할 때에는 변화하지 않는다. (42과에서 다룬 기수와의 결합을 참조하여 비교해보세요.)
в пе́рвый раз 처음으로   во второ́й раз 두번째로
в тре́тий раз 세번째로   в четвёртый раз 네번째로
в пя́тый раз 다섯번째로

✏ 시간표현
행위의 시발 시간(~부터)을 나타낼 때에는 **с**+생격을 사용한다.
Он гото́вился к экза́мену с понеде́льника. 그는 월요일부터 시험을 준비했다.
시간의 한계(~까지)를 나타낼 때에는 **до**+생격을 사용한다.
Дождь шёл до утра́. 비가 아침까지 내렸다.
'**с**+생격 **до**+생격(~부터 ~까지)' 의 표현
Я рабо́таю с ра́ннего утра́ до ве́чера.
나는 이른 아침부터 저녁까지 일한다.

Упражнения

다음을 러시아어로 말해보세요.

01 의사 선생님께 진료를 받고 싶습니다.
02 처음입니다.
03 그럼 기록카드를 쓰셔야 합니다.
04 어떤 의사 선생님께 진료를 받고 싶으십니까?
05 내과의는 2시부터 4시까지 접수합니다.

Для тех, кто хочет знать больше

поликлиника, больница 종합병원
клиника 보건소, 병원(우리 나라의 개인 병원 규모)
медсестра 간호사
страховка 보험(주로 차량)
документ 증서, 서류
медицинское свидетельство 건강진단서

Вопросы	Ответы
- Что нужно, чтобы записаться к врачу? 의사 선생님께 예약하려면 무엇이 필요합니까?	- Медицинский полис и студенческий билет. 의료보험증과 학생증이 필요합니다.
- Мне нужно к зубному врачу. Как он принимает? 치과의사 선생님한테 가야 합니다. 어떻게 진료하십니까?	- По чётным – утром, по нечётным – вечером. 짝수일에는 오전에 진료하고 홀수일에는 오후에 하십니다.
- Когда принимает врач? 의사 선생님이 언제 진료하십니까?	- Днём с 10(десяти) до 6(шести) 낮 10시부터 6시까지입니다.

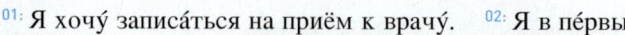

01: Я хочу записаться на приём к врачу.
02: Я в первый раз.
03: Тогда вам нужно выписать карту.
04: К какому врачу вы хотите записаться?
05: Терапевт принимает с двух до четырёх.

● Запомните!

분야 별 의사 :

зубно́й врач(=данти́ст) 치과의사 хиру́рг 외과의사
невропато́лог 신경전문의 педиа́тр 소아과 의사
окули́ст 안과의사

Русская культура | 러시아 발레(Ру́сский бале́т)-1

러시아 발레의 역사는 1700년대 초 표트르 대제가 서구화의 일부분으로써 무용을 민중오락으로 채택, 사교 댄스를 권장하면서부터 본격적으로 시작된다. 1673년 독일의 한 무용단이 알렉세이 황제를 위해 러시아에서 최초로 《오르페우스와 에우리디케(Орфе́ус и Эвради́ка)》를 공연한다. 이것을 계기로 1734년 최초의 발레학교가 설립되었고, 1740년대 페테르부르크의 발레학교에서 처음으로 완전한 발레 팀이 만들어졌다. 초기에는 프랑스 안무가에게서 영향을 받다가, 20세기 초반 발레 공연 기획자인 세르게이 댜길레프(Серге́й Дя́гилев)에 의해 근대발레의 역사가 시작된다.

댜길레프는 마린스키 극장(Марии́нский теа́тр)의 젊은 무용가들을 이끌고 1908년 파리 오페라 극장에서 샬랴핀(Ф. Шаля́пин) 등에 의한 《보리스 고두노프(Бори́с Годуно́в)》를 공연하였다. 1909년에는 파리에서 발레 뤼스(Бале́т Russes)를 창단하고 공연의 막을 열었다. 댜길레프의 발레 뤼스에는 전설적인 발레리나 안나 파블로바(А́нна Па́влова)를 비롯하여 카르사비나(Тама́ра Карса́вина), 누레예프(Рудо́льф Нуре́ев), 니진스키(Ва́цлав Нижи́нский) 등을 배출해냈다. 발레 뤼스의 음악가로는 림스키 코르사코프와 스트라빈스키가 있었으며, 디자인에는 피카소, 루오, 마티스, 드랭 등이 참여하였다. 1929년 댜길레프의 사망으로 발레 뤼스가 해체될 때까지 이들은 전 세계의 발레를 주도하였으며, 일부는 미국으로 건너가 현대발레를 세계적 수준으로 끌어올리는 데 일조를 하였다.

러시아 발레는 《돈키호테(Дон Кихо́т)》, 《지젤(Жизе́ль)》, 《잠자는 숲 속의 미녀(Спя́щая краса́вица)》, 《빈사(瀕死)의 백조(Умира́ющий Ле́бедь)》, 《로미오와 줄리엣(Роме́о и Джулье́тта)》, 《백조의 호수(Лебеди́нное о́зеро)》, 《스파르타쿠스(Спарта́к)》, 《불새(Жар-пти́ца)》, 《석화(Ка́менный цвето́к)》, 《호두까기인형(Щелку́нчик)》, 《페트루시카(Петру́шка)》, 《신데렐라(Зо́лушка)》, 《예브게니 오네긴(Евге́ний Оне́гин)》등 많은 레퍼토리를 보유하고 있다. 안나 파블로바는 《빈사(瀕死)의 백조》로 유명하며, 니진스키와 스페시브체바(О́льга Спеси́вцева)는 《지젤》로, 누레예프는 《잠자는 숲 속의 미녀》로, 다닐로바(Алекса́ндра Дани́лова)는 《백조의 호수》로, 카르사비나는 《페트루시카》로 유명세를 타게 되었으며, 자신만의 탁월한 연기로 전 세계의 이목을 집중시켰다. 보리스 에이프만(Бори́с Э́йфман)의 드라마 발레 《붉은 지젤(Кра́сный Жизе́ль)》은 지젤 공연으로 이름을 알린 스페시브체바의 일대기를 다룬 것으로, 많은 관객들로부터 사랑받는 레퍼토리 중 하나이다.

의사의 진료 На приёме у врача
나   쁘리요메   우 브라차

몸이 아플 때는 증상을 잘 말할 수 있어야 옳은 처방을 받을 수 있다. 증상과 체온에 대해 말하는 기본적인 표현을 살펴본다.

🎧 Диалог

A: На что жа́луетесь?
   나   슈또 좔루예쩨씨

B: Я пло́хо себя́ чу́вствую. У меня́ боли́т голова́ и го́рло.
   야 쁠러허 씨뱌 추스뜨부유 우 미냐 발리트 갈라바 이 고를러

A: Температу́ру ме́рили?
   쩸뻬라뚜루   메릴리

B: Да. У меня́ 37,5(три́дцать семь и пять).
   다 우 미냐   뜨리짜찌 쎔 이 빠찌

A: Откро́йте рот. Да, го́рло кра́сное. Ка́шель есть?
   아뜨끄로이쩨 로트 다 고를러 끄라쓰너예 까쉘 예스찌

B: Да, немно́го ка́шляю.
   다 님노거   까슐랴유

A: Я ду́маю, что вы простуди́лись. Вам ну́жно принима́ть лека́рства.
   야 두마유 슈또 븨 쁘라스뚜질리씨   밤 누쥬너 쁘리니마찌 레까르스뜨바
   Сейча́с я вы́пишу реце́пт.
   씨차쓰 야 븨삐슈 레쩨쁘트

● Новые слова

приём 접수, 수납
врач 의사
боле́ть(Ⅱ, НСВ) 아프다
голова́ 머리
го́рло 목
температу́ра 체온, 온도

ме́рить 재다
ка́шель 기침
лека́рство 약
реце́пт 처방전
принима́ть(Ⅰ, НСВ) 복용하다, 받아들이다

откры́ть(Ⅰ, СВ) 열다, 벌리다
жа́ловаться(Ⅰ, НСВ) 불평, 고통을 말하다, 호소하다
простуди́ться(Ⅱ, СВ) 감기에 걸리다

A : 어디가 불편하십니까?
B : 몸이 안 좋습니다. 머리와 목이 아픕니다.
A : 체온을 재셨습니까?
B : 예. 37.5 도였습니다.
A : 입을 벌려보십시오. 그렇군요, 목이 벌겋게 부어있네요. 기침을 하십니까?
B : 예. 기침을 좀 합니다.
A : 감기에 걸리신 것 같습니다. 약을 드셔야 합니다. 제가 지금 처방전을 써 드리지요.

Грамматика

жа́ловаться / пожа́ловаться на + 대격
На что вы жа́луетесь? 어디가 불편하십니까?

боле́ть / заболе́ть у + 생격(~가 아프다)
3인칭 형태만 사용된다. (за)боли́т, за(боля́т); (за)боле́л, -а, -о, -и; бу́дет (бу́дут) боле́ть
Что у вас боли́т?
У меня́ боли́т голова́. (го́рло 목, живо́т 배, желу́док 위, у́хо 귀, зуб 이빨, се́рдце 심장)

자동사 **боле́ть / заболе́ть** + 조격(병을 앓다)
(현재형) боле́ю, боле́ешь, боле́ет, боле́ем, боле́ете, боле́ют
Чем вы боле́ли в де́тстве? 어렸을 때 무슨 병을 앓으셨습니까?
Я боле́ю гри́ппом. 감기를 앓고 있습니다.

чу́вствовать / почу́вствовать + 대격(~를 느끼다)
Я почу́вствовал боль(сла́бость, хо́лод). 나는 통증(허약함을, 추위를)을 느꼈습니다.

чу́вствовать / почу́вствовать себя́ + 부사 (상태가 ~하다고 느끼다)
Как вы себя́ чу́вствуете? 몸이 좀 어떠십니까?
Я хорошо́ себя́ чу́вствую. 좋습니다.

Упражнения

다음을 러시아어로 말해보세요.

01 어디가 불편하십니까?
02 몸이 안 좋습니다.
03 체온을 재셨습니까?
04 머리가 아픕니다.
05 나는 감기에 걸렸습니다.
06 당신은 약을 먹어야 합니다.

Для тех, кто хочет знать больше

🖉 **лека́рство(табле́тки, ка́пли, порошки́) от** + 생격(~치료제)
  лека́рство от головно́й бо́ли 두통약
  лека́рство от аллерги́и 알러지 치료약
  сре́дство от бессо́нницы 불면증치료약
  табле́тки от ка́шля 기침약, 알약
  Витами́ны А(а) 비타민 А
  Витами́ны В2(бэ два) 비타민 В2
  Витами́ны С(цэ) 비타민 С

🖉 형용사 단어미 бо́лен, больна́, больны́(아프다) 표현
  Я бо́лен гри́ппом 나는 감기에 걸렸다.

01: На что жа́луетесь? 02: Я пло́хо себя́ чу́втсвую.
03: Температу́ру ме́рили? 04: У меня́ боли́т голова́.
05: Я простуди́лся(-лась). 06: Вам ну́жно принима́ть лека́рства.

◦ Запомните!

Вопросы	Ответы
- Как вы себя чувствуете? 몸이 좀 어떠십니까?	- Я хорошо(плохо) чувствую. 좋습니다.(좋지 않습니다.) - У меня высокое(низкое) давление. 고혈압입니다.(저혈압입니다.) - Спасибо, мне лучше.(Мне стало хуже.) 고맙습니다. 한결 나아졌습니다, (더 안 좋아졌습니다.)
- На что жалуетесь? 어디가 불편하십니까? - Что у вас болит? 어디가 아프십니까?	- У меня болит голова(зуб, горло, рука, нога, живот) 머리가 아픕니다(이, 목, 손, 발, 배)
- Какая у вас температура? 체온이 어떻습니까?	- Нормальная. 정상입니다. - Небольшая. 그다지 높지 않습니다. - Высокая. 높습니다.

Русская культура | 굼 백화점(ГУМ)

레닌 묘의 맞은 편에 있는 일명 굼(ГУМ)이라고 하는 국영백화점(Государственный универсальный магазин) 자리는 16세기 상업의 중심지였다. 이곳은 늘 크고 작은 도, 소매상들로 붐비던 곳이었다. 이 백화점은 아카데미 회원이던 모스크바인 알렉산드르 포메란체프(Александр Померанцев)에 의해 1890~93년에 건립되었고, 1953년에 현재와 같이 개조하였다. 매장의 총 길이는 2.5km이며 3층 건물로서 지붕에 자연채광이 들어올 수 있도록 유리창을 사용하여 내부를 밝게 하였다.

약국에서 В аптеке
브 아쁘쩨께

의사에게 처방전을 받고 난후 약국으로 가서 약을 사야 한다. 약의 복용법에 대한 지시사항과 주의점에 대해 묻는 표현을 살펴본다.

🎧 Диалог

A : Мо́жно заказа́ть лека́рство?
모쥬너 자까자찌 레까르스뜨바

B : А у вас есть реце́пт?
아 우 바쓰 예스찌 레쩨쁘트

A : Да, есть. На́до принима́ть лека́рства до еды́ и́ли по́сле?
다 예스찌 나다 쁘리니마찌   레까르스뜨바 다 예듸 일리 뽀슬레

B : Го́рло полоска́ть до еды́, а табле́тки принима́ть че́рез 30 мину́т по́сле еды́.
고를러 뻴라스까찌 다 예듸 아 따블레트끼 쁘리니마찌   체레스 뜨리짜찌 미누트 뽀슬레 예드

A : А ско́лько раз в день?
아 스꼴까   라쓰 브 젠

B : Три ра́за в день. Всего́ хоро́шего, поправля́йтесь.
뜨리 라자 브 젠   프씨보 하로쉐버   빠쁘라블랴이쩨씨

A : Спаси́бо.
스빠씨바

○• Новые слова

апте́ка 약국
еда́ 식사
полоска́ть 헹구어 씻어내다
табле́тка (=пилю́ля) 알약
ло́жка 숟가락
всего́ хоро́шего 안녕히 가십시오(헤어질 때 인사)
поправля́ться 건강이 회복되다, 낫다

A : 약을 지을 수 있습니까?
B : 처방전을 갖고 계십니까?
A : 예, 있습니다. 약을 식전에 복용해야 합니까, 아니면 식후에 해야 합니까?
B : 목을 헹구는 것은 식전에 하시고, 알약은 식후 30분 후에 복용하십시오.
A : 하루에 몇 번 먹습니까?
B : 하루에 세 번입니다. 안녕히 가십시오. 빨리 완쾌하십시오.
A : 고맙습니다.

Грамматика

после + 생격은 '～이후에'의 뜻을 갖는다. 따라서 이 전치사 뒤에는 시간의 길이를 뜻하는 명사나 명사구가 올 수 없으며, 어떤 사건, 행사, 시간의 길이가 아닌 시간과 관련된 명사만 올 수 있다.

после работы 일과 후에
после обеда 식사 후에
после двух часов 2시 이후에
после урока 수업 후에
после концерта 콘서트 후에

через + 대격은 '～의 시간이 지난 다음'을 뜻한다. через 뒤에는 시간의 길이에 관계된 명사만 올 수 있다.

через два часа 2시간 뒤
через неделю 일주일 뒤
через час 한 시간 뒤
через день 하루 뒤
через месяц 한 달 뒤
через год 1년 뒤

Упражнения

다음을 러시아어로 말해보세요.

01 약을 지을 수 있습니까?
02 처방전을 갖고 계십니까?
03 약을 식전에 복용해야 합니까, 아니면 식후에 해야 합니까?
04 하루에 몇 번 먹습니까?
05 빨리 완쾌하십시오.

Для тех, кто хочет знать больше

Вопросы	Ответы
- Как принимать лекарство? 약을 어떻게 복용합니까?	- Принимайте таблетки через 30 минут после еды́. 식후 30분 후에 알약을 드십시오.
- Ско́лько раз принима́ть лека́рство? 몇 번 약을 먹습니까?	- Принима́йте по одно́й ло́жке три ра́за в день. 하루에 세 번 한 숟가락씩 복용하십시오.
- Мне мо́жно выходи́ть на у́лицу? 밖에 나가도 됩니까?	- Нет, на у́лицу не выходи́те дней 5. 안됩니다. 5일 정도는 밖에 나가지 마십시오.

мазь 연고 таблетка(= пилюля) 알약
порошо́к 가루약 ка́пли 물약(한 방울씩 떨어뜨리는 약)
миксту́ра 물약

Ответы
Q.U.I.Z

01: Мо́жно заказа́ть лека́рство? 02: У вас есть реце́пт?
03: На́до принима́ть лека́рства до еды́ и́ли по́сле?
04: Ско́лько раз в день? 05: Поправля́йтесь.

⊙ Запомните!

Выздора́вливайте! 완쾌하십시오.
Поправля́йтесь! 완쾌하십시오.
Не боле́йте! 아프지 마십시오.

Ру́сская культу́ра | 러시아 영화(Ру́сское кино́)

러시아에 처음으로 영화가 소개된 것은 1896년 프랑스의 뤼미에르 영화사가 페테르부르크에 영화관을 개설한 때였다. 러시아인에 의해 직접 영화가 제작된 것은 1908년 경으로, 이 당시는 무대 연극을 그대로 촬영하거나 톨스토이, 도스토옙스키 등의 소설을 영화화 한 문예영화가 주류를 이루었다. 엄밀히 말해 러시아영화는 1919년 8월 레닌이 직접 서명한 '영화산업의 국유화 포고'가 발효한 때로부터 시작된다. 레닌은 영화의 선동성과 전달성을 간파하고 영화를 가장 중요한 예술이라 선포한다. 이후 기록영화와 선동영화가 제작되고, 영화가 사회주의 사상의 대중 침투에 동원되었다. 영화예술이라는 측면에서 소련 영화가 부각되기 시작한 것은 쿨레쇼프(Пётр Куле́шов), 푸도프킨(Все́волод Пу́довкин)과 에이젠시테인(Серге́й Эйденште́йн)이 등장하면서부터였다. 전 세계 영화이론의 출발점이라 할 수 있는 에이젠시테인의 《전함 포템킨(Броненосец Потёмкин)》(1925), 푸도프킨의 《어머니(Мать)》(1926)는 몽타주 이론을 본격적으로 제기한 소련 무성영화시대의 걸작으로 꼽힌다. 1930년 경 사회주의 리얼리즘의 영향으로 소련 영화는 정치선전의 도구로 전락하지만, 1953년 스탈린의 사망 이후 다시 해빙의 물결을 타고 칼라토조프(Михаи́л Калато́зов)의 《학이 날다(Летя́т жура́вли)》(1957)와 추흐라이(Григо́рий Чухра́й)의 《병사의 노래(Балла́да о солда́те)》(1959)와 같은 걸작들이 등장하게 된다.

한편으로는 영화산업이 소련의 국영사업이었던 덕으로 러시아의 고전문학작품들이 물량과 시간, 제작비에 구애받지 않고 70mm 대형으로 촬영될 수 있었다. 세르게이 본다르추크(Серге́й Бонда́рчук) 감독이 제작한 《전쟁과 평화(Война́ и мир)》(1968)는 무려 8시간에 이르는 장편영화로, 본다르추크가 직접 소련 군대를 지휘하며 12000명의 엑스트라를 동원해서 3년간 찍은 대작이다.

80년대에는 안드레이 타르코프스키(Андре́й Тарко́вский)가 베니스 영화제와 칸느 영화제에서 인정받기에 이른다. 타르코프스키는 민중들의 정서와 기억, 향수와 희망에 대해 말하면서 상업영화와 사회주의 체제의 검열과 권력에 대한 비판과 함께 시네아티스트의 임무가 무엇인지를 근본적으로 되묻는다. 90년대 이후 제작비 지원문제로 인해 영화산업이 위기를 맞았지만, 배급망 확보와 새로운 변화에 빠르게 적응해나가고 있다. 현재 모스크바 영화소(Мосфи́льм)는 보다 상업적인 측면을, 그리고 페테르부르크 영화소(Ленфи́льм)는 예술적 측면을 강조하며 영화를 제작하고 있다. 상업영화의 대표주자인 니키타 미할코프(Ники́та Михалко́в)의 《시베리아의 이발사(Сиби́рский цирю́льник)》(1998)와 예술영화를 지향하는 소쿠로프(Алекса́ндр Соку́ров)의 《아버지와 아들(Оте́ц и сын)》(1996), 《몰로흐(Моло́х)》(1999), 《러시아 방주(Ру́сский ковче́г)》(2002), 발라바노프(Алексе́й Балаба́нов)의 《형제(Брат)》(1998), 로고슈킨(Алекса́ндр Рого́шкин)의 《뻐꾸기(Куку́шка)》(2002), 그리고 디지털 세대들의 감성을 자극시킨 판타지 영화 시리즈 《나이트 워치(Ночно́й дозо́р)》(2004), 《데이 워치(Дневно́й дозо́р)》(2006)등이 대표적인 현대 러시아영화들이다.

TEMA 18

유리 돌고루키(Юрий Догорукий) 동상

모스크바 소재. 유리 돌고루키는 모스크바의 공후였으며 모스크바 시의 시조로 추앙받는다. 그가 집권할 당시 모스크바는 목조성벽이 있는 작은 도읍이었지만, 주변 소공국들을 제압하면서 러시아의 중심부로 성장했다.

차이콥스키 콘서트홀
(Большой зал Московской консерватории им. П. И. Чайковского)

모스크바 소재. 차이콥스키 콘서트홀은 대형 홀(большой зал)과 소형 홀(малый зал)로 나뉘어 있으며, 대형 홀 앞에서는 지휘하는 듯한 차이콥스키의 동상도 만나볼 수 있다.

전승기념관(Парк Победы)의 승리의 성자 게오르기(Георгий Победоносец) 상

제 2차 세계대전에서 독일로부터 승리한 것을 기념하기 위해 1995년 전승 50주년을 기념해 조성된 전승기념관은 높이 솟은 탑(141.7m)과 분수대, 양 옆으로 길게 펼쳐진 흰색 날개모양이 인상적이다. 기념관의 탑 앞에는 용을 무찌르는 게오르기 상이 세워져 있다.

TEMA 18

어려운 일을 당했을 때

49 | 여권 분실
50 | 도움 요청

러시아는 생활이나 여행하기에 위험한 나라처럼 인식되어 있지만, 실제로는 관광객을 상대로 한 절도나 기타 범죄의 발생이 그리 높지 않다. 하지만 사람들이 많이 몰리는 시장이나 관광지 등에서는 스스로 주의를 하는 것이 좋다. 역, 축제, 경기장 등과 같이 사람이 많은 장소에서는 소매치기를 조심해야 하며 호텔 방이나 자동차의 문은 항상 잠그는 것이 좋고, 귀중품도 잘 보관해야 한다.

푸틴 정부의 지속적인 노력에 의해 나라 전체가 점차 안정적으로 되어 가고 있으며, 사회의 불건전 세력들도 자취를 감춰가고 있다.

러시아에서는 절도 신고가 보편화되어 있지 않으므로 경찰에 신고해서 되찾을 확률이 적다는 점을 알아두어야 한다. 길에서 경찰의 불심검문을 받을 수 있으므로 외출시 항상 여권을 소지하는 것이 기본이다. 분실할 시에는 조속히 한국 대사관에 연락하는 것이 현명한 방법이다.

사고로 인해 긴급한 상황에 처하게 되면 신속히 주변에 도움을 요청하고, 경찰이나 병원에 구원을 요청해야 한다. 따라서 체류하는 지역의 긴급전화번호를 미리 알아놓거나 쉽게 발견할 수 있는 곳을 숙지해 두는 것이 좋다. 분쟁이 날 수 있는 상황에서 러시아 인쪽에 과실이 있다하더라도 그들은 자신의 잘못을 인정하지 않는다. 오랜 공산주의 문화에서 자신을 정당화하는 방법과 주장에 익숙해 있으므로 실랑이를 벌이기보다는 절차를 따져보고 조목조목 설명해야 하므로 대사관에 연락해서 도움을 받는 것이 좋다.

여권 분실 У меня пропал паспорт.
우 미냐 쁘라빨 빠스뽀르뜨

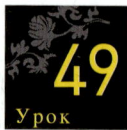

49 урок

물품을 분실하거나 도난당했을 경우에는 경찰서에 신고해야 한다. 분실 신고확인서가 있어야 보험사에 보상을 요구할 수 있다. 경찰에 분실 신고를 할 때 필요한 기본 표현들을 살펴본다.

🎧 Диалог

A: Что с вáми случи́лось?
슈또 쓰 바미 슬루칠러씨

B: У меня́ пропáл пáспорт и кошелёк.
우 미냐 쁘라빨 빠스뽀르뜨 이 까쉘록

A: А как и где э́то произошло́?
아 까크 이 그제 에따 쁘라이자슐로

B: У меня́ укрáли все вéщи, когдá я покупáл билéты на вокзáле.
우 미냐 우끄랄리 프쎄 베쉬 까그다 야 빠꾸빨 빌례띄 나 바그잘례

A: Вы обязáтельно должны́ сообщи́ть об э́том в вáше посо́льство.
븨 아뱌자쩰리너 달쥬늬 싸압쉬찌 아브 에떰 브 바쉐 빠쏠스트버

🔵 Новые слова

кошелёк 돈지갑
вокзáл 역, 터미널
дóлжен ~해야 한다
посóльство 대사관
пропáсть(Ⅰ. СВ) 없어지다

все 모든 (весь의 남성형)
укрáсть(Ⅰ, СВ) 훔치다, 도둑질하다(+у кого)
произойти́(Ⅰ, СВ) 일어나다, 발생하다
покупáть(Ⅰ, НСВ) 사다, 구입하다
случи́ться(Ⅱ, СВ) 우연히 일어나다, (사건이) 생기다

A : 무슨 일입니까?

B : 여권과 지갑을 분실했습니다.

A : 이 일이 어디서 어떻게 일어난 것이죠?

B : 역에서 표를 사고 있는 사이 누군가가 모든 짐을 훔쳐갔습니다.

A : 필히 대사관에 이 사실을 알려야만 합니다.

• Грамматика

인칭대명사의 주격과 조격 :

주격	조격
я	мной
ты	тобой
он	им
она	ей
мы	нами
вы	вами
они	ими

3인칭 단수, 복수 인칭대명사의 조격이 전치사 с와 결합하면 자음 'н'이 첨가되어 с ним, с ней, с ними가 된다.

должен, должна, должно, дожны

должен은 '~해야 한다'는 뜻의 필요성, 의무를 나타내며 주어의 성과 수에 일치하고 동사 부정형과 함께 쓰인다.

1) 현재

Вы должны это сделать сегодня. 당신은 오늘 이것을 해야 한다.

2) 과거 - должен+быть의 과거형(был, была, было, были)

Вчера он должен был работать. 어제 그는 일을 했어야 했다.

Позавчера она должна была заниматься. 그제 그녀는 공부했어야 했다.

3) 미래 - должен+быть의 미래형(буду, будешь....будут)

Я должна буду закончить эту работу. 나는 이 일을 끝마쳐야 한다.

Он должен будет это сделать завтра. 그는 내일 이 일을 해야 한다.

весь(남), вся(여), всё(중), все(복수)

Упражнения

다음을 러시아어로 말해보세요.

01 무슨 일입니까?
02 여권을 분실했습니다.
03 이 일이 어디서 어떻게 일어난 것이죠?
04 누군가가 모든 짐을 훔쳐갔습니다.
05 필히 대사관에 이 사실을 알려야만 합니다.

Для тех, кто хочет знать больше

주러 한국대사관(Коре́йское посо́льство) 주소 :

Улица Плющиха 56, строение 1   Телефо́н: (495) 782 - 2727
Факс: (495) 783 - 2777, (495)783 - 2797   e-mail: info@koreaemb.ru

код Росси́и - 7   код Москвы́ - 495, 499
код Петербу́рга - 812

	Телефо́н в Москве́	Телефо́н в Петербу́рге
Спра́вочное бюро́ Аэрофло́та (아에로플로트 안내소) (междунаро́дные ли́нии 국제선)	223 55 55	704 34 44
Спра́вочное бюро́ железнодоро́жных вокза́лов (철도역 안내소)	266 93 33	768 01 11
Зака́з биле́тов на самолёт (비행기표 예약)	950 39 34	701 95 81
Вы́зов такси́(콜택시)	940 60 51	326 00 00

Отве́ты Q.U.I.Z

01: Что с ва́ми случи́лось?
02: У меня́ пропа́л па́спорт.
03: Как и где э́то произошло́?
04: У меня́ укра́ли все ве́щи.
05: Вы обяза́тельно должны́ сообщи́ть об э́том в ва́ше посо́льство.

Запомните!

Бу́дьте осторо́жны! 조심하십시오.
Бу́дьте внима́тельны! 주의하십시오.
Береги́тесь. 조심하십시오. 위험!
Не тро́гайте! 만지지 마십시오.

Русская культура | 러시아 문학(Ру́сская литерату́ра)

푸시킨(Алекса́ндр Пу́шкин)에 대한 러시아인들의 사랑은 도심 곳곳에 서 있는 동상에서 느낄 수 있다. 외국인들이 도스토옙스키(Ф. Достое́вский)와 톨스토이(Л. Толсто́й), 체홉(А. Че́хов)에 열광하는 것에 반해 러시아인들은 푸시킨을 가장 아끼고 사랑한다. 푸시킨이 이처럼 사랑받는 것은 러시아어를 민족어이자 문학어로 가다듬었기 때문이다. 평이하고 간결하면서도 절제된 그의 문체는 생기가 넘치면서도 아름다웠다. 민중의 일상을 다루는 언어로 러시아어를 혁신시켰으며, 낭만주의 시, 운문소설, 드라마, 산문 등 다양한 장르와 사조를 넘나들며 자신의 시대를 뛰어넘는 위대함을 보여주었다. 그의 작품 가운데 운문소설 《예브게니 오네긴(Евге́ний Оне́гин)》과 드라마 《보리스 고두노프(Бори́с Годуно́в)》는 오페라로도 만들어져 무대에 올려지고 있다. 이디오피아에서 귀화한 한니발 장군의 외손이었던 푸시킨은 구레나룻과 두꺼운 입술로 외모 콤플렉스를 지녔지만, 주옥 같은 작품으로 러시아인들에게 가장 러시아다운 작가로 각인되고 있다.

푸시킨과 더불어 레르몬토프(М. Ле́рмонтов), 고골(Н. Го́голь), 투르게네프(И. Турге́нев), 도스토옙스키, 톨스토이, 체홉, 고리키(М. Го́рький), 마야콥스키(В. Маяко́вский), 부닌(И. Бу́нин), 파스테르나크(Б. Пастерна́к), 솔제니친(А. Солжени́цын) 등이 러시아문학에 위대한 족적을 남겼다. 러시아 사실주의를 대표하는 두 거장, 도스토옙스키와 톨스토이는 출신과 작품 세계, 문학적 신념뿐 아니라 글을 쓰는 속도와 방식에서도 큰 차이를 보였다. 도스토옙스키가 도박 빚을 갚기 2~3주만에 장편을 완성한 반면, 톨스토이는 《전쟁과 평화》를 무려 7번이나 정서 끝에 완성시켰다고 알려져 있다. 톨스토이는 루소와 간디로부터 영향을 받았으며, 말년에는 톨스토이즘을 통해 자신의 예술적 신념을 실행한다. 톨스토이즘은 1870년 후반부터 톨스토이의 악에 대한 무저항주의, 사랑의 정신으로 세계에 봉사하는 것, 기독교적 인간애와 도덕적 자기완성을 목적으로 하며 전세계에 하나님의 사랑을 드러내면서 스스로 절제되고 검소한 생활을 영위해 나가는 것으로, 그의 말년의 대작 《부활(Воскресе́ние)》에 이러한 사상이 가장 잘 나타나 있다.

도움 요청 Помогите, пожалуйста.
빠마기쩨 빠좔루스따

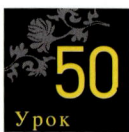

사고가 일어났거나 위험 상황에 처했을 때는 도움을 요청할 수 있어야 한다. 이럴 때 필요한 기본 표현들을 살펴본다.

🎧 Диалог

A : Помогите, пожалуйста.
　　빠마기쩨　　빠좔루스따

B : Что случилось?
　　슈또　슬루칠로씨

A : У нас авария. Мой друг серьёзно ранен. Вызовите, пожалуйста,
　　우 나쓰 아바리야　모이　드루크 쎄료즈너　라녠　비자비쩨　　빠좔루스따
　　《Скорую помощь》.
　　　스꼬루유　뽀머쉬

B : Хорошо. Не волнуйтесь.
　　하라쇼　니 발누이쩨씨

●・Новые слова

пятьдесят 쉰, 50
помогать (Ⅰ, НСВ) 돕다(여격과 함께)
авария 차 사고
друг 친구
серьёзно 진지하게, 심각하게
раненый 상처입은
вызвать (Ⅰ, СВ) 불러내다, 호출하다
скорый 빠른, 조속한
помощь 도움

A : 도와주십시오.

B : 무슨 일이십니까?

A : 차사고가 났어요. 제 친구가 심하게 다쳤습니다. 응급차를 불러주십시오.

B : 알겠습니다. 걱정하지 마십시오.

Грамматика

Что случи́лось? = Что с тобо́й(с ва́ми) случи́лось?
전치사 с는 조격과 결합하여 '~와 함께'를 의미한다.

인칭대명사의 격변화

주격	생격	여격	대격	조격	전치격
я	меня́	мне	меня́	мно́й	(обо) мне
ты	тебя́	тебе́	тебя́	тобо́й	(о) тебе́
он	его́	ему́	его	им	(о) нём
она	её	ей	её	ей	(о) ней
мы	нас	нам	нас	на́ми	(о) нас
вы	вас	вам	вас	ва́ми	(о) вас
они	их	им	их	и́ми	(о) них

형용사 ра́неный의 단어미 형태
ра́нен, ра́нена, ра́нено, ра́нены

Упражнения

다음을 러시아어로 말해보세요.

01 도와주십시오.
02 무슨 일입니까?
03 (우리는) 교통사고가 났습니다.
04 내 친구가 많이 다쳤습니다.
05 응급차를 불러주십시오.
06 걱정하지 마십시오.

Для тех, кто хочет знать больше

긴급시 연락처
화재 01   구급차 03
경찰 02   가스서비스 04   종합병원 응급실 (495) 237-5933
слу́жбы спасе́ния 구조담당 업무과(차 사고가 났을 경우 연락)

 звать / позва́ть, вызыва́ть / вы́звать의 변화

звать / позва́ть	вызыва́ть / вы́звать
зову́ / позову́	вызыва́ю / вы́зову
зовёшь / позовёшь	вызыва́ешь / вы́зовешь
зовёт / позовёт	вызыва́ет / вы́зовет
зовём / позовём	вызыва́ем / вы́зовем
зовёте / позовёте	вызыва́ете / вы́зовете
зову́т / позову́т	вызыва́ют / вы́зовут

01: Помоги́те, пожа́луйста. 02: Что случи́лось? 03: У нас ава́рия.
04: Мой друг серьёзно ра́нен.
05: Вызови́те, пожа́луйста, «Ско́рую по́мощь». 06: Не волну́йтесь.

Запомните!

유용한 표현

Мне ну́жно получи́ть но́вый па́спорт. 여권을 새로 발급받아야 합니다.
Я заблуди́лся(-лась). 길을 잃어버렸습니다.
Не волну́йтесь. 걱정하지 마십시오.

Русская культура | 다차(да́ча)

다차는 러시아인들이 본래 주거공간 외에 소유하고 있는 도시 근교의 소규모 농지나 농지에 딸린 주택을 의미한다. 다차가 처음 등장한 것은 18세기 표트르 대제 시기였다. 표트르 대제는 국가에 공헌한 귀족들에게 도시 근교에 있는 영지를 하사하였는데, 이것이 다차의 기원이 되었다. '다차'라는 말은 '부여', '주는 것'이란 뜻을 지닌다. 당시 귀족들은 다차에서 음악회나 공연을 즐기고 무도회를 개최하였다.

혁명 이후 소련 정부는 귀족들로부터 다차를 몰수하여 노동자들의 휴식공간으로 제공하였다. 1960년대가 되면서 일반인의 다차 소유에 대한 규제가 어느 정도 완화되고, 원하는 사람은 다차를 소유할 수 있게 되었다. 하지만 사유재산에 대한 규제가 여전히 존재하다가, 1980년대 들어서면서 다차의 '붐'이 일어나게 된다. 경제 사정이 열악해져 식료품 부족현상을 빚게 되자, 사람들은 다차에서 재배한 야채와 곡물들로 자급자족하기에 이르렀다. 소련 붕괴 이후 사유재산이 인정되면서 노브이 루스키들은 도시 근교에 엄청난 규모의 다차를 짓고, 동물원까지 갖추는 등 온갖 호화로운 시설을 자랑하고 있다. 모스크바 근교에는 러시아 고위 공직자들과 부유층 등의 고급별장이 모여 있는 '다차촌'이 생겨날 정도이다.

일반인들에게 있어 다차는 아직까지 휴식의 공간이자 노동의 공간이다. 직접 다차의 집을 설계하고 짓는 사람들도 많으며, 손수 감자와 토마토 등의 야채를 심고 흙과 자연의 향기를 느낀다. 주말과 연휴에는 다차에서 시간을 보내며, 여름철 휴가 때에는 다차에서 내내 머무르기도 한다. 자연과 더불어 휴식을 취하는 것도 다차에서의 중요한 일상이지만, 텃밭에 가꾼 식료품을 가공하여 가족이 먹을 부식을 마련하는 것도 다차 생활의 커다란 부분을 차지한다. 다차는 대개 숲 근처에 위치하고 있기 때문에 사람들은 버섯이나 산딸기 등을 따서 절이거나 잼을 만들어 겨울의 건강식으로 비축해둔다. 다차 문화는 땀을 흘리면서 흙과 함께 생활하는 러시아 사람들의 친 자연적 태도를 잘 보여주는 것이기도 하다.

TEMA 19

해바라기 들판
(Поле подсолнечника)

노보시비르스크(Новосибирск) 남서쪽 텔레츠코예 호수(Телецкое озеро) 근처. 해바라기의 꽃말은 숭배와 기다림이다. 영화〈해바라기〉(1970)에서 소피아 로렌은 우크라이나의 해바라기 밭을 헤매는 오프닝 장면으로 강렬한 인상을 남겼다. 당시만하더라도 서방 세계의 영화가 소련에서 처음 촬영을 했다는 점에서 화제를 모았다.

아르한겔스코예의 궁전박물관
(Музей-усадьба Архангельское)

아르한겔스코예. 신혼부부들의 산책로(места гуляния молодеженов)가 있는 궁전박물관 앞의 테라스 장식은 살아있는 듯한 각기 다른 표정의 조각으로 눈길을 끈다.

모든 애통하는 자들의 기쁨이신 성모 마리아 교회
(Церковь Божией Матери Всех скорбящих радости)

니즈니 노브고로드 소재. 1820년 교회가 부속된 개인병원으로 지어진 목조건물이었으나, 후에 과부 고르부노바(А. Горбунова)가 남편을 기리기 위해 헌금한 4천 루블을 기반으로 석조건물로 증축했다. 브류하토프(В. Брюхатов)가 1894~1896년에 걸쳐 지었으며, 네스테로프(Нестеров)와 미닌(Минин) 거리가 교차하는 강변에 있다. 예배당과 종루 모두 보통 다섯 개의 쿠폴로 이루어지는 전통적인 양식 대신 세 개의 쿠폴로 이루어져 있다. 교회의 전면은 고대 러시아의 북부 건축양식을 따르고 있다.

TEMA 19

귀국 준비

51 항공권을 다른 날로 바꾸고 싶습니다.

52 기내에서

여행을 떠날 때만큼이나 귀국 준비를 하는 과정도 신경이 쓰이지 않을 수 없다. 짐을 제대로 챙겼는지 또 면세점에서 사야 할 물건은 없는지를 미리 체크해두어야 한다. 머물고 있는 장소에서 공항으로 출발할 때는 여유를 두고 떠나는 것이 좋다. 귀국 비행기가 출발하기 2시간 전에는 공항에 도착하도록 한다. 주말에는 비교적 교통이 원활하지만, 주중에 귀국하고자 하는 경우라면, 교통체증이 심각하므로 공항까지 2시간 이상 여유를 잡고 출발해야 한다. 특히 겨울이라면 눈길을 감안하여 보다 서둘러야 한다.

러시아 공항은 한국의 공항시스템과는 차이가 있다. 짐을 먼저 부치고 보딩패스를 챙긴 뒤 출국신고를 하는 것은 동일하지만, 짐을 부치고 난 후에 공항로비에서 시간을 보낼 수 없다는 점이 다르다. 러시아에서는 출국게이트로 들어가서 짐을 부치게 되어 있으므로 작별인사를 해야 할 사람이 있다면 미리 인사를 나누도록 한다. 여권과 비행기표를 제시하고 짐을 부친 뒤 출국신고를 하면 공항면세점을 이용할 수 있다. 러시아의 공항면세점에는 마트료시카와 보드카, 호박 등 러시아특산품이 다양하게 갖춰져 있다. 단, 시중보다 값이 비싸다는 점을 감안해야 한다. 구입할 물건을 정하고 판매대에 서 있어도 면세점의 점원들이 미리 다가오지 않는 경우가 많으므로 눈을 마주치거나 불러서 구입의사를 밝히는 것이 좋다.

항공권을 다른 날로 바꾸고 싶습니다.
Я хочу поменять авиабилет на другой день.
야 하추 빠메냐찌 아비아빌례트 나 드루고이 젠

Урок 51

일정이 변경되어 비행 날짜를 조정해야 할 때가 있다. 이 경우 항공사에 전화를 해서 원하는 날짜를 말하면, 좌석이 남아있는 경우 변경이 가능하다. 이런 상황에서 사용할 수 있는 기본 표현을 살펴본다.

🎧 Диалог

A : Я хочу́ поменя́ть мой авиабиле́т на друго́й день.
야 하추 빠메냐찌 모이 아비아빌례트 나 드루고이 젠

B : На како́е число́ у вас биле́т?
나 까꼬예 치슬로 우 바쓰 빌례트

A : На семна́дцатое ма́я. Я хочу́ поменя́ть на два́дцатое ма́я.
나 씸나짜떠예 마야 야 하추 빠메냐찌 나 드바짜떠예 마야

B : Хорошо́. Сейча́с посмотрю́, есть ли свобо́дное ме́сто.
하라쇼 씨차스 빠스마뜨류 예스찌 리 스바보드너예 메스떠
Да, есть. Вот ваш биле́т.
다 예스찌 보트 바쉬 빌례트

A : Мо́жно попроси́ть ме́сто у окна́?
모쥬너 빠쁘라씨찌 메스떠 우 아끄나

B : Хорошо́.
하라쇼

A : Пора́ расстава́ться. Благодарю́ вас за тёплый приём
빠라 라스따바짜 블라가다류 바쓰 자 쬬쁠리 쁘리욤
и за всё, что вы для меня́ сде́лали.
이 자 프쑈 슈또 비 들랴 미냐 즈젤랄리

B : Жаль, что вы уезжа́ете. Мне бы́ло интере́сно с ва́ми.
좔 슈또 비 우예즈좌예쩨 므녜 빌로 인쩨례스너 쓰 바미
Наде́юсь, что мы ещё встре́тимся. Всего́ хоро́шего, счастли́вого пути́!
나졔유씨 슈또 믜 이쑈 프스뜨례찜싸 프씨보 하로쉐버 쉬슬리버버 뿌찌

🔵 Новые слова

авиабиле́т 항공권
попроси́ть (Ⅱ, СВ) 요청하다
расстава́ться (Ⅰ, НСВ) 헤어지다
благодари́ть (Ⅱ, НСВ) 감사하다
тёплый 따뜻한, 다정한, 온화한
приём 환대, 환영
для ~를 위하여(생격과 함께)

сде́лать 하다
уезжа́ть (Ⅰ, НСВ) 떠나다
наде́яться (Ⅰ, НСВ) 바라다, 희망하다
встре́титься 만나다
всего́ хоро́шего 안녕히 계십시오
счастли́вого пути́ 즐거운 여행되시길 바랍니다
ли (묻고자 하는 단어 뒤에 쓰여 의문문을 만듦) ~입니까?

A : 항공권을 다른 날로 바꾸고 싶습니다.
B : 갖고 계신 표의 날짜가 언제입니까?
A : 17일입니다. 20일로 바꾸고 싶습니다.
B : 좋습니다. 빈 자리가 있는지 지금 알아보겠습니다. 예, 있습니다. 여기, 당신의 표입니다.

A : 창가 쪽으로 부탁드립니다.
B : 알겠습니다.

A : 자, 이제 헤어져야 할 시간이군요. 따뜻하게 맞이해주신 것과 절 위해 해주신 모든 것에 감사드립니다.
B : 떠나신다니 아쉽습니다. 함께 있어 즐거웠습니다. 우리가 다시 만날수 있기를 기대합니다. 안녕히 가십시오. 좋은 여행이 되십시오.

Грамматика

동작의 장소와 사물의 위치를 나타내는 전치사 у, о́коло(근처에), вокру́г(주위에), посреди́(한 가운데), напро́тив(맞은편에), ми́мо(옆을, 곁을)는 모두 생격과 결합한다.
Мы обошли́ вокру́г теа́тра. 우리는 극장 주위를 돌아서 갔다.
Па́мятник Ка́рлу Ма́рксу располо́жен посреди́ скве́ра напро́тив Большо́го теа́тра.
칼 마르크스의 동상이 볼쇼이 극장 맞은 편 공원 한가운데 있다.

благодари́ть +кого́(대격)+**за что**(대격) ~에 대해서 ~에게 감사하다.
Благодарю́ вас за по́мощь. 도와주셔서 감사합니다.

의문 소사 ли는 관계있는 말 바로 뒤에 위치하여 의문이나 조건적 선택을 나타낸다.
Могу́ ли я аннули́ровать зака́з? 예약을 취소할 수 있을까요?
Не мо́жете ли вы дать спра́вку экску́рсий? 여행 상품 정보를 주실 수 있을까요?
Нельзя́ ли заброни́ровать в ва́шей гости́нице но́мер на двои́х? 호텔의 2인실 방 예약이 안 되겠습니까?(가능한지를 묻는 조심스런 표현)
Нельзя́ ли принести́ нам в но́мер за́втрак? 객실로 조식을 가져다주시면 안될까요?
Есть ли в прода́же же́нская ша́пка? (파는 물건 가운데) 여성용 털모자가 있습니까?

입 에 서 톡(talk) 러 시 아 어

○• Упражнения

다음을 러시아어로 말해보세요.

01 항공권을 다른 날로 바꾸고 싶습니다.
02 창가 쪽으로 부탁드립니다.
03 헤어져야 할 시간이군요.
04 따뜻하게 맞이해주셔서 감사드립니다.
05 떠나신다니 아쉽습니다.
06 함께 있어 즐거웠습니다.
07 우리가 다시 만날수 있기를 기대합니다.
08 안녕히 가십시오. 좋은 여행이 되십시오.

○• Для тех, кто хочет знать больше

✎ Я хотéл бы подтверди́ть мой рейс. 비행기 예약을 확인하고 싶습니다
  Я хочу́ заброни́ровать авиабилéт. 항공권을 예약하고 싶습니다.
  Я хочу́ отмени́ть бронь. 예약을 취소하고 싶습니다.

✎ 동사 желáть(바라다, 희망하다)는 생격을 요구하며, 종종 구어체에서는 생략된다. 따라서 생격으로 표현된 형태만으로 바람을 나타내게 된다.
  Успéхов! 좋은 결과 있기를. (기원합니다)
  Счáстья! 행복하기 바랍니다.
  Удáчи! 성공을 기원합니다.
  Всего́ тебé сáмого-сáмого! 모든 것이 가장 좋기만을 기원해.
  Счастли́вого пути́! 행복한 여행 되길 바랍니다.
  Споко́йной но́чи! 평안한 밤 되길 바랍니다.
  Прия́тного сна! 기분좋은 꿈을 꾸길 바랍니다.

01: Я хочу́ поменя́ть мой авиабилéт на друго́й день.
02: Мо́жно попроси́ть мéсто у окна́?
03: Пора́ расстава́ться.
04: Благодарю́ вас за тёплый приём.
05: Жаль, что вы уезжáете.
06: Мне бы́ло интерéсно с вáми.
07: Надéюсь, что мы ещё встрéтимся.
08: Всего́ хоро́шего, счастли́вого пути́!

● Запомните!

공항의 안내 표시판

ЗАЛ ОЖИДАНИЯ	대기실
ВЫХОД НА ПОСАДКУ	탑승구
ВЫДАЧА БАГАЖА	짐 찾는 곳
СПРАВОЧНОЕ БЮРО	안내
РЕГИСТРАЦИЯ БИЛЕТОВ И БАГАЖА	탑승 수속
КАССА «АЭРОФЛОТА»	아에로플로트 매표소
РЕЙС №SU 599	SU 599번 비행기 편(모스크바-서울)
В ГОРОД	도심으로 나가는 길
БУФЕТ	스낵바
ТУАЛЕТ	화장실
ОБМЕН ВАЛЮТЫ	환전

Русская культура | 러시아 발레(Рýсский балéт)-2

《돈키호테》: 프티파 안무로 1869년 볼쇼이 극장에서 초연. 고로스키가 3막 7장으로 재구성한 것을 1940년 자하로프가 수정한 것이다. 세르반테스의 소설에서 모티프만 빌렸을 뿐, 중심 내용은 원작과 달리 마을의 젊은 연인 키트리와 바질의 결혼을 둘러싼 우여곡절을 다루고 있다. 스페인 춤의 전통과 발레 테크닉이 결합한 정열적이고 화려한 춤이 볼만하다.

《로미오와 줄리엣》: 라브롭스키 안무로 1940년 마린스키 극장에서 초연. 3막. 음악 프로코피예프. 셰익스피어의 소설을 원작으로 하였다.

《백조의 호수》: 오늘날 공연되는 작품들은 1895년 페테르부르크에서 초연된 프티파와 이바노프의 수정판에 기초하고 있다. 4막. 음악 차이콥스키. 악마의 저주로 백조가 된 오데트 공주와 지그프리트 왕자는 첫눈에 사랑을 느끼지만 왕자가 악마의 속임수에 빠져 악마의 딸 오딜에게 사랑의 맹세를 하는 바람에 두 사람의 사랑은 물거품이 된다는 줄거리로 발레의 교과서와 같은 명작. 이 작품은 최장 커튼콜 기록을 보유한 작품으로, 루돌프 누레예프와 그의 전설적인 파트너 마곳 폰테인이 무려 여든 아홉번의 커튼콜을 받았다고 기록되어진다. 이 두 사람이 1975년 런던에서 '로미오와 줄리엣'을 공연했을 때는 사십 분 동안이나 기립박수를 받았다.

《빈사의 백조》: 포킨이 1905년 안무. 1907년 페테르부르크에서 초연. 음악 생상스. 안나 파블로나를 세계적으로 알린 작품이다. 공연 시간이 2분 남짓한 초미니 작품이다. 한 마리 백조가 혼신의 힘을 다해 날아 보려고 애쓰다 날개를 서서히 접은 채 머리를 떨어뜨리고 죽어 가는 모습을 표현한 것이 전부이며, 아무 장치도 소품도 없이 발레리나 혼자서 춤을 추지만 발레의 에센스를 응축한 한편의 서정시이다.

기내에서 В самолёте
프 싸말료쩨

기내에서 자리를 찾지 못하거나 다른 자리로 옮기고자 할 때는 승무원의 도움을 받아야 한다. 기내 서비스를 이용하여 보다 편리하고 쾌적한 여행이 될 수 있도록 여기에 관련된 표현들을 살펴본다.

🎧 Диалог

A : Простите, где моё место?
쁘라스찌쩨 그제 마요 메스떠

B : Покажите, пожалуйста, ваш посадочный талон. Вон там, у прохода.
빠까쥐쩨 빠좔루스따 바쉬 빠싸더츠느이 딸론 본 땀 우 쁘라호다

A : А можно пересесть на то свободное место, у окна?
아 모쥬너 뻬레쎄스찌 나 또 스바보드너예 메스떠 우 아끄나

B : Извините, нельзя. Это запрещено. И пристегните, пожалуйста, ремень.
이즈비니쩨 넬리쟈 에따 자쁘레쉬노 이 쁘리스찌그니쩨 빠좔루스따 레멘
Вот так.
보트 딱

A : Стакан воды, пожалуйста. И ещё можно попросить плед?
스따깐 바듸 빠좔루스따 이 이쑈 모쥬너 빠쁘라씨찌 쁠레트

B : Пожалуйста.
빠좔루스따

〇• Новые слова

самолёт 비행기
посадочный 착륙의, 탑승의
талон 탑승권
проход 통로

запрещено 금지되어 있다
ремень (м.) 혁대, 벨트
стакан 컵
плед (기내용)담요 (= одеяло)

вон 저기, 저 멀리
пристегнуть(Ⅰ, НСВ) 덧매다, 단추, 호크를 달다

A : 죄송합니다만, 제 자리가 어디입니까?

B : 탑승권을 보여주십시오. 저기, 통로 쪽입니다.

A : 저기 창가 쪽의 빈 자리로 옮겨도 될까요?

B : 죄송하지만 안됩니다. 그것은 금지되어 있습니다. 그리고 벨트를 매셔야합니다. 이렇게요.

A : 물 한 잔 부탁드립니다. 그리고 담요를 요청해도 될까요?

B : 여기 있습니다.

Грамматика

* 문장이나 단어에 보충적인 의미를 주거나 감정적인 뉘앙스를 주는 소사

지시 – вон, вот, э́то (예 : Вон там 바로 저기)

제한 – лишь, то́лько, то́лько лишь (예 : Ка́те исполня́ется лишь 4 го́да. 카차는 겨우 4살이 된다.)

감탄 – как, что, за, ведь (예 : Ведь э́то всем изве́стно. 이건 다 아는 사실인걸.)

질문 – ра́зве, неуже́ли, ли (예 : Неуже́ли ты не был в Кремле́? 정말 크렘린에 가보지 않았다는 거야?)

부정 – не, ни, нет (예 : ни хорошо́, ни пло́хо. 좋지도 나쁘지도 않습니다.)

금지

нельзя́

запрещено́ + инф.

не

попроси́ть + 대격

● Упражнения

다음을 러시아어로 말해보세요.

01 죄송합니다만, 제 자리가 어디입니까?
02 탑승권을 보여주십시오.
03 저기 빈 자리로 옮겨도 될까요?
04 물 한 잔 부탁드립니다.
05 담요를 요청해도 될까요?

● Для тех, кто хочет знать больше

알아두면 유용한 기내 관련 용어 :

туале́т 화장실   свобо́дно 사용 중
за́нято 비어 있음   авари́йный вы́ход 비상구
ка́рта при прилёте 또는 миграцио́нная ка́рта 입국신고서
тамо́жная деклара́ция 세관 신고서
беспо́шлинные това́ры 면세품
тало́н(но́мер бага́жа) 수하물 표

무엇인가를 요청할 시에는 Да́йте, пожа́луйста ~? 또는 Мо́жно попроси́ть ~?를 사용한다.

Мо́жно попроси́ть **поду́шку**? 베개를 주시겠습니까?
　　　　　　　　бума́жный паке́т? (멀미 봉지를)
　　　　　　　　газе́ту? (신문을)
　　　　　　　　журна́л? (잡지를)

01: Прости́те, где моё ме́сто.
02: Покажи́те, пожа́луйста, ваш поса́дочный тало́н.
03: Могу́ ли я пересе́сть на то свобо́дное ме́сто?
04: Стака́н воды́, пожа́луйста.
05: Мо́жно попроси́ть плед?

● Запомните!

Вопро́сы	Отве́ты
- Ско́лько дли́тся полёт? 비행시간이 얼마나 됩니까?	- Во́семь часо́в. 8시간입니다.
- Рейс заде́рживается? 노선이 지연되고 있습니까?	- Рейс 《Москва́-Сеу́л》 заде́рживается на 30 мину́т. 《모스크바 발 서울행》이 30분 지연되고 있습니다.
- В како́й аэропо́рт прилета́ет самолёт? 비행기가 어떤 공항에 도착합니까?	- В Шереме́тьево-два 세레메티예보-2 공항입니다.

Ру́сская культу́ра | 러시아 발레(Ру́сский бале́т)-3

《스파르타쿠스》: 야콥슨의 안무로 1956년 레닌그라드에서 초연. 4막 9장. 음악 하차투리안. 오늘날에는 1968년 그리고로비치가 안무한 볼쇼이판이 널리 공연됨. 로마제국 시대의 노예반란을 소재로 한 작품으로, 역동적인 남성 군무로 유명하다.

《잠자는 숲 속의 미녀》: 프티파 안무로 1890년 페테르부르크에서 초연. 3막 5장. 음악 차이콥스키. 19세기 발레 중 가장 공연이 까다롭다고 알려져 있을 만큼 클래식 발레의 모든 것을 담고 있다.

《지젤》: 코랄리와 쥴 페로 공동 안무로 1841년 파리에서 초연. 오늘날 공연되는 것은 다길레프가 각색한 것임. 2막. 음악 아당. 시골처녀 지젤은 농부로 변장한 알브레히트 백작과 사랑에 빠지지만, 지젤을 짝사랑하던 사냥터지기 힐라리온의 폭로로 알브레히트에게 약혼녀가 있는 것을 알고는 실성해서 죽는다. 지젤은 죽어서 윌리(처녀 혼령)가 된다. 동료 윌리들은 지젤을 찾아 무덤가에 온 힐라리온을 연못에 빠뜨려 죽이고 뒤늦게 찾아온 알브레히트마저 죽이려 하지만, 지젤은 동이 틀 때까지 윌리들의 시선을 분산시키려 춤을 추어 알브레히드의 생명을 구해 준다.

《붉은 지젤》: 에이프만 안무로 1997년 초연. 2막. 음악 차이콥스키, 슈니트케, 비제 등 러시아 발레리나 스페시브체바의 운명을 소재로 한 발레로, 혁명이 예술가들의 삶에 미친 영향을 생각해 볼 수 있는 작품이다.

《페트루시카》: 포킨 안무로 1911년 파리에서 발레 뤼스가 초연. 4경(景). 음악 스트라빈스키. 러시아의 전통 축제를 배경으로 펼쳐지는 러시아 전통 꼭두각시 인형 페트루시카의 슬픈 사랑 이야기. 인간의 마음을 지닌 페트루시카는 발레리나를 짝사랑하지만 사랑을 이루지 못하고 연적(戀敵)으로부터 죽임을 당한다.

《호두까기 인형》: 이바노프 안무로 1892년 마린스키 극장에서 초연. 2막 3장. 음악 차이콥스키. 크리스마스 이브에 대부로부터 호두까기 인형을 선물 받은 '클라라'가 꿈속에서 왕자로 변한 인형과 함께 생쥐 군대를 물리치고 과자 왕국을 여행하는 내용이다.

Русская музыка

클래식

1. 《Руслан и Людмила》(루슬란과 류드밀라) 中 서곡 - Михаил Иванович Глинка

글린카는 친구였던 푸시킨의 서사시 '루슬란과 류드밀라'를 오페라로 만들면서 러시아 민속음악을 많이 사용했는데 이것이 다른 음악가들에게 영향을 주었고 그를 '러시아 국민음악의 아버지'라고 불리게 만든다. 이 곡은 1841년 작곡, 1842년 12월 페테르부르크의 제국극장에서 초연되었다. 이탈리아의 오페라양식을 탈피하여 러시아오페라의 갈 길을 제시한 기념비적인 작품이다.

2. 《Картины с выставки》(전람회의 그림) - Модест Петрович Мусоргский

라벨이 관현악곡으로 편곡하여 더욱 유명해진 곡이다. 1874년에 작곡되었으며, 무소륵스키가 화가이자 건축가인 친구 하르트만의 유작전시회(遺作展示會)에 전시된 설계도·스케치·디자인 등에서 영감을 받아 썼다고 한다. 그림에 연유한 10곡의 소품 〈난쟁이〉, 〈옛 성(城)〉, 〈튈르리〉, 〈비도로(우마차)〉, 〈껍질을 붙인 병아리의 발레〉, 〈사뮤엘 고르덴베르그와 슈뮤일〉, 〈리모주의 시장〉, 〈카타콩브〉, 〈닭다리가 붙은 움막〉, 〈키예프의 대문〉과 전주·간주의 역할을 하는 〈프롬나드〉로 이루어졌다. 〈프롬나드〉는 각 작품들 사이에서 이동하는 관람자의 모습을 연상케 한다. 레오날데, 우드, 카이제 등 많은 작곡가에 의해 편곡되었으나 특히 라벨의 곡이 근대 관현악법의 묘를 충실히 살려 화려한 색채감을 잘 살려내었다.

3. 《Иванова ночь на Лысой горе》(민둥산의 하룻밤) - Модест Петрович Мусоргский

무소륵스키의 교향시 〈민둥산의 하룻밤〉은 원래 그가 미완성으로 남긴 오페라 〈소로친스크의 시장〉에 사용될 예정이었던 〈젊은이의 꿈〉이라는 음악을 림스키-코르사코프가 작곡자 사후에 관현악으로 완성한 것이다. 현재 연주되고 있는 〈민둥산의 하룻밤〉은 림스키-코르사코프가 무소륵스키 사후에 1881년부터 1883년까지 관현악으로 편곡한 것이며, 1886년 10월 27일 페테르부르크의 러시아 교향악 연주회에서 림스키-코르사코프의 지휘로 초연되었다.

오페라 〈소로친스크의 시장〉 속에서 이 곡은 3막 1장과 2장 사이에 삽입되어 있는데, 오페라 줄거리와는 상관없이 꿈속에 나타난 악마의 향연을 묘사하고 있다. 〈젊은이의 꿈〉이라는 제목으로 되어있던 이 곡이 나중에 림스키-코르사코프에 의해 편곡되면서 〈민둥산의 하룻밤〉이라는 타이틀을 갖게 된 것은 본래 이 작품이 무소륵스키가 1867년에 완성한 관현악곡 〈민둥산의 성 요한 축일 전야〉에서 유래되고 있기 때문이다.

▲ 무소륵스키의 묘

4. 《Violin Concerto, Op. 35》 - Фёдор Ильич Чайковский

결혼에 실패한 후, 여행을 다녀 오자마자 차이콥스키가 쓴 작품이다. 당시 힘들여서 쓴 작품이지만 연주할 사람이 없었다. 예정했던 바이올린 연주자 레오폴트 아우어는 능력이 부족했고 다음 연주자 요지프 코텍이 연습을 하다가 포기했다. 3년 뒤에야 아돌프 브로드스키가 빈 필하모닉과 연주했다. 당시 유명 음악비평가 한슬릭은 '바이올린을 연주하는 것이 아니라 부수는 소리'라고 혹평하기도 했다. 차이콥스키는 크게 상처를 받았으나 다음해 브로드스키와 런던에서 다시 연주하여 대성공을 거두었다. 이후 이 협주곡은 최고의 바이올린 협주곡이란 평가를 받고 있다.

5. 《Piano Concerto No 1, Op. 17》 - Фёдор Ильич Чайковский

차이콥스키가 모차르트와 베토벤의 형식에 자신만의 아이디어를 담아서 만들어 낸 작품이다. 이 작품을 만들어 1874년 스승이었던 니콜라이 루빈스타인에게 헌정했는데, 루빈스타인은 '너무 한심해서 도저히 연주할 수 없는 작품'이라며 고치라고 했다. 하지만 차이콥스키는 수정을 하지 않고 한스 폰 뷜로우에게 이 작품을 주었고 뷜로우는 1875년 미국 순회공연에서 이 곡을 연주했고 앙코르 연주까지 하였다. 결국, 이 작품이 인기를 모으자 루빈스타인도 연주하게 되었다. 이 작품은 피아니스트들 사이에서도 '듣기에는 좋은데 치기에는 너무 어려워서 고민되는 작품'으로 손꼽힌다.

6. 《1812 Overture, Op. 49》 - Фёдор Ильич Чайковский

1812년 조국전쟁(나폴레옹과의 전투) 승리 70주년 기념 작품으로 차이콥스키가 의뢰를 받아 만든 곡으로 프랑스 국가와 제정 러시아국가가 포함되어 있다. 차이콥스키 자신은 '요란하고 시끄럽다'며 이 작품을 별로 좋아하지 않았지만 1882년 8월 20일 행사에서 이 작품이 연주되어 대성공을 거두자 곧 작품 49번으로 출판했고 러시아 전역에서 자주 연주되었으며 자신도 지휘한 적이 있다. 1974년 미국 보스턴 팝스 콘서트에서는 이 곡으로 특별 이벤트를 준비하여 진짜 대포를 쏘고 교회 종을 울리게 했으며 관중이 함께 노래 부르도록 했다. 이후 이 곡은 엉뚱하게도 미국 독립기념일 축하곡으로 바뀌어 미국 전역에서 연주된다.

7. 《Andante Cantabille》 - Фёдор Ильич Чайковский

이 곡은 본래 차이콥스키의 현악사중주 제 1번, 작품 11의 제 2악장인데 조용하고 아늑하면서도 우아한 느낌의 곡으로 〈안단테 칸타빌레〉라는 제목으로 대중에게 잘 알려져 있다. 광고 및 드라마 배경음악으로도 많이 쓰인 이 곡은 차이콥스키가 우연히 들은 우크라이나 지방의 민속음악 멜로디를 옮긴 것이라고 한다. 1871년 모스크바에서 초연하여 차이콥스키의 명성을 알리기 시작한 곡이고 1876년 톨스토이는 이 곡을 듣고 크게 감동했다고 한다.

▲ 차이콥스키의 묘

8. 《Piano Concerto No.2 Op.18》 - Сергей Рахманинов

라흐마니노프의 피아노 협주곡 중 최고의 작품으로 손꼽히는 작품이다. 전세계적으로 널리 연주되는 이 작품은 1899년부터 1901년에 걸쳐 작곡된 명작이다. 라흐마니노프는 총 4곡의 피아노 협주곡을 썼는데, 2번과 3번이 주로 연주되고 있다. 라흐마니노프는 26세 때부터 신경 쇠약에 걸려 모든 것에 흥미를 잃고 고통스런 생활을 하지만, 친구의 권유로 만난 다알 박사에게서 자신감을 얻는 치료를 받게 된다. 그는 다알 박사에게 이 작품을 감사의 뜻으로 바쳤다. 1901년 10월 27일 모스크바에서 라흐마니노프는 자신의 피아노 독주로 초연하였고, 1904년에 이 작품으로 글린카 상을 받기도 했다. 이 작품은 일반에게 친숙하기 쉬운 통속성을 지니고 있으며 긴장되고 힘차면서도 시적인 정서가 풍부한 협주곡이다.

9. 《Петрушка》(페트루시카) - Игорь Фёдорович Стравинский

'불새'와 더불어 스트라빈스키가 대성공을 거둔 발레 음악 중에 하나이다. 1911년에 작곡되어 같은 해 6월 댜길레프의 러시아발레단에 의해 파리의 샤틀레 극장에서 초연되었다. 모두 4악장으로 이루어졌으며 내용은 러시아의 하류계층을 중심으로 한 야생적이고 늘 비극과 불행이 감도는 생활의 이면을 그리고 있다.

10. 《Jazz Suit No.2 VI. Waltz》 - Дмитрий Дмитриевич Шостакович

이 곡은 학생시절 구 소련을 방문한 서방 재즈 뮤지션들의 연주회에 종종 참석했던 쇼스타코비치가 재즈에 대한 깊은 관심을 작품으로 나타낸 것이다. 당시 서방의 음악이었던 재즈가 구 소련으로 여과 없이 들어오는 것은 불가능했으며, 부르주아적 문화와 퇴폐의 한 단면을 보여주는 음악에 불과하다는 의혹과 적대심을 갖는 부류도 공존하고 있는 상황이었다. 따라서 쇼스타코비치는 재즈라기 보다는 재즈적 시각에서 이 작품을 썼으며 재즈보다는 오히려 요한 슈트라우스풍에 가깝다고 할 수 있다. 이 곡은 트럼펫이 주제 선율을 연주하며 시작되어 오케스트라가 그 뒤를 이어 받으며 전개된다. 러시아의 우수가 담긴 듯한 서정적 주제 선율을 왈츠라는 흥겨운 춤곡 형식에 담아냄으로써, 그 서정이 오히려 감추어진 슬픔의 모습으로 더욱 부각되고 있다. 이 곡은 러시아 미하일 카라토조프 감독의 영화 〈제1여단〉에서 쓰였으며 우리나라에서는 영화 〈텔 미 썸딩〉과 〈번지점프를 하다〉에 삽입되기도 했다.

11. 《Le Sacre du printemps》 (봄의 제전) - Игорь Фёдорович Стравинский

스트라빈스키의 발레 음악 '봄의 제전'은 그의 또 다른 발레 음악 '불새'와 마찬가지로 러시아의 발레리나 세르게이 댜길레프를 위하여 1912년과 1913년 사이에 작곡되었다. 1913년 5월 19일 니콜라스 로리치의 무대 미술을 배경으로 파리의 상젤리제 극장에서 있었던 초연에서의 반응은 원색적인 시나리오, 시대를 초월한 니진스키의 괴상한 안무 그리고 스트라빈스키의 결렬한 음악이 어울린 시너지 효과로 공연이 시작되자마자 극장 안은 휘파람, 고함소리 그리고 야유가 난무하였고 급기야는 야유하던 관중과 작품을 옹호하던 관중 사이에 폭력으로 이어지는 소란이 발생하여 경찰까지 출동하였다고 한다. 이후 이 작품은 피아노 곡과 Full Orchestration으로 편곡되었으며 피아노 곡은 드비시가 초연하였다고 한다.

12. 《Адажио из балета 'Спартак'》 (발레 "스파르타쿠스"의 아다지오) - Арам Ильич Хачатуриан

하차투리안은 BC 73년 로마제국에 대항해 노예들의 반란을 주도했던 검투사 출신의 노예 지도자 스파르타쿠스를 소재로 한 발레 음악을 1950년에 만들기 시작하여 1954년에 완성하였다. 이 발레는 2시간을 소요하는 대작으로 1956년 레닌그라드의 키로프 극장에서 있었던 초연에서 걸작이라는 호평을 받았다. 여기에 힘을 얻은 하차투리안은 이 발레곡들 가운데에서 몇 개씩을 발췌하여 4 개의 "스파르타쿠스 모음곡"(Nos. 1-3, 1955-7, No.4, 1967)을 차례로 편곡하였다. 이 발레 음악 가운데 가장 서정적이고 아름다운 선율을 가진 "아다지오"는 영국의 BBC 방송의 인기 드라마인 The Onedin Line에 테마로 사용되며 영국에서는 물론이고, 이 드라마가 외국으로 퍼짐에 따라 세계적으로 인기를 얻게 되었다.

13. Опера 《Князь Игорь》 (오페라 《이고리 공》) - Александр Порфирьевич Бородин

오페라 〈이고리 공〉은 러시아 국민주의의 대표적인 오페라로 보로딘의 작품 중에서도 그의 개성이 가장 강하게 발휘된 것으로 알려져 있다. 오페라의 전 곡이 상연되는 경우는 현재 많지 않으며, 제 2막의 〈폴로베츠인의 진영〉 장면이 애호되고 있다. 종종 관현악곡으로 연주되는 〈폴로베츠인의 춤〉은 이 오페라의 제2막과 제3막에서 사용된 무곡을 작곡자 자신이 연주회용으로 편곡한 것으로서 단독적인 발레로도 상연된다.

1869년 4월 평론가로서 블라디미르 스타소프의 권유로 보로딘은 이 오페라의 작곡을 결심하게 되었다. 그리하여 그 해 9월부터 작곡을 착수하여 1879년까지는 잠정적으로 몇 개의 부분이 작곡되었지만 대부분은 초고인 채로 있었다. 그의 생전에 완성한 것은 프롤로그의 최초의 합창, 폴로베츠 처녀들의 춤, 야로슬라브나의 탄식의 아리아, 블라디미르와 갈리키의 레시타티보와 아리아, 콘차크 한의 아리아, 종막의 합창, 콘차코브나와 블라디미르의 2중창 뿐으로, 이 가운데에서도 주로 제2막의 부분이 보로딘 자신의 손으로 완성되었다. 이 곡들은 림스키-코르사코프와 그의 제자인 글라주노프가 공동으로 정리해서 오케스트레이션을 하고 또 부족한 부분은 보충하여 오늘날의 모양으로 완성되었다.

▲ 보로딘의 묘

14. 《Полёт шмеля 왕벌의 비행》 - Николай Андреевич Римский-Корсаков

림스키-코르사코프가 작곡한 왕벌의 비행은 전세계 클래식 곡 중에서 가장 짧은 곡인 동시에 가장 연주하기 어려운 난곡 중 하나로 유명하며, 항상 클래식 계에서 절대적인 위치를 차지한다. 1900년에 작곡한 곡으로 오페라 '술탄황제의 이야기(Сказка о царе Салтане- Suite op. 57)' 중 제2막 제1장에서 연주되며 많은 악기로도 편곡이 되었지만, 라흐마니노프가 편곡한 것이 가장 유명하다. 훗날, 치프라가 자신의 피아노 기교를 과시하기 위해 다시 편곡을 하지만, 치프라 역시 연주에 난해한 곳이 많아 자주 연주하진 않았다. 그밖에 바이올린, 플룻, 마림바로도 편곡 되었다. 최근 막심 므라비차(Maksim Mrvica)가 이 곡을 연주하여 인기를 얻었고, 신이 내린 목소리 바비 맥퍼린(Bobby McFerrin) 역시 이 곡을 연주했다. 한국에서는 장한나가 연주하여 화제가 되기도 한 곡이다. 마치 실제로 왕벌이 날아다니는 소리가 귓가에 맴돌며 들리는 듯한 이 곡만의 독특하면서도 아름다운 선율은, 피아노로 가능한 표현 영역을 넘어 듣는 이에게 극한의 신비로움을 선물한다.

15. 《Шехеразада Op. 35 세헤라자데, Op. 35》 - Николай Андреевич Римский-Корсаков

보로딘의 미완성 오페라 〈이고리 공〉를 완성시키는 과정에서 림스키-코르사코프는 오페라 속에서 연주되는 중앙 아시아의 이국적인 음악에 매료되어 자신도 이국적인 세계를 다루는 음악을 작곡하고픈 욕망을 느끼게 되었다. 그는 자신의 욕망을 1888년 여름 휴가를 즐기면서 충족하였는데 그 산물이 "세헤라자데"이다. 최초 출판에는 4개의 악장마다 부제를 달았는데, 그 후 자서전에서 이 작품의 내용이 이야기 전개를 표현하고자 한 것이 아니라고 말하며 2차 인쇄 분부터는 부제(symphony suite)를 모두 제거해 버렸다.

16. 《Балетная музыка 'Золушка'》 (발레음악 '신데렐라') - Сергей Сергеевич Прокофьев

프랑스의 동화작가 샤를르 페로(Charles Perrault)가 쓴 동화 "신데렐라"의 내용을 주제로 프로코피예프는 1940년과 1944년에 걸쳐 3막으로 이루어진 발레 음악을 작곡하였다. 작곡 기간 중 오페라 "사랑과 평화"를 작곡하는 관계로 완성을 보는데 5년이 걸렸으며 초연은 1945년 11월 21일에 모스크바의 볼쇼이 극장에서 있었다. 환호에 찬 음악, 화려한 무대 장면 그리고 두 의붓 언니들의 우스꽝스러운 행동으로 아주 유명한 발레가 되었다. 후에 프로코피예프는 이 발레 음악을 3개의 오케스트라 모음곡으로 편곡하였고, 또한 3개의 피아노 소곡집으로 편곡하였다. 그 중에서 작품번호 97의 피아노 모음곡들은 다른 악기들의 연주로 편곡되어 사랑을 받기도 한다.

17. Vocalise op. 34 no.14 - Сергей Рахманинов

라흐마니노프의 '보칼리제'는 1912년에 작곡된 13개의 가곡 "작품 34"에 덧붙여진 곡으로, 1915년에 작곡되었다. 이 곡은 소프라노 가수였던 안토니나 네츠다노바에게 헌정되었는데 초연은 1916년 모스크바에서 쿠세비츠키의 지휘로 이루어졌고, 노래는 안토니나 네츠다노바가 불렀다. 원곡은 첼로와 바이올린의 다양한 배합으로 반주되었는데, 이 반주부분은 작곡가 자신이 작곡한 것이 아니라 다른 사람들이 만든 것이라고 한다. 요즘에는 피아노에 관현악 반주, 성악, 바이올린, 첼로 등 여러 가지 편곡으로 연주되고 있다.

보칼리제는 가사 없이 하나 혹은 그 이상의 모음으로만 부르는 가창 연습곡이나 연주용 작품을 일컫는다. 라흐마니노프의 '보칼리제' 외에 브라질의 작곡가 빌라 로보스(Villa Lobos)의 '브라질풍의 바흐(Bachianas Brasileiras)' 중에서 제5곡 'Air Cantilena'가 한 명의 소프라노와 8대의 첼로에 의한 반주부로 이루어진 보칼리제의 대표적인 작품이라고 할 수 있다. 'Air Cantilena' 역시 기타나 바이올린 등을 이용한 다양한 편곡이 있다.

18. 《Лебединое озеро》 (백조의 호수) - Фёдор Ильич Чайковский

독일 동화를 토대로 만들어진 이 작품이 지금은 발레의 대표작이 됐지만 1877년 볼쇼이 극장에서 율리우스 라이징어의 안무로 처음 공연됐을 때는 처참한 실패를 겪었다. '난해한 음악'이라는 소리에 실망한 차이콥스키는 두 번 다시 발레곡을 쓰지 않겠다는 결심도 하였으나 이 작품은 그가 죽은 뒤에 추모공연으로 상연되었고 1895년 마린스키 극장에서 마리우스 프티파와 레프 이바노프의 안무로 공연되었다.

19. 《Щелкунчик》 (호두까기 인형) - Фёдор Ильич Чайковский

이 곡은 차이콥스키가 미국에서 돌아와 죽기 전에 만든 작품으로 세계 유명 발레단에서 크리스마스가 되면 연례행사로 공연하는 유명작품이다. 호프만이 쓴 이야기가 원작이지만 실제로 이 작품을 구상한 것은 안무가 마리우스 프티파였으며 요즘은 스토리를 더 많이 변형하여 공연되기도 한다. '꽃의 왈츠' 등은 친숙한 곡으로 대중에게 널리 알려져 있다.

20. 《Евгений Онегин》 (예브게니 오네긴) - Фёдор Ильич Чайковский

귀족 청년 오네긴과 순수한 처녀 타티아나의 이야기를 다룬 푸시킨의 원작의 오페라로, 춤곡이 많이 나오며 '편지의 아리아', '렌스키의 아리아' 등이 유명하다.

▲ 로스트로포비치의 묘

바르드(Бард, 음유시가) 음악

21. 《Песня об Арбате》 (아르바트에 대한 노래)– 러시아 바르드의 창시자인 오쿠자바(Булат Окуджава)의 노래. 시를 읊조리는 듯한 단순한 창법과 극도로 절제된 음악, 남성적이면서도 부드러운 음성으로 철학적인 가사에 특유의 서정성을 부여하였다.

22. 《Охота на волков》 (늑대 사냥)– 가수이자 배우였던 비소츠키(Владимир Высоцкий)의 노래. 영화 〈백야〉의 배경음악인 그의 노래 '야생마(Кони привередливые)'가 국내에도 잘 알려져 있다. 배우로서의 그는 연기 스타일이 자유롭고 거침없어 가장 러시아적이고 민중적이라는 찬사 받았으며, 노래 역시도 아름답다기보다는 고문당하는 자의 비명처럼, 고함처럼 쥐어짜는 듯한 창법으로 청중들을 향해 내던지는 것이 특징적이다.

23. 《Зеленая карета》 (녹색 마차)– 알렉산드르 수하노프(Александр Суханов)의 음악으로 바르드 혹은 авторская песня(자작곡)에 속한다. 동시를 많이 지은 시인 드리스의 시에 곡을 부쳤으며 1975년에 만들어졌다. 음유시가의 아버지, 불라트 오쿠자바를 비롯 유리 비즈보르, 율리 김 등과 함께 알렉산드르 수하노프는 바르디 음악의 꽃을 피운 장본인이다.

24. 《К Чему Нам Быть На "Ты"》 (우리는 왜 서로를 '너'라고 불렀는지)– 잔나 비쳅스카야(Жанна Бичевская)의 노래. 러시아의 많은 가수들이 불라트 오쿠자바의 노래를 리메이크해서 불렀지만, 그 중에 잔나 비쳅스카야의 버전은 최고로 꼽힌다. 러시아에서는 상대를 존중할 때는 'вы'라고 하고 'ты'는 가까운 사람들끼리 혹은 나이 어린 사람에게 사용한다. 사랑하는 연인이 서로를 너라고 부르면서 멀어지는 것을 노래하고 있다.

25. 《Рыба-кит》 (고래)– 음유시인 율리 김(Юлий Ким)은 시인, 극작가, 교육가로, 불라트 오쿠자바, 유리 비즈보르, 아다 야쿠세바 등과 함께 러시아 음유시가의 전성기를 가져온 장본인이다. 그의 음악은 유머와 위트가 담긴 곡들이 많으며, 어두웠던 사회주의 체제에서 민중들에게 희망을 주었다.

26. 《Сто тысяч "Почему"》 (십만 가지의 질문 "왜")– 제1세대 바르드 음악인으로 드라마 작가이자 시인이었던 갈리치(Александр Галич)의 노래. 스탈린에 대한 서사시라는 부제가 달린 음반에 수록된 곡이다.

▲ 오쿠자바의 동상

록음악

27. 《Группа Крови》 (혈액형)– 윤도현 밴드가 번안해서 부른 그룹 키노(Кино)의 빅토르 초이(Виктор Цой)의 곡으로 반전의 메시지를 담고 있다.

28. 《Поворот》 (전환)– 록그룹 타임머신(Машина времени)의 적극적이고 낙관적인 기백이 드러나는 곡. 리더는 마카레비치. 1980년대 중반 록음악 유화정책을 받아들인 가장 대표적인 그룹으로 록의 저항정신은 유지하되 공식사회와의 극단적 대립은 피해가려 했던 이들의 음악은 삶의 수많은 가능성에 대해 노래했으며 철학적이고 형이상학적 내용이 많다.

29. 《Одноразовая жизнь》 (한번 뿐인 인생)– 록그룹 DDT의 노래. 리더인 셰브축은 바르드 음악의 영향을 강하게 받았으며 은둔자적 성향이 짙은 것으로 알려져 있다. 전쟁과 폭력에 대한 강한 비판성이 이들 음악의 특징이다.

30. 《Там за туманами》 (안개 저 너머)– 록그룹 류베(Любэ)의 곡. 음반 프로듀서인 마트비옌코의 기획으로 탄생한 그룹이다. 록에 러시아 민족주의, 애국주의 등의 정서를 결합시켰다. 보컬 라스토르구예프의 남성적인 목소리가 인상적이며,

대중적인 록을 노래한다.

31. 《Трафик》 (트래픽) - 중성적인 목소리와 콘서트 현장에서 거침없는 행동들을 보여주며 10대 소녀 팬들로부터 많은 사랑을 받았던 젬피라(Земфира)의 2002년 발표곡. 러시아 록 음악을 이어가는 여성 로커로 1990년대 후반에서 2000년 초반에 최고의 인기를 누렸다. 이 곡은 사랑이 사라져 버리고 차가워진 사이가 된 두 사람의 답답한 관계를 내용으로 담고 있다.

32. 《Город Золотой》 (황금도시) - 러시아 록 음악에서 꼭 기억해야 할 아티스트가 바로 보리스 그레벤쉬코프와 그가 이끌어온 밴드 아크바리움(Аквариум)이다. 빅토르 초이도 그레벤쉬코프를 음악적 스승으로 칭했다. 그가 추구해온 음악이 워낙 다양하고 방대한 디스코그라피를 가지고 있어서 그의 음악을 한마디로 정의하기는 어렵지만, '러시아 정서를 담은 포크-록' 이라고 넓게 정의할 수 있다.

33. 《Буду я любить》 (사랑할거야) - '크림' 이라는 뜻을 가진 '비아' 슬리브키(ВИА Сливки)의 곡. '비아(Вокально-инструментальный ансамбль)' 는 보컬-연주 앙상블이라는 뜻을 가졌는데, 구 소련시대 국가기관의 주도에 의해 만들어졌던 록밴드를 일컫는 말이었다. 하지만 슬리브키는 세 명의 미모 여자 가수와 세 명의 남성 연주자로 구성된 밴드로 비디오 시대에 맞춰져 구성된 6인조 혼성 그룹이다.

34. 《Душа болит》 (마음이 아파) - 세월이 흐르며 변해가는 세상 속에서 혹독한 삶의 피해자는 오직 마음뿐이라는 내용. 작곡가 겸 가수 미하일 슈푸틴스키(Михаил Шуфутинский)은 '러시아 샹송: 은어나 속어가 많이 들어가 있는 진정한 러시아 대중들의 노래' 의 아버지. 재즈와 록음악에 심취했던 그는 소련 정부의 주의관찰 인물이었다.

로망스 음악

35. 《Отцвели Хризантемы》 (국화꽃은 시들고) - 고음을 구사하는 재능을 가진 비타스(Витас)의 곡. 헤어진 사랑에 대한 아픔을 시들어버린 국화꽃에 비유한 노래로 러시아 로망스 가수들이 즐겨 부르는 레파토리 중 하나.

36. 《Прощание с новогодней елкой》 (신년 트리와 이별) - 음유시인 불라트 오쿠자바의 노래를 올렉 포구진(Олег Погудин)이 불러 2002년에 발표했다. 종소리에 담긴 애상을 노래했던 '진-진-진' 이라는 노래로 우리나라에서 많은 사랑을 받기도 했다. 러시아 사람들도 신년에 트리를 만들어 집안을 장식한다. '은의 목소리' 로 불리는 포구진은 러시아 로망스의 계승자로 인정받는 가수이다.

37. 《На Берегу Неба》 (하늘가에서) - 현재 러시아와 CIS에서 최고의 가수로 인정받는 디마 빌란(Дима Билан)의 곡이다. 그네신 음악학교에서 보컬을 공부하였으며 감성적인 보컬이 특징적이다.

38. 《Колыбельная Светланы》 (스베틀라나의 자장가) - 러시아 여성 가수들 중에서 가장 우수어린 목소리를 지니고 있는 옐레나 캄부로바(Елена Камбурова)는 서정 시인들의 노래를 가장 잘 소화해 낸다는 평을 듣고 있다. '에스트라다' (음악을 곁들인 소규모의 극작품) 배우로 현재는 자신의 극장을 직접 경영하는 극장장이다. 반짝이는 별과 잠자는 아이의 얼굴을 묘사한 편안한 노래이다.

39. 《Выхожу один я на дорогу》 (나 홀로 걷네) - 레르몬토프의 시에 곡을 붙인 것으로, 스베틀라나(Светлана)가 불렀다. 마치 쓸쓸한 가을 풍경을 보듯 단조의 아름다운 선율과 슬픔을 머금은 듯한 분위기의 음악이다

영화음악

40. 《Александра》 (알렉산드라) – 영화 〈모스크바는 눈물의 믿지 않는다(Москва слезам не верит)〉의 주제곡. 소비에트 시대의 전형적인 건전가요풍이다.

41. 《Я шагаю по Москве》 (모스크바를 행진하네) – 서울에 '서울의 찬가'가 있다면 모스크바에는 '모스크바를 행진하네'라는 곡이 있다. 1963년에 상영된 동명의 영화 주제곡으로, 영화에서는 세계적인 영화감독 니키타 미할코프(Никита Михалков)가 배우시절 주인공으로 출연하여 불렀다. 많은 가수들이 불렀지만 센치나와 힐(Людмила Сенчина и Эдуард Хилъ)이 함께 부른 이 곡이 최고로 손꼽힌다.

42. 《Никого не будет в доме》 (아무도 집에 없네) – 영화 〈운명의 아이러니(Ирония судьбы или с лёгким паром)〉에 삽입된 곡에 삽입된 곡, 보리스 파스테르나크(Борис Пастернак)의 시에 곡을 붙였다.

43. 《Я спросил у ясени》 (물푸레나무에게 물었네) – 영화 〈운명의 아이러니〉에 삽입된 곡, 삼각관계에 대한 노래로, 서정성을 가미하였다.

44. 《Мне нравится》 (나의 마음에 드네) – 영화 〈운명의 아이러니〉에 삽입된 곡. 마리나 츠베타예바(Марина Цветаева)의 시에 곡을 붙인 것으로 알라 푸가초바(Алла Пугачёва)가 불렀다. 《백만송이 장미(Миллион алых роз)》의 가수로 알려진 알라 푸가초바의 깊이 있는 목소리를 들을 수 있다.

45. 《Со мною вот что происходит》 (나에게 일어난 일) – 영화 〈운명의 아이러니〉에 삽입된 곡. 예프투셴코(Евтушенко)의 시에 미하엘 타리베르디예프(Михаэл Таривердиев)가 곡을 붙였다.

46. 《Хочу у зеркала, где муть и сон туманящий》 (흐릿하고 안개 낀 꿈의 거울 가에 있고 싶네) – 영화 〈운명의 아이러니〉에 삽입된 곡. 마리나 츠베타예바의 시에 곡을 붙인 것으로 알라 푸가초바가 불렀다.

47. 《По улице моей》 (나의 길을 따라) – 영화 〈운명의 아이러니에 삽입된 곡. 벨라 아흐마둘리나(Белла Ахмадулина)의 시에 곡을 붙인 것으로 알라 푸가초바가 불렀다.

48. 《Романс о романсе》 (로망스에 대한 로망스) – 영화 〈잔혹한 로망스(Жестокий романс)〉에 삽입된 곡. 벨라 아흐마둘리나의 시에 곡을 붙였다.

49. 《Любовь-волшевная страна》 (사랑-마법의 나라) – 영화 〈잔혹한 로망스〉에 삽입된 곡. 사랑에 빠짐 감정을 섬세하게 표현한 곡이다.

50. 《Под лаской плюшевого пледа》 (벨벳 담요의 부드러운 감촉아래) – 영화 〈잔혹한 로망스〉에 삽입된 곡으로, 츠베타예바의 서정적인 아름다운 시어가 돋보인다.

50. 《А цыган идёт》 (짚시가 걸어오네) – 영화 〈잔혹한 로망스〉에 삽입된 곡으로 니키타 미할코프가 불렀다.

대중가요

51. 《Знаешь Ли Ты》 (넌 정말 아니)- 리아 막시모바가 본명인 Maksim(막심, 친구들이 이렇게 불렀다)은 '넌 정말 아니(Знаешь ли ты)'로 지난 해에 이어 2007년에도 인기를 계속 이어가고 있다. 카잔(타타르스탄 자치공화국 수도)에서 보컬그룹 활동을 하며 노래 실력을 쌓았다. 이 때 그녀는 셀린 디옹, 머라이어 캐리, 휘트니 휴스턴, 알라 아구자로바의 노래를 주로 불렀고, 본격 작곡/작사를 하며 싱어송라이터의 능력도 갖춘 막심은 데뷔 앨범 대부분의 노래를 직접 썼다.

52. 《Мой друг》 (내 친구)- Игорь Крутой(이고리 쿠루토이)는 현재 활동하는 러시아 최고 인기 작곡가이자 프로듀서이다. 알수, 알라 푸가초바, 디아나 구르츠카야, 니콜라이 바스코프 등 쟁쟁한 가수들은 모두 그의 음악을 불렀고 거의 모든 곡이 히트했다. 자신의 작곡집을 현재까지 꾸준하게 발매하고 있다.

53. 《Малитва》 (기도)- 19살의 블라드(Влад)와 21살의 세르게이(Сергей)로 구성된 남성 듀엣 스매쉬(Smash)의 곡. 스매쉬는 2002~4년에 최고의 인기를 누렸고, 세계시장 진출을 위해서 영어 음반을 발매하기도 했다.

54. 《Я буду помнить》 (기억할거예요)- 러시아 대중음악에서 빼놓을 수 없는 이름 중에 하나가 바로 블라디미르 프리스냐코프(Владимир Пресняков). 가수, 작곡가, 섹스폰 주자로 활동했던 아버지와 이름이 같아서 '작은' 블라디미르로 불리는 그는 10살 때 소년 합창단에서 노래했으며, 12살 때는 밴드 활동, 18세부터 본격적으로 솔로로 나서며 사람들에게 이름을 알리기 시작했다.

55. 《Девушка, которая поёт》 (노래 부르는 여인)- 고스티 이즈 부두셰보(Гости из Будущего, '미래에서 온 손님들'이라는 뜻)는 1998년에 결성된 페테르부르크 출신의 혼성 듀오. 남성 멤버인 유라 우사체프는 음악학교를 다니다가 퇴학을 당하는 문제아였다가 디제이로 활동했고, 여성멤버 이바 폴리나는 엘라 피쩨랄드를 존경하는 재즈 메니아로 노래를 공부했다. 전주와 간주부분의 피아노연주가 인상적인 곡이다.

56. 《Подмосковные вечера》 (모스크바 근교의 밤)- 아름다운 화음을 자랑하는 그네신 음악대학 출신의 보컬 트리오 렐릭(Трио "Реликт")의 노래. 이 곡은 많은 가수들이 리메이크해서 불렀다. 이 노래는 모스크바 근교의 한가로운 러시아 시골 밤 정취를 노래했다.

57. 《Чистые пруды》 (맑은 연못)- 1987년에 발표된 맑은 연못은 이고르 탈코프(Игорь Тальков)를 러시아 민중들의 마음 속에 깊이 각인 시켰던 곡이다. 허스키한 목소리로 부른 슬픈 곡조의 노래이지만 그 내용은 평화 자유 그리고 희망을 노래하고 있다. 1956년 생으로 반체제 인사였던 부모님 때문에 불우한 어린 시절을 보냈고, 청년시절에는 반체제적인 발언으로 인해 KGB에 의해 체포되기도 하였다. 늘 체제 비판적인 내용의 노래를 불렀던 그는 이제 막 가수로서 작곡가로서 도약하려던 때, 1991년 10월 공연 중에 총격으로 사망했다.

58. 《Я не могу без тебя》 (난 너 없이는 안돼)- 그루지야 출신의 가수 발레리 멜라드제(Валерий Меладзе)의 곡. 독특하고 개성있는 목소리로 중년층들에게 인기가 많다.

59. Вчера (어제)- 서정적이고 명확한 가사전달 능력의 가수로 알려진 알수(Алсу)는 가창력이 뛰어나진 않지만 고급스런 이미지와 좋은 작곡가의 곡과 일류 프로듀서의 기획으로 탄생되었다. 10대 중반이던 1999년에 데뷔한 알수는 2000년 유러비전 송 컨테스트 2위에 입상하는 등, 현대사회의 엔터테인먼트 사업이 이미지 전달에 중점을 둔다는 것을 잘 보여준 사례이다.

60. 《Стоп! Стоп! Стоп!》 (멈춰! 멈춰! 멈춰!)- 우크라이나 태생 여성 3인조 그룹 비아 그라(ВИА Гра)의 2003년도 곡. 국외에는 누 버고스(Nu Virgos, 새로운 아가씨들)'라는 이름으로 알려진 이 그룹은 소비에트 시절 보컬 앙상블이라는 의미로 쓰이던 '비아 ВИА'라는 말에 '놀이'라는 뜻의 우크라이나어 '그라(Гра)'를 합성시켜 '비아 그라'라는 이름으로 활동

하고 있는 장수 그룹이다. 비아그라 약을 연상시키는 언어유희를 통해 모든 남성들이 꿈꾸는 여성그룹 이미지를 만들어내고 있다. 베라, 나쟈, 알비나 세 사람의 멤버가 금발, 갈색, 밤색의 긴 머리칼을 흩날리는 섹시한 트레이드 마크로 유명하다. 최근 베라가 올리가르흐 이고르 콜로모이스키(Игорь Коломойский)와 이미 키예프의 대저택에 살고 있으며 결혼을 앞두고 팀에서 탈퇴한다는 보도가 나오면서 주목을 받고 있다.

61. 《Море зовёт》 (바다가 부르네)- 〈나의 결혼원정기〉의 피로연 장면에 삽입된 러시아 여성 3인조 그룹 파브리카 (Фабрика, 음악을 만들어내는 '공장'이라는 의미)의 노래. 사티 카자노바(Сати Казанова), 사샤 사벨리예바(Саша Савельева), 이리나 토네바(Ирина Тонева)는 90년대 등장한 다른 여성 그룹들처럼 섹시 컨셉을 내세우지만, 여기에 팝적인 강한 음악과 더불어 재기발랄함으로 차별화를 꾀하고 있다. 대중적인 인기와 자유분방함, 시각적인 효과로 인해 이들은 많은 남성 잡지의 표지모델로 인기를 누리고 있으며, 2007년 3월 호 플레이보이 러시아판에도 이들의 화보가 게재되었다.

62. 《Не верь, не бойся, не проси》 (믿지마, 두려워하지 마, 묻지마)- 여성 듀엣 타투(t.A.T.u)의 2006년 신곡. 율랴 볼코바(Юля Волкова)와 레나 카치나(Лена Катина)로 구성된 이들은 2002년 'All The Things She Said'가 수록된 첫 앨범을 들고 동성애와 로리타이즘 코드를 내세워 혜성같이 등장하였다.

63. 《Владивосток 2000》 (블라디보스토크 2000)- 무미 트롤(Мумий Тролль)의 노래. 비슷한 시기에 나온 그룹들에 비해 무미 트롤은 비중있는 가사말과 진지함으로 차별화를 꾀한다.

64. 《Ой, мама, шика дам》- 상당한 많은 나이차이에도 불구하고 알라 푸가초바와 결혼했다 이혼하는 과정을 통해 유명해진 불가리아 출신의 필립 키르코로프(Филипп Киркоров)의 곡, 다양한 언어 버전으로 불렀다.

65. 《Тополиный пух》 (포플라 꽃가루)- 10년이 넘은 장수그룹인 이바누시키 인터내셔널(Иванушки International)의 노래. 장난스런 가사말과 흥겨운 곡으로 젊은이들에게 인기가 많다.

66. 《Тикает》 (재깍재깍-시계소리)- 모노키니(Монокини)의 노래로, 시계소리가 주는 반복음을 잘 살려 쉽게 따라 부를 수 있게 만든 곡이다.

67. 《Посвящение》 (헌사)- 니콜라이 바스코프(Николай Басков)의 노래. 바스코프는 볼쇼이 극장 소속의 오페라 가수였지만, 대중가수로 전향했다.

68. 《Эх, Дороги》 (오, 길이여)- 제 2차 세계대전에 대한 노래. 비노그라도프 (Виноградов)가 부름.

69. 《Катюша》 (카튜샤)- 제 2차 세계대전 당시 소련군의 사기를 높이는 데 한몫 했던 군가.

70. 《Журавли》 (백학)- 드라마 〈모래시계〉의 주제곡으로 잘 알려진 곡으로 이오시프 코브존(Иосиф Кобзон)이 불렀다. 2차 세계대전 당시의 죽은 병사들을 학으로 묘사하고 있다.

71. 《Калинка》 (칼린카, '까마귀밥 나무')- 테트리스 음악으로 알려진 러시아 민요. 결혼식 때 많이 부른다.

72. 《Мальчик хочет в Тамбов》 (소년은 탐보프에 가려하네)- 영화 〈댄서의 순정〉에 삽입된 곡. 경쾌한 멜로디와 리듬이 특징적이다.

73. 《Дорогой длинною》 (머나먼 길)- 메리 홉킨의 〈Those werw the days〉로 더 유명한 러시아의 민요.